코칭 이펙트
코칭 대화로 시작되는 삶의 변화

와일드북
와일드북은 한국평생교육원의 출판 브랜드입니다.

코칭 이펙트
코칭 대화로 시작되는 삶의 변화

초판 1쇄 인쇄 · 2025년 9월 20일
초판 1쇄 발행 · 2025년 9월 26일

지은이 · 최강석·고옥희·권경희·김민정·박현주·이혜인·임근희·황연정
발행인 · 유광선
발행처 · 한국평생교육원
편 집 · 장운갑
디자인 · 박형빈

주 소 · (대전) 대전광역시 유성구 도안대로589번길 13 2층
　　　　　(서울) 서울시 서초구 반포대로 14길 30(센츄리 1차오피스텔 1009호)
전 화 · (대전) 042-533-9333 / (서울) 02-597-2228
팩 스 · (대전) 0505-403-3331 / (서울) 02-597-2229

등록번호 · 제2018-000010호
이메일 · klec2228@gmail.com
instagram @wildseffect

ISBN 979-11-94710-11-0 (13190)
책값은 책표지 뒤에 있습니다.

잘못되거나 파본된 책은 구입하신 서점에서 교환해 드립니다.

이 책은 한국평생교육원이 저작권자의 계약에 따라 발행한 것이므로 저작권법에 따라 무단 전재와 복제를 금합니다. 이 책 내용의 전부 또는 일부를 이용하려면 반드시 저작권자와 한국평생교육원의 서면동의를 얻어야 합니다.

코칭 이펙트
코칭 대화로 시작되는 삶의 변화

최강석·고옥희·권경희·김민정
박현주·이혜인·임근희·황연정 공저

저자 소개

최강석 코치

20년 차 리더십 및 비즈니스 코치, 코치들의 코치

브랜드: 미래창조코치

주요 고객: LG전자를 비롯한 ICT 및 콘텐츠 기업의 팀장 및 임원급 리더, 예비전문코치/전문코치

미션: 코칭과 콘텐츠로 고객의 성장과 성취를 돕는다.

주요 코칭 접근법: 뇌과학, 통합심리학, 긍정심리학, 게슈탈트 심리학, NLP, 해결중심 및 강점기반의 코칭으로 리더의 통합적 관점과 통찰을 효과적으로 도출함.

고옥희 코치

브랜드: 메디컬코치

주요 고객: 아건강상태인 분, 예방적으로 건강을 지키고 싶은 40~60대

미션: 신체교정,영양,코칭을 통해 건강한 삶을 살도록 돕고 교육한다

주요 코칭 접근법:인생설계,대체의학,감정코칭,뇌과학,NLP기법,긍정심리학

권경희 코치

잠재력을 펌프질하는 마중물 코치

브랜드: 잠재력 향상코치

주요 고객: 50대 이후 중년 여성, 60대 이후의 시니어, 전 세대 꿈을 찾고 이루려는 사람

미션: 고객의 잠든 영혼을 깨우고 잠재력을 극대화하도록 코칭과 예술로 돕는다.

비전: 평생 학습자, 평생 현역

주요 코칭 접근법: 심리적 통찰과 문학적 접근, 타로 카드를 이용한 심상화 코칭, 긍정심리학 적용

김민정 코치

브랜드: 커리어체인지업 코치

주요 고객: 경력 정체를 겪는 직장인, 경력 단절 여성, 취업 준비생, 은퇴(예정)자 등 커리어의 전환기를 맞이한 사람들

미션: 변화와 성장을 꿈꾸는 이들이 자신의 가치를 재발견하고, 더 나은 미래를 설계할 수 있도록 맞춤형 코칭을 통해 돕는다.

비전: 변화와 성장을 통해 모든 이가 자신만의 커리어 가치를 실현하는 사회

주요 코칭 접근법: 커뮤니케이션 기법 중심, 해결 중심, 강점 기반, 긍정 심리학, EFT(감정 자유 기법), 인생 설계 등

박현주 코치

브랜드: 감정관리코치, 멘탈강화코치

주요고객: 감정관리를 통해 삶의 균형을 찾고 싶은 분. 인생에서 새로운 변화가 필요한 분. 삶의 목표 설정 또는 방향에 전환이 필요하신 분.

미션: 고객의 감정관리부터 실질적인 행동변화까지 만들어 갈 수 있도록 코치로서 함께 동행한다.

비전: 건강한 감정해소와 감정관리를 통해 개인의 긍정적 변화와 자아성장을 돕는다.

주요 코칭 접근법: 감정코칭 대화기법, 긍정심리학, NLP기법.

이혜인 코치

브랜드: 커뮤니케이션 코치

주요 고객: 지역주민/ 소상공인/ 자영업자/ 구직청년

미션: 코칭과 교육으로 성장과 변화를 돕는다.

비전: 코칭과 함께 다양성이 존중되는 시대

주요 코칭법: 문제해결, 감정코칭, 인생설계, 긍정코칭

임근희 코치

BSC연구소 대표 / 공기업·민간기업 22년 경력 강사

브랜드: 커리어코치, 코칭브릿지 리더

주요 고객: 새로일하기센터구직자, 교회 교사, 학부모, 이직 및 경력단절자, 퇴직 및 은퇴설계자 코치

미션: 코칭과 강의로 잠재력을 극대화하고, 지속 가능한 성장과 변화를 실현한다.

주요 코칭 접근법: 강점 기반, 긍정 심리학, 뇌과학, DISC 기반 코칭

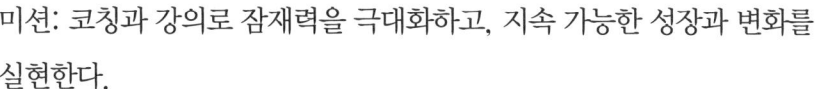

황연정 코치

브랜드 : 관계전문 상담코치 / JoyFull Coach

주요 고객: 자녀 양육에 최선을 다하지만, 버겁게 느껴지는 부모님 / 부모교육의 전문성을 높이고 싶은 코치, 상담사, 교사

미션: 따뜻한 소통과 체계적 관점으로 관계의 회복과 연결을 돕는다.

주요 코칭 접근법: 최신 뇌기반 상담코칭, 적극적인 부모코칭, 이마고 / 안전한 대화법, 까빠시따르 기법, 만다라명상 등으로 무의식 속 부정적 감정과 사고를 줄이고, 삶의 중심과 건강한 관계를 정립하게 돕는다.

서문

코칭대화로 시작되는 삶의 변화

변화하는 시대, 커지는 인간의 역할

세상은 빠르게 변하고 있습니다. 인공지능과 첨단 기술이 인간의 많은 역할을 대체하고 있지만, 역설적으로 이런 시대일수록 '사람'의 중요성이 더욱 커지고 있습니다. 우리는 끊임없이 변화하는 환경 속에서 살아가며, 일과 관계, 삶의 의미를 다시금 고민하게 됩니다. 그런데도 정작 가장 중요한 '나 자신'과의 대화, 그리고 타인과의 깊이 있는 소통에는 소홀한 경우가 많습니다.

코칭대화의 필요성: 변화하는 시대의 필수 역량

지난 20년간 프로페셔널 코치로 활동해오면서, 코칭대화가 사람들의 긍정적인 변화와 성장에 가장 효과적인 방법 중 하나라는 것을 매 순간 느껴왔습니다. 또한, 해가 더해 갈수록 시대의 변화에 따라 코칭대화의 중요성은 더욱 커지고 있습니다. 4차 산업혁명과 COVID-19는 많은 변화를 가져왔습니다. 이른바 VUCA[01] 시대인 것입니다. 더불

---

[01] VUCA: 워렌 베니스(Warren Bennis)와 버트 나누스(Burt Nanus)의 리더십 이론을 기반으로 한 약어. 변동성(volatility), 불확실성(uncertainty), 복잡성(complexity) 및 모호성(ambiguity)을 의미하며, 미 육군대학(U.S. Army War College)에서 처음 사용되었다. ("VUCA", 위키백과, https://en.wikipedia.org/wiki/VUCA)

어 세대갈등, 남녀갈등, 지역갈등, 민족갈등 등 전 지구적으로 갈등은 점점 커져가는 상황입니다.

이제 코칭대화는 전문코치의 전유물이 아니라 모든 사람들에게 보급되어야 할 시대가 되었다고 봅니다. 최근 연구에 따르면, 효과적인 코칭대화를 경험한 리더들은 조직 내 신뢰도가 증가하고, 직원 만족도가 크게 향상된다고 합니다. 또한, 글로벌 기업들은 코칭을 정규 교육 과정에 포함시켜 리더십 개발에 활용하고 있으며, 많은 개인들도 일상에서 더 나은 소통을 위해 코칭 기법을 배우고 있습니다.

변화의 속도가 더욱 빨라지면서, 개인과 조직이 적응해야 할 환경도 한층 복잡해졌습니다. 이러한 시대일수록, 코칭은 단순한 문제 해결을 넘어 스스로 답을 찾고 변화를 주도하는 능력을 길러주는 필수 역량입니다.

코칭대화란 무엇이며, 어떻게 작용하는가

코칭대화는 단순한 대화가 아닙니다. 그것은 상대방이 자신의 내면을 깊이 탐색하고, 진정한 가능성을 발견하도록 돕는 강력한 도구입니다. 코칭대화는 상대방이 자신의 답을 찾도록 도와주고, 내면의 가능성을 발견하게 하며, 의미 있는 행동 변화를 촉진합니다. 하지만 현실에서는 코칭이 아직 낯설거나, 단순한 상담이나 조언 정도로 오해받는 경우가 많습니다.

우리는 이러한 오해를 풀고, 코칭이 지닌 진정한 힘을 널리 알리고자 이 책을 기획했습니다. 코칭이 단순한 기술이 아니라는 사실을 깨닫는 순간은 매우 강렬합니다. 예를 들어, 코칭을 통해 갈등이 심했던 조직이 신뢰와 협업의 공간으로 변하거나, 자신의 한계에 갇혀있던 사람이 새로운 가능성을 발견하고 성장하는 모습을 볼 때, 우리는 코칭의 힘을 실감합니다.

이러한 변화는 한 사람의 삶을 넘어, 팀과 조직, 더 나아가 사회 전반에 긍정적인 영향을 미칠 수 있습니다. 코칭대화는 조언이 아니라, 질문과 경청을 통해 상대방이 자신의 내면을 탐색하고, 본인이 가진 자원과 가능성을 스스로 발견하도록 돕는 과정이라고 할 수 있습니다. 이를 통해 개인은 자신의 문제를 보다 능동적으로 해결할 수 있으며, 지속적인 자기 성장의 기회를 갖게 됩니다. 이러한 과정이 반복될 때, 사람들은 점점 더 주체적으로 사고하고 행동하는 법을 익히게 됩니다.

이 책에 담긴 이야기들

이 책에는 8명의 코치가 등장합니다. 각자의 삶에서 코칭을 만나고, 이를 통해 자신과 주변 사람들이 변화한 경험을 진솔하게 담았습니다. 누군가는 직장에서 팀원과의 소통을 개선하고 조직 내 신뢰 문화를 구축하는 데 활용했으며, 누군가는 가정에서 배우자 및 자녀와의 관계를 보다 깊이 있게 다듬기 위해 코칭을 적용했습니다. 또 다른 이는 고객과의 관계를 강화하며, 고객이 자신의 목표를 설정하고 이를 달성할 수 있도록 도와주는 데 코칭을 적극적으로 활용해왔습니다.

각 코치들은 다양한 배경을 가지고 있으며, 그들의 코칭 여정은 각기 다른 도전과 기회를 포함하고 있습니다. 어떤 이는 자신의 커리어에서 커다란 전환점을 맞이하는 과정에서 코칭을 통해 방향성을 찾았고, 또 어떤 이는 조직 내에서 변화와 혁신을 주도하는 과정에서 코칭의 힘을 경험했습니다. 이처럼 코칭은 특정한 상황이나 직업군에 한정된 것이 아니라, 누구나 삶의 다양한 영역에서 적용할 수 있는 강력한 도구임을 보여줍니다.

우리는 이들의 이야기를 통해 독자들이 코칭의 가치를 더욱 생생하게 느낄 수 있기를 바랍니다. 또한, 이 책을 통해 독자들은 코칭이 특정 전문가만을 위한 것이 아니라, 누구나 익히고 활용할 수 있는 중요한 소통 방식임을 깨닫게 될 것입니다. 코칭을 배운다는 것은 단순히 기술을 익히는 것이 아니라, 타인의 가능성을 발견하고 그들이 스스로 답을 찾아갈 수 있도록 돕는 과정이기도 합니다. 이를 통해 우리는 보다 성숙한 관계를 형성하고, 개인과 조직, 더 나아가 사회 전체의 긍정적인 변화를 이끌어낼 수 있습니다.

코칭의 범용성: 누구나 활용할 수 있는 도구

코칭은 특정한 사람만의 전유물이 아닙니다. 예를 들어, 직장에서 코칭을 적용하면 팀원들이 스스로 해결책을 찾도록 유도하며, 신뢰 기반의 소통을 강화하는 데 큰 도움이 됩니다. 이제 기업에서 관리자가 코칭 기법을 활용하여 직원들의 업무 만족도를 높이고, 생산성을 향상시킨 사례는 이제 셀 수 없이 많습니다.

또한, 가정에서도 코칭대화를 활용하면 가족 간의 갈등을 줄이고, 더욱 원활한 소통을 가능하게 합니다. 한 부모는 자녀와의 대화에서 코칭 기법을 적용하여 아이가 자신의 감정을 보다 잘 표현하고 주체적인 결정을 내릴 수 있도록 도왔습니다.

이러한 사례들은 코칭이 직장뿐만 아니라 일상생활에서도 중요한 역할을 할 수 있음을 보여줍니다. 리더나 관리자뿐만 아니라, 팀원, 부모, 친구, 배우자 등 모든 관계에서 더 나은 소통과 성장을 가능하게 합니다. 누군가를 이끌어야 하는 위치에 있다면, 혹은 자신과의 관계를 돌아보고 싶은 마음이 있다면, 이 책에서 큰 인사이트를 얻을 수 있을 것입니다. 코칭은 리더십을 향상시키고 조직의 성과를 증대시키는 것은 물론, 개인의 자아 성찰과 자기계발에도 큰 영향을 미칩니다.

코칭대화로 시작되는 삶의 변화

이 책의 핵심 메시지는 바로 이것입니다. "단 한 번의 대화가 인생을 바꿀 수 있다." 한 마디 질문이, 한 차례의 경청이, 그리고 진정성 있는 피드백이 사람의 마음을 움직이고, 행동을 변화시키며, 결국 삶을 바꿉니다. 더 나아가, 한 사람이 경험한 변화는 주변 사람들에게도 전파되어 조직과 사회 전반의 긍정적인 변화를 촉진할 수 있습니다.

예를 들어, 코칭을 통해 변화한 리더는 조직 내 소통 방식을 개선하고 협업 문화를 강화하며, 결국 직원들의 만족도와 생산성을 높일 수 있습니다. 사회적으로는, 코칭이 교육, 지역사회 활동, 공공 서비스 등 다양한 영역에서 적용되면서, 건강한 대화와 신뢰가 기반이 되는 공동체가 형성될 수 있습니다.

이 책에서 제공하는 실용적 요소

이 책은 단순한 이론서가 아닙니다. 독자들이 실제로 적용할 수 있도록 구체적인 사례와 실용적인 질문 리스트, 실행 계획 템플릿 등을 제공합니다. 또한 각 장에서는 실제 코칭 대화를 재현하여, 독자들이 코칭을 보다 생생하게 이해할 수 있도록 구성했습니다. 다양한 사례를 통해, 독자들은 코칭이 단순히 직장에서의 역량 개발 도구가 아니라, 가정과 사회 모든 영역에서 효과적인 커뮤니케이션 방식임을 체험할 수 있을 것입니다.

변화의 첫걸음

이 책을 통해 당신이 얻어갈 수 있는 것은 단순한 지식이 아닙니다. 코칭을 통해 나 자신과 더 깊이 연결되고, 타인과 더 의미 있는 관계를 맺는 법을 배우는 것입니다. 그리고 그것이 삶을 변화시키는 시작이 될 것입니다. 코칭을 경험한 많은 사람들이 자기 삶에서 의미 있는 변화를 만들어 냈듯, 당신도 이 책을 통해 변화의 첫걸음을 내딛기를 바랍니다.

이제, 코칭이 열어주는 가능성의 세계로 함께 떠나볼까요?

∷ 목 차

저자 소개   4
서문: 코칭대화로 시작되는 삶의 변화   8

1부   나로부터 시작된 변화

1_가족 대화의 기적은 나로부터 – 고옥희 코치   18
2_완벽한 준비란 없다 – 김민정 코치   30
3_나의 변화는 어디서부터 시작되었을까 – 박현주 코치   42
4_멋진 엄마가 되고 싶었던 나, 진짜 변화는 여기서 시작됐다 – 이혜인 코치   58
5_그림자와의 화해, 감정을 마주하고 성장하기 – 최강석 코치   68
6_아이들 마음에서 세상 속으로: 교사에서 코치로 피어난 길 – 권경희 코치   77
7_코칭이 되살린 심장박동, 은퇴 후 꽃피운 두 번째 삶 – 권경희 코치   85
8_강사의 메시지가 청중의 마음을 움직이기 원한다면 – 임근희 코치   96
9_분노의 악순환에서 소통의 선순환으로 – 황연정 코치   104

2부   가족과 동료의 변화, 코칭대화로 달라지는 관계

1_명령 대신 질문, 억압 대신 기다림 – 고옥희 코치   118
2_작은 키, 커다란 레시피: 코치 엄마가 열어준 꿈의 문 – 권경희 코치   131
3_갈등 위에 피어난 가족의 화목, 코칭이 불어넣은 회복의 기적 – 권경희 코치   140
4_멈춰버린 시간, 나만의 길을 찾다 – 김민정 코치   150
5_감정을 다스린 후 삶이 바뀌다 – 박현주 코치   162
6_코칭으로 성장한 엄마와 아들 – 이혜인 코치   181
7_아 놔, 김 이사 그 자식 – 임근희 코치   191

8_재입사부터 임원 승진까지, '센 언니'의 강점 – 최강석　　199
9_침묵 속에 갇힌 마음, 그 문을 여는 작은 한 마디 – 황연정 코치　　209

3부　고객의 변화, 세상을 바꾸는 코칭대화

1_여러 번 무너져도 괜찮아, 다시 시작하는 '나만의 설계도' – 고옥희 코치　　224
2_코칭과 함께하는 애도, 상실이 희망으로 피어나다 – 권경희 코치　　236
3_교실을 춤추게 한 코칭, 변화를 부른 행복의 울림 – 권경희 코치　　246
4_단 한 번의 실패가 당신을 가두지 않도록 – 김민정 코치　　253
5_감정코칭으로 변화와 성장을 이끄는 이야기　박현주 코치　　265
6_강점코칭: 고객의 발견, 성장 모멘텀을 스스로 발견하다 – 이혜인 코치　　285
7_커리어 코칭으로 이직 성공한 40대 – 임근희 코치　　298
8_코칭 질문으로 시작되는 삶의 변화 – 최강석 코치　　310
9_닫힌 문 너머의 아이, 그 문을 두드리는 엄마 – 황연정 코치　　322

1. 가족 대화의 기적은 나로부터 - 고옥희 코치

부모–자녀 갈등이 많은 독자에게 직관적으로 공감될 수 있는 이야기이자, "변화는 결국 나로부터 시작된다"는 메시지를 가장 직접적으로 보여줘 1장의 문을 여는 데 적합합니다.

2. 완벽한 준비란 없다 - 김민정 코치

'완벽주의와 두려움'을 극복하는 과정은 많은 이가 공통으로 겪는 내면 갈등이므로, 독자들이 자신을 투영하며 "아, 나도 도전해볼 수 있겠다"는 동기 부여를 얻기 좋습니다.

3. 나의 변화는 어디서부터 시작되었을까? - 박현주 코치

주변인의 잇따른 죽음을 겪으며 '인간 내면의 고통'을 깊이 성찰하는 이야기로, 한층 더 심도 있는 '내면 탐색'으로 확장합니다. 코칭이 단순한 커뮤니케이션 스킬을 넘어, 삶의 의미까지 짚어줄 수 있음을 보여줍니다.

4. 멋진 엄마가 되고 싶었던 나, 진짜 변화는 여기서 시작됐다 - 이혜인 코치

'엄마'라는 역할에 대한 압박감과 자책이 어떻게 변화로 이어지는지, 작은 실천과 자기 수용이 일상의 변화를 이끌어낸다는 메시지를 전합니다. 부모로서 겪는 심리적 부담을 구체적으로 다루어 공감대를 이어가는 흐름입니다.

5. 그림자와의 화해: 감정을 마주하고 성장하기 - 최강석 코치

어린 시절의 감정 억압, 군대·폭력적 환경 등을 거치며 형성된 그림자를 마주하는 이야기를 통해 "감정 수용"이라는 주제를 한층 깊이 있게 다루어줍니다. 이는 개인적 성장의

1부 나로부터 시작된 변화

'심층'에 해당하는 부분을 보여줌으로써, 전반부 흐름을 더 단단하게 만듭니다.

6. 아이들 마음에서 세상 속으로: 교사에서 코치로 피어난 길 – 권경희 코치

이제 시선을 자기 내면에서 '타인(학생들)'으로 확장합니다. 교사로 출발해 코치가 되기까지의 과정은, 성장이라는 키워드가 개인을 넘어 '직업적 소명'으로 이어짐을 보여주어 흐름에 변화를 주기 좋습니다.

7. 코칭이 되살린 심장박동, 은퇴 후 꽃피운 두 번째 삶 – 권경희 코치

앞선 '직업적 소명' 이야기를 이어받되, 은퇴 이후라는 또 다른 국면에서 코칭이 활력을 주는 사례를 보여줍니다. 독자들이 "나이는 문제가 되지 않는다"는 확신을 얻고, 도전 의지를 다질 수 있게 하는 전환점입니다.

8. 당신의 강의 변화를 만들고 싶다면 – 임근희 코치

일방적 강의를 '코칭형 강의'로 바꾸는 과정을 통해, 자기 성장에서 더 나아가 '타인과의 소통과 학습 문화 개선'으로 확장해 줍니다. 직업·경력 분야에서도 코칭이 어떻게 유의미한 변화를 일으키는지 구체적으로 제시합니다.

9. 분노의 악순환에서 소통의 선순환으로 – 황연정 코치

마지막은 다시 감정(분노)의 문제로 돌아가지만, 이번에는 다양한 심리 기법을 실천해 가족 관계가 회복되는 이야기를 통해 1장의 주제였던 "가족과 자기 내면의 변화"를 새롭게 마무리합니다.

1_가족 대화의 기적은 나로부터

고옥희 코치

"왜 말을 안 해?"

"왜 울어? 내가 때렸어?"

딸과의 대화에서 내가 가장 많이 하게 되는 말이다.

대답을 기다리다 보면 숨이 막힐 지경이다. 심지어 울기까지 한다. 내가 더 울고 싶어진다.

사춘기 딸을 앞에 두고, 나는 마치 벽을 보고 이야기하는 느낌이었다. 내가 질문을 해도 돌아오는 건 침묵이 전부였고, 때로는 고개를 돌리거나 한숨만 내쉬었다. 남편은 답답함을 못 참고 화를 냈고, 그럴수록 딸은 더욱더 마음의 문을 닫아만 갔다.

불과 몇 년 전만 해도 내 딸은 내게 와서 자질구레한 학교 이야기를 많이 하던 아이였다. 언제부터 이렇게 된 걸까? 내가 잘못한 걸까, 아니면 딸이 변해버린 걸까? 도무지 갈피를 잡을 수 없는 나는 답답함과 무력감에 휩싸여, 한동안 아무것도 손에 잡히지 않았다.

갈등의 심화와 무력감

가족 내부의 단절은 점점 깊어졌다. 식사시간 식탁에 마주 앉아도 대화는 끊어졌고 TV소리만 크다. 남편은 일이 바쁘다며 자주 늦었고, 딸은 방에 틀어박힌 채 휴대폰만 들여다보고 있었다. 가끔은 거실에서 딸을 불러 "조금이라도 같이 얘기하자"라고 해보았지만, 반응은 시큰둥했다.

"엄마, 나 피곤해."

이 한 마디를 하고 자기 방으로 쏙 들어가 버렸다. 지금 내게 필요한 건 딸이 왜 이렇게 됐는지 이유를 듣고, 함께 문제를 해결하는 것이었다. 그래서 심리학 관련 책을 몇 권 사서 읽어봤다. '부모와 아이 사이' 같은 제목의 책도 있었고, '내 아이를 위한 감정코칭'이라는 책도 펼쳐보았다. 하지만 책 속의 이론들은 현실에 적용하기 어려웠다. 어떨 땐 "이렇게 자상하게 말해보세요."라는 내용을 보며 나름 노력해봤는데, 딸은 보란 듯이 듣지 않고 자기 방에 들어가 버렸다. 이론대로 되는 것이 아니었다.

아이와의 대화가 더는 불가능해 보였다. 남편도, 나도 지쳐가고 있었다.

"우리가 딸 아이에게 뭘 잘못했을까? 어디서부터 꼬인 걸까?"

수없이 자문했지만, 답을 찾을 수 없었다. 그러다 보니 점점 마음은 더 조급해지고, 작은 부분에도 예민하게 반응했다. 딸이 내 눈앞에서 한숨만 쉬어도 나도 모르게 마음이 쿵 하고 내려앉았다. 그 무력감이 쌓여 내가 오히려 딸에게 짜증을 내면, 다시 침묵만이 돌아왔다. 악순환이었다.

코칭과의 만남

더는 이 상태를 두고 볼 수 없다고 생각할 즈음, 우연히 코칭(Coaching)이라는 개념을 알게 되었다. 한 지인의 소개로, 코칭 전문가라는 최강석 코치님의 강연을 듣게 된 것이 시작이었다. 솔직히 처음에는 '코칭이라니, 그거 뭐 스포츠 선수 훈련시키는 건가?' 싶었다. 하지만 강연 내용은 전혀 달랐다. 핵심은 바로 '진정한 경청'과 '질문하는 힘'이었다.

코치님은 "상대방의 마음을 여는 데에는 강요나 조언보다 먼저, 진심으로 들어주는 태도가 필요하다."며, "우리가 왜 경청을 해야 하고, 그것이 왜 어려운지"를 단계별로 설명했다.

처음엔 '그래, 그건 누구나 아는 뻔한 이야기 아닌가?' 싶었는데, 강연이 진행될수록 내가 그 '뻔한 것조차 실천하지 않고 있었다.'는 사실을 깨달았다. 다른 사람의 이야기를 정말 온전히 들어준 적이 언제였을까? 딸이 내게 침묵으로 일관했을 때, 사실 나는 딸의 말을 듣는 것이 아니라 "왜 말 안 해?"라는 고집과 서운함만 되뇌고 있었다.

갑자기 심장이 두근거리기 시작했다. '이거라면 해결될 수도 있겠다.'라는 희망이 솟아났다. 마치 눈앞에 다리가 놓인 느낌이었다. 나는 그 강연이 끝난 직후 결심했다.

'그래, 코칭이라는 걸 한번 제대로 배워보자.'

자기 내면과의 충돌

코칭을 배우는 과정은 쉽지 않았다. 무슨 마법 같은 기술을 배워 '지금부터 이렇게 하면 딸의 마음이 확 열릴 거야.' 같은 것이 아니었다. 오히려 처음으로 마주해야 했던 건, 아주 깊은 내 마음속에 묻어두었던 나 자신의 '결핍'이었다.

수업이 거듭될수록 코치님이 가장 많이 요구한 건 '내 이야기를 있는 그대로 꺼내는 것'이었다. 그런데 막상 해보려고 하니, 눈물이 앞서서 말이 제대로 나오지 않았다. '울면 안 된다, 조금만 참자.' 어느 순간부터 내 머릿속엔 자꾸 이런 생각이 들었다. 혹시나 내가 우는 모습을 보이면, 사람들이 날 싫어하진 않을까? 부끄러운 모습을 보인다고 손가락질하진 않을까?

그런데 그럴 때마다 코치님은 부드럽게, 하지만 단호하게 말했다.

"울고 싶으면 그냥 우세요. 그 눈물도 당신의 진짜 마음이잖아요."

처음엔 이 말이 낯설고 어색했다. 하지만 이상하게도 '그래도 된다고?'라는 안도감이 들었다. 내 어린 시절, 나는 항상 참아야만 했다. 부모님의 사업이 갑자기 기울고, 가족이 뿔뿔이 흩어져버렸을 때도 내 문제를 털어놓을 사람은 없었다. 나보다 힘든 상황인 부모님이나 오빠, 언니를 생각해 '내가 울면 안 된다.'고 버텼다. 감정을 표현하는 법, 특히 약한 모습을 보이는 건 죄악이라는 생각이 늘 내 마음 한구석에 자리 잡고 있었다.

코칭 수업을 들으며 가장 먼저 한 건, 그런 나를 인정하고 마음껏 울 수 있도록 허락하는 일이었다. 그리고 코치님은 내가 눈물을 흘릴 때마다, 옆에서 아무 말 없이 조용히 기다려주었다. 그 침묵의 기다림 속에서, 나는 내 감정을 처음으로 직접 마주하게 되었다.

'아, 내가 사실 외로웠구나. 사랑받고 싶었구나.'

마음속 깊은 곳에 얼어붙어 있던 외로움이 물거품처럼 떠올랐다.

예전에 생각하지 못했거나, 애써 무시해왔던 감정이었다. 그 눈물을 온전히 흘리고 나자, 비로소 내가 왜 딸의 침묵 앞에서 그렇게 조급했는지, 그리고 왜 딸이 나에게 한숨을 쉬는 것만으로도 마음이 쿵 내려앉았는지를 어렴풋이 알 것 같았다.

과거 회상(Backstory)과 공감 형성

내가 중학생일 때, 부모님의 사업이 갑자기 어려워졌다. 부모님은 생계를 위해 타지방으로 떠났고, 나는 오빠, 언니와 함께 남겨졌다. 어른 없이 셋이서 일상을 꾸려나가려니, 자연스레 어린 내가 우선순위에서 밀리게 되었다.

"학교생활은 괜찮니?" 하는 물음조차 거의 없었다. 다들 하루하루 버티느라 정신이 없었다. 그런 상황에서 내가 내 감정을 나눌 상대가 있을 리 없었다. 내 마음이 불안정하고, 뭔가 크게 흔들리는 느낌이 들어도, 상담할 사람이 없었다. 어쩌면 그때 나는 혼자서라도 뭔가를 해결해야겠다고 마음먹은 것 같다. 그래서 자기계발서나 성공담을 뒤적였던 것이다. 어떻게 사는 것이 옳은 것인지 ,어떻게 사는 것이 성공한 삶인지 궁금했다

하지만 그때는 전혀 몰랐다. 문제는 내 감정 표현 방식, 혹은 감정 자체를 바라보는 시선을 한 번도 배워본 적이 없다는 사실을.

누군가가 날 진심으로 들어준 적이 없었기에, 나 역시 내 이야기를 꺼내는 법을 모른다는 걸 자각하지 못했다. 그래서 딸이 사춘기에 들어가 갑자기 말이 줄어들고, 침묵이 길어졌을 때, 나는 당황했다. 왜 그 작은 신호들을 전혀 캐치하지 못했을까?

돌이켜보면, 나도 딸과 비슷했는지도 모르겠다. 마음 한구석의 불안이나 외로움, 서운함을 깊숙이 묻어두고, 아무렇지 않은 척 살아왔으니까.

코칭을 통한 자기 발견과 변화 과정

코칭을 통해 내가 깨달은 한 가지는 '내가 나를 충분히 이해하지 못하는 한, 딸의 감정도 절대 제대로 이해할 수 없다.'라는 사실이었다. 나는 혹시나 딸을 '불량 청소년'처럼 낙인찍고 있진 않았나, 딸이 "그냥 피곤해."라고 말할 때 '또 네가 말을 안 듣는구나.'라는 식으로 해석하진 않았나 돌아보았다.

그러다 문득, 코치님이 알려준 핵심 개념 '공감경청'이라는 단어가 떠올랐다. 보통 '경청'이라고 하면, 그저 상대방이 말하는 내용을 집중해서 듣는 것으로 생각하기 쉽다. 그런데 코치님은 "경청은 말하지 않은 내면의 감정, 욕구, 의도, 신념까지 듣는 것"이라 설명했다. 그리고 그 말을 듣는 데 필요한 태도가 '공감'이라고 덧붙였다.

"공감경청이란, 상대방의 감정을 충분히 인정하고, 그 감정을 함께 느끼려 노력하는 태도입니다. 이것이 더해질 때, 단순히 듣는 것을 넘어선 진짜 소통이 일어납니다."

나는 그동안 딸의 침묵이나 한숨을 그저 '대화하려고 하질 않는다.', '비협조적이다.', '나를 무시한다.'라고만 생각했다. 그러다 보니 화가 났고 말투가 윽박지르고 따지듯이 말을 하고 있었다 하지만 사실 그 침묵에는 딸의 많은 이야기가 담겨 있었는지 모른다.

그래서 딸과 대화하기 위해 "엄마는 네가 어떤 말을 해도 화를 내지 않을게."라고 말하자 아이는 "엄마, 나 사실 뭐라고 말해야 할지 모르겠어."라고 했다.

이 말을 듣고 난 머리를 한대 얻어 맞은 느낌이 들었다. 내가 무슨 짓을 하고 있나싶었다

아이는 어릴 때 자신의 감정을 표현하지 않았고, 참아왔었던 것, 말하고 싶지만 뭐라고 말해야 할지 자신도 자신의 감정을 몰랐던 것을 알아차리지 못하고 거부한다고 화만 내고 있었던 것이다.

나 또한 감정표현을 어떻게 해야 하는지 몰라 말을 하지 않았던 나의 어릴 적 모습이 떠오르면서 아이에게 너무 미안했다. 내가 그런 경험이 없어서 알려주지 못하고 아이 탓만 했다는 것을 알게 되었다

갈등의 해소와 감정적 절정

코치님이 나에게 강조했던 것은 "조급해하지 말고, 침묵까지도 존중하고 기다려주는 연습"이었다. 그 연습은 생각보다 쉽지 않았다. 왜냐하면, 우리가 보통 대화라고 하면, 말이 오가는 것만 대화라고 생각하기 때문이다. 상대가 아무 말도 하지 않으면 '이 대화는 실패야.'라고 단정 지어버린다.

하지만 코칭 수업에서 배운 대로, 내가 스스로와 대화를 해보면서 깨달은 건 "침묵 역시 하나의 대화라는 것"이었다. 딸의 침묵은 거부가 아닌, 그녀의 감정 표출 방식 중 하나였다. 무언가가 불편하거나 답답할 때, 말을 하기 전 마음을 정리하기 위해 침묵할 수 있다는 사실을, 나는 그동안 간과해왔다.

그래서 어느 날부터 난 딸이 침묵할 때, 그 침묵 안에 담긴 감정을

짐작해보려 노력했다. 짐작이 맞든 틀리든, 일단 '이 아이는 왜 지금 말하기를 어려워할까? 혹시 학교에서 무슨 일이 있었을까? 내가 뭔가 불편하게 했을까?'라고 상상하고, 마음속으로 '그래, 지금 딸도 힘들겠지.'라고 인정해주었다. 그리고 굳이 다그치거나 답을 재촉하지 않았다.

그러자 놀라운 일이 일어났다. 딸이 언젠가부터는 모르는 척 곁에 앉아, 작게나마 몇 마디를 꺼내기 시작했다.

"엄마, 나 사실 요즘에 좀 힘들었어. 근데……."

그 뒤로 딸의 긴 이야기가 이어지는 건 아니었다. 하지만 짧은 한마디라도 내가 진심으로 귀를 기울이는 게 느껴지면, 딸도 조금씩 더 말을 보탰다. 그때 내가 해줘야 할 일은 조언이 아니라 "응, 그래, 그랬구나." 하는 인정이었다. 속에서 '내가 이래라저래라 해주면 좋지 않을까?'라는 마음이 살짝 올라오기도 했지만, 코치님이 말했던 '공감경청'이 우선임을 떠올렸다. 정말 "그랬구나, 힘들었겠네." 한마디만 해주어도, 딸은 한층 마음의 문을 열었다.

경청이 왜 어려운가

나는 코칭 수업에서 '왜 우리가 경청하기 어려운지'에 대해 배웠다. 간단히 정리해보면 다음과 같다.

1. 조언이나 해결책을 생각하느라: 대화를 나누다가 상대방이 힘든 이야기를 하면, 우리는 본능적으로 '어떻게 해줘야 하지? 뭘 조언해야 하지?'라는 생각부터 한다. 그러면 오히려 상대가 말하는 것에 집중하기보다, 내 아이디어나 해결책에 더 귀 기울이게 된다.

2. 감정적 여유의 부족: 바쁘고 지쳐 있으면, 남의 감정에 공감할 여유가 없다. 피곤하고 스트레스가 쌓여 있는 상태에선, 상대 말이 귀에 잘 들어오지 않는다.

3. 편견과 선입견: '저 사람은 원래 이런 성격이야.'라는 편견이 있으면, 어떤 말을 해도 그 틀에 맞춰 해석해버린다. 그러니 진짜 이야기를 들어줄 수 없다.

4. 공감경청 스킬의 부족: 공감하기 위해선 적절한 질문이 필요하고, 상대가 '정말 이해받았다.'고 느낄 수 있는 말들을 건넬 줄 알아야 한다. 그런데 이런 스킬을 제대로 배워본 적이 없으니, 쉽게 '경청'에 실패한다.

이 모든 걸 알게 되고 나니, 내가 딸과의 대화에서 얼마나 조급했으며, 내 마음만 앞세웠는지를 깨달았다. 나는 딸이 침묵할 때, '지금이야말로 내가 뭘 해줘야 하지?'라는 조바심에 빠져 있었고, '사춘기는 원래 이렇게 힘든 거야.'라며 스스로를 합리화하기도 했다. 내 감정이 바쁠 땐, 딸의 감정이 들어올 자리가 없었다.

나로부터 시작된 변화

코칭을 통해 내가 얻은 가장 큰 깨달음은, 진짜 변화는 '나로부터 시작된다.'라는 사실이다. 나는 그동안 딸을 바꾸려고만 애썼다. "왜 안 변하니? 왜 말을 안 하니?"라는 식으로. 하지만 정작 내가 변하자, 자연스레 딸의 태도도 조금씩 변화하는 기적 같은 경험을 했다.

이것은 결코 쉽지 않은 과정이었다. 매일매일 셀프코칭을 하며 '내가 지금 이 순간 어떤 감정을 느끼고 있는가?', '왜 이 상황에서 짜증이

나는가?'를 들여다보고, 그 감정을 인정하고, 때론 조절하는 연습을 했다. 그렇게 차근차근 쌓인 '나의 변화'가, 결국 딸과 우리 가족에게도 스며들었다.

어쩌면, 가족과의 갈등은 우리 모두가 한 번쯤 겪게 되는 인생 과제일지도 모른다. 누군가가 한창 성장 중이고, 또 누군가는 이미 어른이 되어 인생 경험이 쌓이면서, 서로 맞추기 쉽지 않은 타이밍이 존재하기 마련이니까. 하지만 그런 갈등을 겪을 때마다 '저 사람이 변해야 한다.'고만 고집한다면, 해결책이 보이지 않을 것이다. 도리어 우리가 먼저 자신을 깊이 들여다보고, 자기 감정에 귀 기울일 때, 비로소 다른 사람의 감정도 보이기 시작한다.

'당신도 가족과의 관계에서 어려움을 느낀 적이 있는가? 그렇다면, 먼저 나 자신을 이해하는 것부터 시작해보길 바란다. 변화는 생각보다 가까운 곳에서 시작될지도 모른다.'

이 글을 마치며, 나는 다시 한번 곱씹어본다. 사춘기 딸의 침묵은 어쩌면 외로움, 두려움, 그리고 '엄마는 내 얘기를 들어주지 않겠지.'라는 체념이 뒤섞인 고유의 언어였을지 모른다. 그리고 내가 그 언어를 이해하기 위해 먼저 나 자신을 돌아보는 과정이 필요했다. 만약 지금 누군가가 같은 고민으로 머리를 싸매고 있다면, 꼭 말해주고 싶다.

"진짜 변화는 나로부터 시작된다. 당신이 당신의 마음을 들어주기 시작하면, 세상도 당신의 이야기를 더 선명히 들어줄 것이다."

독자를 위한 코칭질문과 실행 팁

아래 질문들은 자신을 깊이 있게 성찰하고, 스스로에게 코칭하듯 질문해볼 수 있도록 구성했습니다. 상황에 따라 하루 한두 개씩 선택하여 답해보거나, 필요한 시점에 여러 개를 한 번에 생각해보면 좋습니다.

1. 내가 지금 느끼고 있는 감정은 무엇이며, 그 이유는 무엇일까?
   (감정을 분명히 인식할 때 비로소 자신과 타인을 바라볼 여유가 생깁니다.)

2. 상대(예: 가족, 자녀)의 침묵이나 한숨을 보았을 때, 나는 어떤 해석을 먼저 하게 되는가?
   (내가 즉각적으로 '거부'나 '무관심'으로 단정 짓고 있진 않은지 확인합니다.)

3. 나는 조언을 해주기 위해 듣고 있는가, 아니면 정말로 상대의 마음을 이해하기 위해 듣고 있는가?
   (진짜 경청과 '조언 중심 대화'는 큰 차이가 있습니다.)

4. 상대가 지금 말을 하지 않는 이유를 내 방식대로 상상하기보다는, 사실대로 들어보려는 노력을 하고 있는가?
   (편견이나 예상보다, 실제 상대가 전하고자 하는 것을 주목해야 합니다.)

5. 내가 지금 대화에서 느끼는 불편함은, 정말 상대 때문인가? 아니면 과거의 경험이나 내 내면의 상처와 연결되어 있는가?
   (현재 갈등이 과거 상처와 연결될 때, 관계가 훨씬 복잡해질 수 있습니다.)

6. 상대가 나에게 어떤 태도로 다가올 때, 나는 언제 안정감이나 환영받는 느낌을 받는가?"
   (내가 받길 원하는 태도를 먼저 타인에게 줄 수 있는지도 생각해볼 수 있습니다.)

7. 나의 불안감이나 서운함, 외로움을 해결하기 위해 지금 당장 스스로 해줄 수 있는 가장 작은 행동은 무엇일까?
   (자기 돌봄을 통해 타인에게 줄 수 있는 여유가 생깁니다.)

8. 대화 도중 내가 습관적으로 꺼내는 말 중에서, 혹시 상대의 마음을 닫게 만드는 표현이 있는가?
   (예: "네가 문제야.", "너는 왜 항상~" 같은 말버릇을 점검합니다.)

9. 침묵도 대화의 한 형식이라면, 그 시간 동안 내가 해야 할 가장 중요한 태도나 마음가짐은 무엇일까?
   (쉬운 질문 같지만, 막상 침묵이 길어지면 조급해지는 경우가 많습니다.)

11. 내가 가장 안전하다고 느끼는 상황은 언제였나, 그리고 그때 내 말을 들어주는 사람은 어떤 태도를 보였었나?

(과거에 경험한 '진짜 경청'을 떠올리며 재현해볼 수 있습니다.)

12. 내가 무심코 하는 판단('저 사람은 원래 ~하다')은, 상대 말을 듣는 데 어떤 장애가 되고 있을까?
(편견과 선입견을 자각하고 내려놓는 연습.)

13. 내가 조언이나 해결책을 제시하지 않고, 단지 '공감의 말 한 마디'만 하도록 스스로를 통제할 수 있을까?
(의식적으로 연습하지 않으면, 조언하려는 습관이 쉽게 발동합니다.)

14. 예전에 내 문제를 누군가가 진심으로 들어준 적이 있는가? 없다면 그때 나는 어떤 기분이었나?
(내가 들어주지 못했던 이유를, 과거의 체험 속에서 찾게 될 수 있습니다.)

15. 이번 대화가 끝난 뒤, 내가 잘했다고 생각하는 점과 아쉬운 점은 무엇인가? 구체적으로 어떻게 개선할 수 있을까?
(회고와 피드백이 쌓이면 점진적 성장에 도움이 됩니다.)

2_완벽한 준비란 없다

김민정 코치

완벽함의 틀에 갇히다

나는 완벽해야만 했다. 20년 이상 방송과 강의를 하며 내 말 한마디, 표정 하나가 그대로 전달되는 자리에서 실수는 곧 신뢰의 추락이었다.

나는 프로여야만 했다. 방송에서는 작은 실수도 용납되지 않았고, 강의에서도 철저한 준비와 연습으로 완벽한 흐름을 유지해야만 했다.

무대 위에서 내 말은 힘을 가졌고, 사람들은 내 이야기에 귀를 기울였다. 내 강의로 삶이 바뀌었다고 고백하는 이들도 있었고, 몇몇은 나를 롤모델로 삼아 커리어를 쌓아가고 있다고 했다.

그런 말들을 들으며 자부심을 느꼈다. 그 말들이 곧 나를 지탱해주는 힘이기도 했다. 나는 완벽해야 한다는 기대 속에서 살았고, 나 역시 그렇게 믿었다.

하지만 동시에, 그 완벽함의 틀 안에 점점 갇혀가는 기분이 들었다. 성공적인 강의를 마치고 큰 박수를 받으면서도, 내 안에서는 설명할 수 없는 공허함이 자리 잡았다. 매 순간 최선을 다했지만 반복되는 패턴 속에서 문득 의문이 들기 시작했다.

'내가 정말 잘하고 있는 걸까?', '내 강의가 여전히 사람들의 마음을 움직이고 있을까?'

하지만 이 질문이 머릿속에 처음 떠올랐을 때, 나는 애써 무시했다. '나는 꾸준히 배우고 성장하고 있어.'라고 스스로를 설득했다. 새로운 강의 콘텐츠를 만들기 위해 자료를 찾고 최신 트렌드를 반영하려 애썼으며 더 좋은 전달 방식을 고민했기에 그것만으로도 충분히 잘하고 있다고 합리화했다.

새로운 교육 흐름을 좇아가려 배움도 게을리하지 않았다. 그러다 보니 지금은 생성형 AI처럼 나와는 도무지 교집합이 없을 것 같던 강의도 하고 있다. 그런 나에게 친구들은 말했다. "넌 아직도 더 배울 게 있냐?" 그럴 때마다 그저 웃어 넘기며 난 여전히 성장하고 있다고 나 자신을 기특해했다.

그런데 언젠가 교육생들에게 '변화를 두려워하지 말라.'라고 말하는 내 모습을 보며 불편한 감성이 밀려왔다. '정말 충분한 걸까?'라는 의심이 다시 한번 고개를 들었다. 나 자신이 정체되고 있다는 느낌을 지울 수 없었고, 더 이상 성장하고 있지 않다는 생각이 나를 괴롭혔다.

하지만 그 이유를 몰랐다. 코칭을 만나기 전까지는……

코칭과의 첫 만남

그런 고민을 하던 중, 우연히 인스타그램에서 '코칭 대화법'에 대한 온라인 강의 광고를 보게 되었다.

"누구나 원하는 곳에서 쉽고 재미있게, 그리고 의미 있고 가치 있게 코칭을 제대로 배울 수 있는 기회입니다. 1인 1코치 시대를 함께 준비합니다."라는 문구가 눈에 들어왔다.

코칭? 그때까지 나에게 코칭이란 단어는 특별한 의미를 가지지 않았다. '소통 기법을 배우는 과정이겠지.' 그저 그렇게 생각했다.

말을 업으로 하는 나는 소통의 중요성을 잘 알고 있다. 그래서 늘 새로운 기법을 연구하고 강의에 적용하려 노력한다. 이 강의도 내 콘텐츠를 보강하는 정도로 활용하면 좋겠다고 생각했다. 코칭이란 개념이 궁금하기보다는, 내가 이미 알고 있는 것과 얼마나 다른지 비교해 보고 싶었다. 그저 단순한 호기심이었다. 아니 좀 더 솔직히 말하면 강의 자료를 얻을 수도 있겠다는 얄팍한 계산이 전부였다.

기대와 실망

첫 강의를 들었을 때, 나는 깊은 실망감을 느꼈다. 내용은 이미 익숙한 것들이었고, 새로운 통찰을 주지도 않았다.

'이게 뭐야? 내가 강의에서 사용하는 대화법과 다를 게 없잖아.'

조금 더 기다리면 새로운 시각이 나올까 싶어 집중해 봤지만, 기대했던 놀라움은 찾아오지 않았다. 설명은 무난했고, 특별한 기법이나 새로운 시각도 없었다. 점점 집중력이 흐트러졌다. 마치 기대하고 본 영화가 예상보다 밋밋하게 전개될 때의 기분이랄까?

'굳이 이 강의를 계속 들어야 하나?'

머릿속이 복잡해졌다. 다 아는 내용이 계속 이어졌고, 기대했던 신선한 접근법은 좀처럼 나타나지 않았다. 결국, 코칭이라는 것은 단순히 상대의 말을 경청하고 적절한 반응을 해주는 소통 방식에 불과한 것처럼 보였다. 상담이나 멘토링과 다를 게 없어 보였고, 내가 강의하는 소통 기술과도 차이가 없어 보였다.

그래서 8주 동안 수업을 들으면서 카메라와 마이크를 끄고 딴짓도 많이 했다. 그러다 수업이 끝날 무렵 수료반과 인증반에 대한 안내를 받았다. 각각 4주씩 실습 코치의 피드백을 받으며 파트너와 코칭 실습을 진행한다. 이후 지인들을 대상으로 코칭을 하고, 그 결과를 녹음이나 녹화 영상으로 제출해야 하며 마지막에는 실기시험도 치른다.

'아…… 8주 동안이나 또 주말을 반납해야 하는 건가?'

며칠을 고민하다 '에이…… 그래도 여기까지 했는데 나중에 프로필에 한 줄이라도 더 적게 자격증이라도 따 두자.'라고 마음먹었다.

난 이전까지 전문 코치가 되겠다는 생각은 한 번도 해본 적이 없다. 몇 년 전 아는 교수님께서 코치의 세계에 발을 들여놓으시곤 나 역시 그 세계로 들어오라고 끊임없이 설득하셨지만 끝내 넘어가지 않았다. 그 이유는 누군가의 인생에 '감 놔라 배 놔라' 하고 싶은 마음이 전혀 없었기 때문이나. 내 인생을 두고 누가 코칭힌답시고 '이레라져레 아'라는 것을 용납할 수 없기에 더 그랬을 거다.

코칭 수업을 들으면서도 그 생각은 변함이 없었다. 다만 두 달 동안 매주 일요일 오후 시간을 투자한 것이 아까워 '그냥 자격증이라도 하나 받아두자.' 싶었을 뿐이다.

그러나 실습 과정을 거치면서 코치의 역할에 대해 내가 얼마나 잘못 생각하고 있었는지를 깨달았다. 코치는 질문을 던지는 사람이지 정답을 알려주는 사람이 결코 아니다.[1]

---

[1] 코치는 답을 알려주는 사람이 아니라, 질문을 통해 상대가 스스로 답을 찾도록 돕는 사람이다. 이 개념은 고대 소크라테스의 '산파법(Maieutic Method)'에서 비롯되었으며, 현대 코칭은 20세기 중반 스포츠 분야

그런데도 나는 마치 내가 전문가인 양 자꾸만 정답을 알려주고 싶어서(사실 그게 정답인지 아닌지도 모르면서) 그걸 억누르느라 힘들었다. 코치는 고객을 가르치는 것이 아니라 고객이 스스로 필요한 답을 찾을 수 있도록 끊임없이 질문을 던져 고객 내면의 성장 가능성과 잠재력을 끌어내는 사람이다. 코치에 대한 정확한 개념이 잡히고 나니 코칭의 효과가 궁금해졌다. 그런데 이것은 단 한 번의 실습으로 바로 알 수 있었다.

나를 뒤흔든 질문 하나

그날은 파트너 코칭 실습이 있는 날이었다. 나는 상대방의 이야기를 경청하고, 질문을 던지며 코칭을 진행했다. 처음엔 코칭 실습이 단순한 대화 연습처럼 느껴졌지만, 때때로 나도 모르게 깊은 내면을 들여다보게 되는 순간이 있었다.

실습 중 파트너가 질문을 던졌다.

"언제 가장 두려움을 느끼세요?"

나는 고민하지 않고 바로 대답했다.

"저는 평상시에 별로 두려움을 느끼지 않아요."

사실이었다. 나는 강의도, 방송도, 그 어떤 무대에서도 주저하지 않는다. 누군가의 앞에 서는 것이 익숙했고, 실수 없이 해내는 것이 당

에서 시작되어 기업과 개인 성장 영역으로 확장되었다. John Whitmore의 『Coaching for Performance』(1992)에서는 코칭을 '질문을 통해 잠재력을 이끌어내는 과정'으로 정의하며, 연구에 따르면 코칭을 받은 개인은 문제 해결 능력과 자기 효능감이 향상된다. 즉, 코치는 해답을 주는 사람이 아니라, 강력한 질문을 던지는 사람이다.

연했다. 오히려 사람들 앞에서 자신 있게 행동하는 법을 잘 알고 있었다. 내게 두려움이란 단어는 어울리지 않는다고 생각했다. 그러자 그가 다시 물었다.

"그럼 최근에 시도조차 하지 않은 일이 있다면 어떤 게 있을까요?"

순간 머릿속에서 무언가 떠오르려는 듯했다. 하지만 "딱히 생각나는 건 없어요."라고 잘라 말했다.

그 순간, 세 번째 질문이 들어왔다.

"그렇다면, 최근에 망설였던 순간이 있다면 언제였나요? 그리고 그때 떠올랐던 생각이나 감정은 무엇이었나요?"

머릿속이 복잡해지며 최근에 도전하지 않은 일들이 하나둘 떠올랐다. 새로운 강의 콘텐츠를 만들고 싶었지만, 준비가 덜 되었다는 이유로 미뤘다. 새로운 프로젝트를 제안받았지만, 익숙하지 않은 분야라는 이유로 거절했다. 그리고 모 대학의 겸임교수 자리를 제안받았지만, '생각해보겠다.'라고만 답한 후 끝내 회신을 하지 않았다. 새로운 기회를 눈앞에서 놓칠 때마다, 나는 늘 스스로에게 이유를 만들었다.

"지금은 때가 아니야."

"아직 준비가 덜 됐어."

"더 좋은 기회가 올 거야."

그 순간 깨달았다. 나는 실패가 두려웠다. 그래서 도전조차 하지 않았다. 실패할까 봐, 완벽한 준비가 될 때까지 기다렸던 것이다. 그러나 완벽한 준비란 애초에 존재하지 않았다. 나는 늘 변명을 찾았고, 그 변명이 결국 나를 가로막고 있었다.

이것을 심리학에서는 회피 행동(Avoidance Behavior)[2]이라고 하며, 이는 인지 부조화(Cognitive Dissonance) 이론[3]과도 연결된다. 사람들은 새로운 도전을 두려워할 때 자신의 행동을 정당화하려는 경향이 있다. 예를 들어, '아직 준비가 덜 됐다.'라고 말하는 것은 실제로는 두려움을 회피하기 위한 자기합리화(Self-Justification)[4]일 수 있다.

심리학자 레온 페스팅거(Leon Festinger)의 연구에 따르면, 사람들은 자신의 행동과 신념이 일치하지 않을 때 불편함(인지 부조화)을 느끼며, 이를 해소하기 위해 스스로를 설득하는 경향이 있다.

나는 두려움을 느끼지 않는 사람이 아니라, 두려움을 회피하는 사람이었던 것이다. 도전하지 않음으로써 실패를 피할 수는 있었지만,

---

2 회피 행동(Avoidance Behavior) - 개인이 불안, 두려움, 스트레스를 유발하는 상황을 피하려는 행동 패턴을 의미한다. 단기적으로는 불편한 감정을 줄일 수 있지만, 장기적으로는 문제 해결 능력을 저하시켜 심리적 고립을 초래할 수 있다. 이 개념은 제2차 세계대전 이후 참전 군인들의 외상 후 스트레스 장애(PTSD) 연구 과정에서 주목받았으며, 연구에 따르면 회피 전략은 불안을 일시적으로 완화하지만, 장기적으로는 오히려 불안을 강화하는 악순환을 초래할 수 있다.

3 인지 부조화 이론(Cognitive Dissonance Theory)은 1957년 미국의 사회심리학자 레온 페스팅거(Leon Festinger)가 제안한 개념으로, 개인이 두 가지 이상의 모순되는 인지 요소를 가질 때 발생하는 심리적 불편함을 설명하는 이론이다. 이러한 부조화 상태는 심리적 긴장을 유발하며, 사람들은 이를 해소하기 위해 자신의 태도나 행동을 변경하거나, 새로운 인지를 추가하거나, 기존 인지를 회피하는 등의 노력을 기울인다.

4 자기합리화(Self-Justification) - 개인이 자신의 행동을 정당화하기 위해 합리적인 이유를 찾는 심리적 과정. 이는 자신의 신념과 행동이 불일치할 때 발생하며, 불편한 감정을 줄이기 위해 스스로를 설득하는 방식으로 나타난다. 이 개념은 1957년 레온 페스팅거(Leon Festinger)가 제안한 인지부조화 이론(Cognitive Dissonance Theory)과 밀접한 관련이 있으며, 특히 사람들이 자신의 과오를 인정하기보다 외부 요인이나 다른 합리화를 통해 정당화하는 경향이 있음을 설명한다.

동시에 성장의 기회를 놓치고 있었다. 변화와 성장을 가르치는 사람이면서도, 정작 내 삶에서는 변화를 미루고 있었다는 사실을 그제야 깨달았다.

완벽하지 않아도 괜찮아

코칭을 통해 변화를 결심했지만, 그렇다고 하루아침에 모든 것이 달라진 것은 아니었다. 변화의 필요성을 깨달았음에도 나는 한동안 여전히 익숙한 방식에 머물러 있었다. 하지만 이전과 다르게 스스로를 점검하기 시작했다. 처음으로 한 일은 내 감정을 있는 그대로 바라보는 것이었다. 예전에는 두려움이 올라오면 '나는 두려움을 느끼지 않는 사람'이라며 애써 무시했지만, 이제는 그 감정을 인정하고 질문을 던진다.

"지금 내가 주저하는 이유가 뭐지?"

정말 준비가 되지 않아서 미루는 것인지, 아니면 단지 익숙한 환경에 머무르고 싶어서 그런 것인지 솔직하게 들여다보았다. 그러다 보니, 내가 두려워하는 것은 실패 그 자체가 아니라 '완벽하지 않은 모습을 보이는 것'이라는 걸 깨달았다.

그때부터 작은 도전들을 시작했다. 완벽하지 않아도 괜찮다는 연습을 하기로 했다. 예전 같으면 절대 하지 않았을 일에도 하나둘 도전하기 시작했다. 그러나 곧 익숙한 방식을 고수하려는 내 습관과 마주해야 했다. 처음에는 어색했지만, 조금씩 변화를 시도하면서 강의 방식도 더 유연해졌다. 그리고 무엇보다 중요한 변화는, 이제 도전을 미루지 않는다는 것이다.

나는 여전히 불안하고 고민하는 순간들을 맞이하지만, 그럼에도 불구하고 앞으로 나아가기로 선택했다. 예전 같았으면 '좀 더 준비가 되면 해야지'라며 미뤘을 코칭 책 집필도 그중 하나다.

처음 〈코칭 이펙트〉 팀에 합류할 기회가 왔을 때, 나는 역시나 망설였다. '아직 코칭을 더 공부해야 하지 않을까?'라는 생각이 계속 들었다. 하지만 기회를 놓치고 싶지 않다는 마음이 더 컸다. 그래서 생각만 하지 않고, 먼저 '함께 하고 싶다.'라는 의사를 밝혀버렸다.

그러나 막상 글을 쓰면서 하루에도 몇 번씩 후회가 몰려왔다. '괜히 섣불리 도전한 게 아닐까?'라는 생각이 들었고, 다른 저자들과 비교하며 '내가 과연 자격이 있을까?'라고 스스로를 의심하기도 했다. 하지만 그 과정에서 깨달았다.

'완벽한 준비는 없다. 중요한 건 시작하는 것이다.'

그래서 나는 지금도 글을 써 내려가고 있다. 글을 쓰는 동안, 마치 처음 코칭을 접했을 때의 나와 다시 마주하는 기분이다. 과거의 나는 코칭을 통해 변화했고, 이제는 그 변화를 글로 풀어내며 또 한 번 성장하고 있다.

처음에는 글을 쓰는 것이 마치 낯선 길을 걷는 것처럼 어렵게 느껴졌다. '과연 이 글이 제대로 전달될까?', '내가 정말 코칭을 잘 이해하고 있는 걸까?' 하는 의심이 머릿속을 가득 채웠다. 문장을 쓰다 지우기를 반복하며, '이 정도로 충분할까?'라는 불안감이 끊임없이 밀려왔다. 내가 가진 경험과 배움을 온전히 녹여낼 수 있을까 하는 부담감 속에서, 스스로의 한계를 마주하는 기분이 들었다. 하지만 그럴 때마다 '완벽하지 않아도 괜찮다.'라고 스스로를 다독이며 한 줄 한 줄 써 내려갔다. 그리고 글을 쓰면서 내가 얼마나 변했는지를 다시금 깨달았다.

이제 나는 더 이상 완벽을 기다리지 않는다. 대신 성장의 과정에 있는 나 자신을 인정하고, 계속해서 나아가기로 선택했다. 그리고 이 모든 과정이 결국 내 성장의 한 부분이 될 것이라 믿는다.

도전을 미루는 나에게 묻다

나는 강의에서 변화와 성장을 이야기한다. 하지만 정작 내 변화 앞에서는 주저하고 있었다. 코칭을 통해 그 사실을 마주했고, 이제는 나도 변화에 도전하고 있다.

코칭은 단순한 커뮤니케이션 기술이 아니라, 내 안의 두려움을 직면하는 과정이었다. 물론 쉽지 않았다. 여전히 망설였고, 스스로를 의심하는 순간도 많았다. 하지만 차츰 알게 되었다. 변화는 완벽한 준비가 아니라, 결심하고 한 걸음 내딛는 순간 시작된다는 것을.

나는 이제 더 이상 '준비가 되면 하겠다.'라고 미루지 않는다. 물론 불안할 때도 있다. 그럴때마다 스스로에게 묻는다.

- 지금 나는 무엇을 미루고 있는가?
- '아직 준비되지 않았다.'라고 말하는 진짜 이유는 무엇인가?
- 지금이 아니라면, 언제 시작할 것인가?
- 지금 도전하지 않는다면 무엇을 잃게 될까?
- 실패해도 괜찮다면, 지금 당장 무엇을 시도할 것인가?

그리고 언제나 같은 답을 찾는다.

"완벽한 준비란 없다. 완벽한 타이밍도 없다. 변화는 기다리는 것이 아니라 만들어가는 것이다."

우리는 때때로 더 나은 시기를 기다린다. 하지만 기다리는 동안에도 시간은 흐르고, 기회는 사라지며, 결국 같은 자리에 머물게 된다. 두려움은 언제나 존재한다. 하지만 중요한 것은 그 두려움 속에서도 한 걸음 내딛는 용기다.

나는 지금도 변화를 만들어가고 있다.

글을 쓰면서, 코칭을 하면서, 그리고 내 삶을 새롭게 설계해 나가면서.

두려움이 완전히 사라진 것은 아니지만, 적어도 두려움 앞에서 더 이상 나를 멈추게 두지는 않는다.

독자를 위한 코칭질문과 실행 팁

다음 셀프코칭 질문에 스스로 답하고 정리된 생각을 바탕으로 행동에 옮겨보기 바란다.

1. **지금 자신이 가장 두려운 것은 무엇인가요?**
   현재 자신의 불안과 두려움을 구체적으로 적어보세요. 감정적, 현실적 요소를 모두 고려하며 두려움의 원인을 분석하면 도움이 됩니다. 이를 마주하는 것만으로도 해결의 실마리를 찾을 수 있습니다.

2. **자신은 지금 스스로에게 어떤 변명을 하고 있나요?**
   자신의 행동을 정당화하는 핑계나 이유를 적어보세요. '시간이 없다.', '나는 준비가 부족하다.'와 같은 말을 스스로에게 하고 있지 않은지 점검하고, 이를 극복할 방법을 고민해 보세요.

3. **지금 도전하지 않음으로써 자신이 얻는 것과 잃는 것은 무엇인가요?**
   도전하지 않음으로써 얻는 안정감과 잃는 성장 기회를 비교해보세요. 이를 통해 도전에 대한 균형 잡힌 시각을 가질 수 있으며, 새로운 선택을 할 용기를 얻을 수 있습니다.

4. **만약 두려움이 전혀 없다면, 어떤 선택을 하고 싶나요?**
   두려움이 없다면 하고 싶은 일을 자유롭게 상상하며 적어보세요. 이 과정에서 자신이 진정 원하는 것이 무엇인지 깨닫고, 그것을 향한 실행 가능성을 높일 수 있습니다.

5. **오늘 한 걸음을 내디딘다면, 내일의 나는 어떤 변화를 맞이할까요?**
   작은 행동 하나가 미래에 어떤 변화를 가져올지 구체적으로 상상해보세요. 작은 변화를 실감하면 행동을 지속할 동기부여가 됩니다.

6. **만약 지금 당장 도전해서 성공한다면, 무엇을 얻고 어떤 기분이 들까요?**
   도전의 결과를 상상하며 성취 후의 감정을 적어보세요. 이를 통해 도전의 가치와 기대 효과를 구체화하고, 스스로를 북돋울 수 있습니다.

7. **남은 인생에서 가장 원하는 모습은 무엇인가요? 그것을 위해 오늘 어떤 첫걸음을 내디디면 좋을까요?**
   장기적인 인생 목표를 정하고, 이를 위해 오늘 할 수 있는 작은 행동을 정리해보세요. 목표를 현실적인 실행 계획으로 연결하는 것이 중요합니다.

8. **내일의 자신에게 부끄럽지 않으려면, 오늘 무엇을 하면 좋을까요?**
   하루를 돌아보며 자신이 후회하지 않을 행동을 고민하세요. 작은 성취라도 내일의 자신이 자랑스럽게 여길 수 있도록 행동을 구체적으로 계획해보세요.

3_나의 변화는 어디서부터 시작되었을까

박현주 코치

친구의 죽음이 남긴 질문

내 인생에 처음으로 죽음을 맞닥뜨린 것은 고등학교 친구의 자살이었다. 충격적인 소식은 내 심장을 한순간에 얼어붙게 만들었다. 그 친구의 죽음은 단순한 슬픔을 넘어, 나에게 커다란 질문을 남겼다. 나는 혼란스러웠다. 그 친구는 갑자기 왜 이런 선택을 했을까? 친구의 선택은 내게 인간의 감정이 얼마나 무거울 수 있는지, 그리고 우리가 서로의 고통을 얼마나 이해하지 못하는지를 깨닫게 했다. 나는 그날 이후로 '삶과 죽음'에 대해 깊이 고민하기 시작했다.

그리고 20대에 들어서면서 또 다른 세 명의 지인이 자살로 생을 마감했다. 그들의 죽음은 마치 도미노처럼 나를 덮쳤다. 연이은 상실은 내게 심리적 충격을 안겨주었고, 나는 점점 더 깊은 고민에 빠졌다. 가슴 깊이 울리는 상실감과 복잡한 감정들이 뒤섞여 나를 사로잡았다. '왜 그들은 그렇게 떠나야만 했을까?'

사람들은 저마다의 아픔을 안고 살아가지만, 어떤 이는 그것을 견디지 못하고 이 세상을 떠난다.

'어떻게 같은 어려움을 겪으면서도 어떤 사람은 포기하고, 또 어떤 사람은 이를 극복하며 성장할 수 있을까?'

이런 질문들은 머릿속에서 끊임없이 반복되었고, 나는 이 질문에 대한 해답을 찾고 싶었다.

시간이 흐를수록 점점 더 깊은 내면의 목소리를 듣기 시작했다. 삶의 의미와 목적을 되새기며, 어떻게 하면 나 자신과 주변 사람들의 고통을 줄일 수 있을지 고민했다. 차이는 어디에서 비롯되는 것일까? 환경의 차이일까, 성격의 차이일까, 아니면 내면의 강인함에서 오는 것일까? 심리학 서적을 탐독하고, 다양한 강연을 들으며 스스로 해답을 찾고자 했다. 이러한 과정에서 인간의 감정이 얼마나 복잡하고 섬세한지, 그리고 삶의 어려움을 극복하는 과정에서 자기 이해가 얼마나 중요한지를 깨닫게 되었다.

나는 이 질문에 대해 타인에게 그리고 나 자신에게 현실적으로 도움이 되는 해답을 찾고 싶었다. 그래서 주변 사람들에게 마음을 열고 이야기를 나누기 시작했다. 각자의 이야기를 들으며 나는 조금씩 삶의 무게를 받아들이는 법을 배웠다. 이 과정은 단순한 학습을 넘어, 나의 내면을 들여다보고, 감정을 더 깊이 이해하는 시간이었다.

그 시점부터 나는 사람들의 삶을 더 깊이 들여다보며, 그들이 역경을 어떻게 이겨내는지 분석하기 시작했다. 책을 통해, 강연을 통해, 그리고 직접 사람들과의 대화를 통해 다양한 관점을 배울 수 있었다. 그리고 결국 한 가지 중요한 사실을 깨달았다. 우리의 선택은 단순한 의지가 아니라, 감정, 신념, 그리고 사고방식의 조합이라는 것을. 나는 이 깨달음을 바탕으로 심리학에 깊이 빠져들었고, 그것이 나의 삶을 완전히 바꾸는 시작점이 되었다.

심리학 공부의 시작

그렇게 나는 20대 때부터 끊임없이 심리학과 사람의 감정에 대해 책을 읽고 공부하기 시작했다. 특히 청소년 심리학과 상담학을 중심으로 탐구하며 인간의 감정 구조와 심리적 반응을 깊이 이해하고자 했다. 사람의 마음을 읽는 것은 단순한 기술이 아니라, 깊은 공감과 섬세한 이해가 필요하다는 점을 깨달았다. 나는 단순한 흥미를 넘어, 사람들의 아픔과 고민을 해결하는 데 실질적인 도움을 줄 수 있는 전문가가 되고 싶었다. 책을 읽을 때마다, 강연을 들을 때마다 마음 깊숙이 울리는 무언가가 있었다.

언젠가 이 긴 여정 끝에 내가 이 질문에 대한 답을 찾는 날이 오면, 나는 마음 전문가가 되어 사람들을 돕고, 그들의 인생을 더 나은 방향으로 이끄는 존재가 되고 싶었다. 나는 사람들에게 단순한 조언자가 아니라, 함께 길을 걸으며 빛을 비춰주는 등대 같은 존재가 되고 싶었다. 이 꿈을 이루기 위해, 나는 계속해서 배움을 이어가며 나 자신을 성장시키는 데 집중했다.

하지만 공부를 계속해보니 심리상담이 내가 원하는 방향과는 다름을 깨달았다. 심리상담은 고통을 마주한 사람들을 치유하는 데 초점을 맞추고 있었지만, 나는 단순한 치유를 넘어 사람들이 자신의 문제를 근본적으로 해결하고, 더 나아가 성공적이고 행복한 인생을 스스로 설계해 나가도록 돕고 싶었다.

나는 단순히 마음의 상처를 치유하는 것이 아니라, 사람들이 자신의 삶을 주체적으로 이끌어 가고, 더 나은 미래를 창조할 수 있도록 돕는 도구가 필요하다고 느꼈다. 과거의 상처는 중요하지만, 그것을 딛고 새로운 가능성을 향해 나아가는 것이 더 가치 있는 일이 아닐까? 심리 상담이 과거의 상처에 집중했다면, 나는 미래의 가능성에 더 초점을 맞추고 싶었다. 사람들의 내면에는 무한한 잠재력이 존재하고, 나는 그들이 자신의 가능성을 발견하고 삶을 새롭게 디자인할 수 있도록 이끄는 데 집중해야겠다고 결심했다.

이런 깨달음은 내 상담 접근 방식을 근본적으로 변화시켰다. 나는 단순히 해결책을 제공하는 것이 아니라, 사람들 스스로가 문제를 해결할 수 있는 방법을 찾고, 자신만의 인생 로드맵을 그릴 수 있도록 돕는 방향으로 나아가야겠다고 마음먹었다. 이를 위해 나는 긍정심리학, 코칭, 자기계발 분야를 깊이 있게 탐구하며, 보다 실용적인 접근 방식을 모색하기 시작했다.

토니 로빈스를 만나다

그러던 어느 날, 우연히 서점의 자기계발 코너를 거닐다가 한 권의 책이 내 시선을 사로잡았다. 커다란 글씨로 새겨진 제목, 토니 로빈스의 『네 안에 잠든 거인을 깨워라』였다. 호기심에 이끌려 책을 펼치는 순간, 나는 마치 강렬한 에너지가 내 안으로 흘러들어오는 듯한 전율을 느꼈다. 단순한 동기부여를 넘어, 삶의 변화를 이끄는 실질적인 방법들이 촘촘히 담겨 있었고, 한 페이지 한 페이지가 내 내면의 깊은 곳을 두드렸다.

책을 읽으며 나는 마치 토니 로빈스가 직접 내 앞에서 강연을 하듯 생생하게 그의 메시지를 느낄 수 있었다. 나는 책장을 넘길수록 더욱 깊이 빠져들었고, 실생활에서 적용할 수 있는 실천 방법들을 하나씩 적어가며 나만의 로드맵을 만들기 시작했다. 나의 새로운 가능성을 발견하고, 내 안의 잠든 거인을 깨우기 위한 여정을 본격적으로 시작하기로 결심했다. 아침마다 자신에게 긍정적인 확신을 심어주고, 작은 도전부터 시작해 자신감을 쌓아가는 것, 그리고 무엇보다 내가 진정으로 원하는 삶이 무엇인지 구체적으로 상상하고 계획하는 것. 이 책을 통해 나는 단순히 치유가 아니라, 내가 가진 가능성과 내면의 힘을 찾을 수 있음을 깨달았다.

앞으로 나의 심리공부의 방향을 단순한 심리적 치유를 넘어, 사람들의 삶을 더욱 풍요롭고 성공적으로 이끄는 데 초점을 맞추기로 했다. 나는 삶의 고난과 역경을 단순히 극복하는 것을 넘어, 그것을 성장의 원동력으로 삼는 법을 배우고 싶었다. 나 자신을 더 깊이 탐구하며 작은 습관부터 시작하여 점차 삶을 변화시키는 과정을 체험했다. 작은 도전들이 쌓이고, 변화를 직접 체감하면서, 나는 진정한 코칭이 무엇인지 깨달아 갔다. 나는 단순한 기술적 접근을 넘어서, 사람들의 내면을 이해하고 이끌어 나가는 실력 있는 코치가 되겠다는 목표를 더욱 확고히 하게 되었다. 코칭을 통해 누군가의 삶을 변화시키는 일이 나의 사명이라는 확신이 들었다.

팬데믹으로 무너진 나의 일상

결혼 후 육아와 프리랜서 영어통역 가이드로서의 바쁜 일상은 나에게 코칭 공부를 시작할 여유를 허락하지 않았다. 고객의 일정에 맞춰 전국을 누비며, 새로운 사람들을 만나고 다양한 문화를 접하는 것은 내 삶의 큰 즐거움이었지만, 점차 나의 시간은 온전히 내 것이 아닌 누군가의 계획 속에 갇혀버린 듯했다. 그러던 중 2020년, 전 세계를 휩쓴 코로나19 팬데믹은 나의 일상을 송두리째 무너뜨렸다. (참고로 나의 직업은 프리랜서 영어통역 가이드로서 업무는 한국을 방문하는 외국인에게 서비스를 제공하는 일이었다.)

갑작스럽게 모든 일정이 취소되고, 공항은 텅 비어갔으며, 거리는 조용해졌다. 마치 시간이 멈춘 듯한 적막이 도시를 감쌌다. 나의 수입은 순식간에 바닥을 쳤고, 하루하루가 불안과 초조함의 연속이었다. 경제적 기반이 무너진 그때, 나의 멘탈과 자존감도 함께 붕괴되었다. 처음에는 '잠깐 쉬어가는 시간일 뿐이야.'라며 나 자신을 다독였지만, 팬데믹 상황이 1년 이상 장기화되면서 나는 점점 더 깊은 우울 속으로 빠져들었다.

하루하루가 막막했고, 미래에 대한 불안이 점점 짙어졌다. 매일 아침 눈을 뜰 때마다 가슴 한편에서 밀려오는 두려움이 나를 옥죄었다. '나는 앞으로 어떻게 살아가야 할까? 언제쯤 이 상황이 끝날까?'라는 질문이 머릿속을 맴돌며 끊임없이 나를 괴롭혔다. 비단 경제적 문제만은 아니었다. 일상 속 작은 목표조차 의미를 잃어버리면서 무기력함이 나를 점점 잠식해 갔다.

불안감은 일상의 모든 순간을 지배했다. 과거에는 즐거웠던 일들이 이제는 무기력하게 느껴졌고, 가족들과의 대화마저 점점 줄어들었다. 나는 점점 자신을 잃어가고 있다는 생각이 들었다. 머릿속이 복잡해질수록 나는 사람들과의 거리를 두었고, 나만의 공간에서 점점 깊은 고립감에 빠져들었다. 어느 순간, 나는 이 상황을 극복하지 않으면 끝없이 추락할 것 같다는 두려움이 들었다.

나의 정체성마저 흔들리는 기분이 들었다. '나는 지금 무엇을 해야 할까? 나는 이 어려운 상황을 헤쳐나갈 수 있을까? 나의 진정한 가치는 무엇일까?' 이런 질문들이 머릿속을 가득 채우며, 가슴 한구석을 답답하게 만들었다.

점점 깊어지는 불안 속에서 나는 다시 한번 삶의 방향을 고민하기 시작했다. 마치 끝이 없는 어두운 터널을 나 홀로 걷고 있는 것만 같았다. 무거운 공기가 나를 짓누르고, 희미한 빛조차 보이지 않는 듯한 느낌이었다. 과거의 선택들이 머릿속에서 맴돌고, 미래의 불확실성이 점점 나를 압박했다. 나는 무기력함과 자책 사이에서 허우적대며, 한편으로는 나를 일으켜 세울 작은 희망의 실마리를 간절히 찾고 있었다. 주변의 기대와 나의 현실 사이에서 균형을 찾기가 점점 더 어려워졌다. 어느 순간, 나는 나 자신을 있는 그대로 받아들이는 것조차 버거운 일이 되어 버렸다.

내 마음에 여유가 없으니 남편에게 예민해지고, 부모님과 형제들과의 관계에도 갈등이 생기면서 점차 소원해져 갔다. 사소한 말 한마디에도 날카롭게 반응하며, 나조차도 내 자신이 낯설게 느껴졌다. 나를 둘러싼 모든 것들이 다 나를 공격하는 기분마저 들었다. 어쩌면 스스로 만든 감옥 속에서 벗어나지 못하고 있는 건 아닐까 하는 생각이 스쳤다. 나는 점점 외로움과 무기력함 속에서 허우적거렸다.

내 안에서 솟아오르는 불안감은 날마다 나를 짓눌렀고, 깊은 한숨과 함께 가슴이 조여오는 듯했다. 어둠이 내 안을 집어삼키는 듯한 느낌이 들었다. 마음을 다잡으려 애썼지만, 나의 의지는 점점 희미해져 갔다. 희망을 찾고 싶었지만, 현실은 더욱 냉혹하게 다가왔다. 작은 일에도 불안을 느끼고, 일상의 평범한 순간들조차 내게는 버거운 무게로 다가왔다. 머릿속에서는 끊임없이 '이렇게 살아가는 것이 맞을까?'라는 질문이 나를 잠식했고, 나는 그 질문에 대한 답을 찾지 못한 채 어둠 속을 헤매고 있었다.

나를 짓누르는 비판의 목소리

이런 슬럼프를 극복하려면 운동도 하고 몸을 움직여야 한다는 걸 알면서도 마음의 짐이 너무 무거워 숨조차 쉬기 힘들었다. 나를 짓누르는 무거운 감정이 사방에서 밀려오며, 나는 한참을 그렇게 주저앉아 있었다. 머릿속에는 끝없는 생각들이 꼬리를 물고, 가슴 속에서는 알 수 없는 먹먹함이 밀려왔다. 무엇보다 내 안에서 들려오는 비판의 목소리가 더욱 날 힘들게 했다. 잠시라도 일어나서 무언가를 해야 한다는 걸 알지만, 몸은 점점 더 무거워지고, 스스로를 자책하는 감정이 나를 붙잡고 놓아주지 않았다.

'그렇게 심리학 책 많이 읽었는데 너 마음 하나 추스르지도 못하네?'

'너 자신의 마음도 잘 돌보지 못하면서, 너 주제에 다른 사람을 도와주는 코치가 되겠다고? 넌 그럴 자격 없어.'

'넌 늘 이렇게 주저앉아만 있을 거야. 아무리 노력해도 달라질 게 없어.'

'너는 변명만 하고, 정작 행동은 하지 않잖아. 지금 이 순간도 시간 낭비하는 거야. 넌 아무것도 이룰 수 없어.'

마치 내 안의 또 다른 자아가 나를 끝없이 공격하는 것처럼 느껴졌다. 내 마음을 힘들게 한 원인이 팬데믹이나 경제 상황이 아니었음을 비로소 깨달았다. 진짜 문제는 내 안의 그림자가 끊임없이 나를 부정하며 비웃고, 작은 실패조차 나의 존재 가치를 의심하게 만들었다는 것이었다. 내 안의 그림자는 사소한 실수도 용납하지 않았고, 끝없이 나를 몰아붙였다.

나는 점점 더 움츠러들었고, 무기력함 속에서 벗어나기 위해 안간힘을 썼지만, 마음속 깊이 자리 잡은 불안과 자책은 쉽게 사라지지 않았다. 내면의 그림자는 마치 나의 가장 약한 부분을 정확히 알고 있는 것처럼, 숨을 고를 틈도 주지 않고 나를 몰아세웠다. 나는 한없이 작아지는 기분이 들었고, 스스로를 믿기 어려워졌다.

이 어두운 그림자의 목소리를 견디며 나를 일으켜 세우는 것이 얼마나 어려운지 매 순간 절감했다. 때로는 나를 지탱하는 마지막 힘조차 사라지는 듯했고, 끝없는 의심과 자책 속에서 헤어나오기 어려웠다. 마음속에서 들려오는 부정적인 목소리는 나를 점점 더 깊은 어둠 속으로 밀어 넣었다. '넌 해낼 수 없어.', '아무리 노력해도 소용없어.'라는 속삭임이 내 머릿속을 가득 채웠다.

하지만 이런 과정에서도 나는 서서히 깨닫기 시작했다. 내 안의 어두운 그림자를 피하지 않고 그와 직면해서 마음속 깊이 숨어있는 두려움과 죄책감을 인정해야만 한다는 것을. 그리고 이 경험을 통해 오히려 내면의 더 큰 힘을 발견할 수 있다는 것을. 나는 처음으로 나 자신과의 대화를 시도했다. 거울 앞에 서서 깊이 숨을 들이마시고, 떨리는 목소리로 스스로를 다독였다.

'너는 충분히 가치 있는 사람이야.'

이 단순한 말이 처음에는 어색했지만, 반복할수록 나의 마음 깊은 곳에 울림이 퍼지기 시작했다. 한 걸음씩 작은 변화를 시도하면서, 나는 점차 내면의 힘을 찾아갔다. 아침마다 일어나 감사를 적고, 작은 성취에도 스스로를 칭찬하며 내면의 에너지를 키워갔다.

그리고 나는 내 안의 긍정적인 목소리를 키우기 위해 노력했다. 처음에는 약하고 희미했지만, 점차 나의 노력과 의지가 더해지면서 '넌 할 수 있어.', '조금씩 앞으로 나아가면 돼.'라는 목소리가 더 크게 들리기 시작했다.

나는 작은 목표를 세우고, 하루하루 그 목표를 달성하며 스스로에 대한 믿음을 회복해 갔다. 때로는 좌절하고, 다시 주저앉기도 했지만, 그런 순간조차도 나를 성장시키는 과정의 일부라는 것을 받아들이기 시작했다.

이러한 과정은 내 삶의 방향을 바꾸는 결정적인 계기가 되었다. 나는 스스로의 가치를 인정하고, 나아가야 할 방향을 정하며, 내면의 힘을 키우기 위한 노력을 멈추지 않았다. 더 이상 나는 어둠 속에 갇혀 있지 않았고, 새로운 가능성을 향해 조금씩 걸음을 내딛기 시작했다. 이 모든 과정은 나에게 있어 새로운 시작이었다.

시간이 흐르면서, 나는 무기력함을 극복하고 나의 오랜 꿈이었던 전문코치가 되기 위한 공부를 하기로 결심했다. 나는 더 이상 머뭇거리지 않기로 했다. 내 안에 꿈틀거리는 열망이 나를 강하게 밀어붙였고, 그 열망은 두려움보다 강했다. 나는 내 삶의 방향을 스스로 결정해야 했고, 더 이상 주저할 수 없었다. 나의 가치는 외부 환경이 아니라, 내가 어떤 선택을 하느냐에 달려 있다는 것을 깨달았다.

나는 코칭이라는 새로운 여정에 뛰어들면서 나 자신을 재발견하기 시작했다. 나의 열정을 다시 불태우고, 목표를 명확히 세우며, 한 걸음 한 걸음 나아갔다. 이제는 나 자신을 온전히 신뢰하고, 내가 원하는 삶을 창조해 나가기 위해 과감하게 앞으로 나아가야 할 때였다. 내가 감당해야 할 두려움이 크다는 것을 알았지만, 그 두려움은 나의 성장의 밑거름이 될 것임을 믿었다. 나는 스스로에게 약속했다.

'나는 해낼 수 있다. 나는 이미 충분히 준비되어 있다.'

스스로에게 던진 질문들

'왜 코로나 같은 바이러스가 터져서 나를 괴롭히지? 내가 뭘 잘못했다고.'

'내 운명은 왜 이렇게 가혹하지? 난 그저 열심히 앞만 보고 달려왔을 뿐인데.'

이런 무기력한 푸념을 하던 내가 코칭 공부를 시작하면서 달라지기 시작했다. 푸념 대신 나는 스스로에게 질문을 던지기 시작했다. 처음에는 작은 질문들이었지만, 점점 더 깊이 있는 질문으로 발전해 갔다.

'이 위기를 기회라고 생각한다면, 나는 무엇을 할 수 있을까?'

'내 자존감을 지키기 위해 어떤 마인드를 가져야 할까?'

'알 수 없는 미래에 대해 불안감을 떨치기 위해 현재를 어떻게 채워 가야 할까?'

이러한 질문들은 나를 과거의 후회와 미래의 불안에서 현재로 돌아오게 했다. 나는 나의 셀프코치가 되어 나의 생각과 감정을 객관적으로 바라보며, 스스로를 더욱 명확하게 이해하기 시작했다. 나의 첫 도전은 하루에 30분 동안 산책하는 것이었다. 처음에는 무거운 몸을 끌고 나가는 것도 힘들었지만, 차가운 바람을 맞으며 걷는 동안 머릿속이 서서히 정리되었다. 그러다 문득 이런 생각이 들었다.

'내가 지금의 위기를 잘 이겨내면, 언젠가 많은 사람들에게 힘을 주는 코치가 될 수 있을 거야.'

산책은 단순한 운동이 아니라, 내면과 대화하는 시간이 되었고, 생각을 정리하며 미래를 계획하는 중요한 순간이 되었다. 나는 걸으며 나 자신을 돌아보았고, 스스로에게 솔직해지기 시작했다. 그 과정에서 두려움 대신 작은 희망이 자리 잡았다.

이렇게 작은 변화들이 모여 점차 나의 삶을 바꾸기 시작했다. 하루하루를 새로운 기회로 받아들이며, 나는 불확실한 미래 속에서도 나만의 길을 찾아가기 시작했다. '나는 내 삶의 방향을 내가 결정할 수 있다.'라는 확신이 조금씩 자리 잡았다.

내면의 성장과 변화

같은 상황에서도 상황을 바라보는 나의 시각은 180도로 바뀌었다. 코칭 공부를 본격적으로 하면서 나는 더욱더 내 내면 깊은 곳에 있는 잠재력과 가능성을 깨닫기 시작했다. 이전에는 막막했던 미래가 이제는 기회로 다가왔고, 내 삶의 방향을 스스로 설정할 수 있다는 자신감이 생겼다.

'코로나 팬데믹 덕분에, 드디어 내가 하고 싶었던 코치 공부를 할 수 있는 시간을 얻었어. 평소 바쁘다는 이유로 미루던 꿈을 이제는 현실로 만들 수 있게 되었어.'

'코로나 팬데믹 덕분에, 나는 가짜 자존감을 내려두고 진짜 나의 가치와 사랑을 채워 갈 기회를 얻었어. 외부의 인정이 아닌, 내 스스로를 받아들이는 과정이 시작되었어.'

'코로나 팬데믹 덕분에, 경제적 어려움 속에서도 내가 돈을 벌지 못하는 순간에도 나 자신의 존재 가치를 깨닫고, 진짜 자존감을 키울 수 있었어. 그 과정에서 삶의 본질적인 부분을 다시금 생각하게 되었어.'

나는 내가 받은 깨달음과 경험을 더 많은 사람들과 나누고 싶었고, 그들이 자신의 가능성을 발견할 수 있도록 돕는 역할을 하고 싶었다. 단순히 문제를 해결하는 것이 아닌, 그들이 스스로 성장하고 삶을 주체적으로 살아갈 수 있도록 이끄는 코치가 되겠다고 마음먹었다. 나는 나 자신을 새롭게 발견했고, 앞으로의 여정이 더욱 명확해짐에 따라 나아갈 힘과 확신을 얻었다. 코칭은 이제 단순한 직업이 아닌, 내 인생의 새로운 비전이 되었다.

나는 본격적으로 여러 전문 기관에서 코칭 공부를 시작할 수 있었다. 감정코칭, NLP, KAC 자격증 취득 등 다양한 배움을 통해 나는 점차 진정한 코치로 성장해갔다. 처음에는 책을 통해 지식을 쌓는 것만으로 충분할 것으로 생각했지만, 실제로 실습하고 피드백을 받으면서 코칭의 깊이를 체감했다. 나는 코칭을 통해 사람들의 감정을 이해하고, 그들의 내면 깊숙한 곳에서 일어나는 변화를 끌어내는 법을 배우기 시작했다.

그 과정에서 나는 내 안의 잠든 거인을 깨우기 시작했다. 단순한 지식의 습득이 아니라, 나 자신을 더 깊이 들여다보는 여정이었다. 자신의 감정을 솔직하게 인정하고 받아들이는 과정이야말로 코치로서의 첫걸음이라는 깨달음을 얻었다. 나의 한계와 두려움을 직면하면서도, 그 속에서 진짜 자존감을 쌓아가는 법을 배워 나갔다. 결국, 나는 더 이상 완벽해지려 애쓰기보다는, 있는 그대로의 나를 인정하고 성장의 가능성을 믿는 것이 중요하다는 것을 깨달았다.

코칭 철학의 발견

국제코치연맹(ICF)의 기본 철학은 내 코칭 철학의 중심 기둥이 되었다.

'모든 인간은 온전하고(holistic), 스스로 문제를 해결할 수 있는 자원(resourceful)을 지닌 창의적인(creative) 존재이다.'

이 철학을 접한 순간, 나는 마치 새로운 세계가 열린 듯한 느낌을 받았다. 코칭은 단순한 조언이나 해결책을 제공하는 것이 아니라, 고객이 본래 지닌 잠재력과 내면의 힘을 스스로 발견하고 활용할 수 있도록 돕는 강력한 과정이라는 것을 깨달았다. 코칭은 마치 고객의 내면 깊숙한 곳에 숨겨진 가능성의 문을 여는 열쇠와 같았다. 고객은 결코 결함이 있는 존재가 아니라, 이미 문제를 해결할 능력과 자원을 지닌 무한한 가능성을 가진 존재라는 신념이 나의 코칭 접근 방식을 근본적으로 변화시켰다.

나는 이 믿음을 기반으로 고객과의 대화에서 단순한 조언이 아닌, 고객 스스로의 답을 찾아내는 데 필요한 '촉진자'로서의 역할을 수행해야 함을 깨달았다. 심도 깊은 질문을 던짐으로써 고객들은 자신의 내면 깊은 곳에 귀 기울이고, 자신이 진정으로 원하는 것을 찾아가기 시작했다. 변화의 순간은 바로 질문을 통해 찾아오고, 그들이 자신의 삶을 주도적으로 만들어 가는 과정에서 나의 역할은 점차 명확해졌다.

나는 고객의 마음속 깊이 자리 잡은 두려움과 불확실성을 조명하며, 그들이 자신의 강점을 발견하고 자신만의 길을 스스로 개척할 수 있도록 돕는 역할을 수행했다. 고객들은 이전에는 상상하지 못했던 새로운 가능성과 시각을 발견하며, 자신의 잠재력을 온전히 받아들이기 시작했다. 이 과정은 단순한 변화가 아니라, 그들의 삶의 방향을 새롭게 정의하고, 자신에 대한 신뢰와 확신을 구축하는 강력한 여정이었다. 나는 그들이 변화의 길 위에서 흔들릴 때마다 단단한 지지대가 되어 주었고, 그 결과 고객들은 스스로의 힘으로 더 큰 성장과 성취를 이루어 나갔다.

내 인생은 코칭을 공부하기 전과 후로 분명하게 나뉜다. 과거에는 의미 없는 상황 탓, 남 탓, 후회의 감정 속에서 허우적대며 현재를 제대로 마주하지 못했다. 그러나 코칭을 통해 나는 나 자신을 보다 깊이 이해하게 되었고, 외부 환경에 좌우되지 않고 내 삶의 주도권을 되찾는 법을 배웠다. 스스로의 자원을 활용하여 문제를 해결하는 능력을 키우고, 나만의 방식으로 삶을 개척하는 용기를 가지게 되었다.

이제는 불확실한 미래에 대한 두려움보다는, 지금 이 순간 내가 할 수 있는 최선의 선택을 통해 내가 원하는 방향으로 한 걸음씩 나아가고 있다. 코칭은 나를 제한하던 틀을 벗어나, 나만의 가능성을 확장하는 강력한 도구가 되었다.

과거에 대한 미련과 회한에 사로잡히지 않고, 불확실한 미래에 대한 두려움에 움츠러 들지 않으며, 내 정신과 마음이 오롯이 현재에 집중하도록 노력하고 있다. 하루하루를 의미 있게 채우고, 나의 가치를 깊이 인정하며, 작은 성취에서도 기쁨을 찾고 있다. 매 순간 스스로를 다독이며, 넘어짐을 성장의 계기로 받아들이는 태도를 유지하려 한다. 나는 과거의 실패가 더 이상 나를 규정짓지 않으며, 미래의 불확실성이 나의 가능성을 제한하지 않음을 깨달았다. 이러한 깨달음 속에서 느낀 감사함과 행복함은 나를 더욱 단단하게 만들었고, 나는 삶의 진정한 의미를 찾아가는 여정을 계속하고 있다.

이 책은 나의 성장과 깨달음, 그리고 변화의 과정들을 담고 있다. 그리고 이제, 나는 당신에게 질문하고 싶다.

"당신은 지금 어떤 질문을 던지고 있나요?"

"당신의 삶에서 가장 중요한 질문은 무엇인가요?"

우리가 던지는 질문이 우리의 미래를 결정한다. 나는 이 여정에서 스스로에게 던진 질문들이 내 삶을 변화 시켰듯이, 당신도 지금 이 순간부터 더 나은 미래를 향해 질문을 던질 수 있다고 믿는다. 함께, 새로운 가능성을 발견하고 그 답을 찾아가는 멋진 여정을 시작해 보자.

4_멋진 엄마가 되고 싶었던 나, 진짜 변화는 여기서 시작됐다
이혜인 코치

흔들리는 나, 끝없는 불안의 늪

나는 마치 거친 파도 위를 떠다니는 작은 배 같았다. 감정이 요동치고, 작은 일에도 쉽게 흔들렸다. 불안은 내 안에서 거대한 소용돌이처럼 커져만 갔고, 나는 그 속에서 방향을 잃고 헤맸다. 매일같이 머릿속은 걱정과 두려움으로 가득 차 있었고, 벗어나려고 애를 써도 해결되지 않았다. 목표와 꿈은 있었지만, 그것을 실천으로 옮기지 못하는 나 자신이 답답하기만 했다.

완벽한 삶을 만들어가고 싶었다. 하지만 현실은 늘 내 기대에 못 미쳤다. 주변의 기대와 시선을 의식하며 스스로를 평가했고, 점점 자존감이 낮아졌다. 아이들이 태어난 후에는 불안감이 극에 달했다. 예민해지고 신경질적인 태도로 아이들을 대하다가, 밤이면 아이들 자는 모습을 보면서 후회와 죄책감으로 눈물을 흘렸다. 술도 잘 마시지 못하는 내가, 밤이면 훌쩍이면서 캔맥주를 한 캔, 두 캔 습관적으로 마시면서 자신을 비관했다.

이렇게 살아서는 안 된다는 생각이 들었지만, 어디서부터 시작해야 할지 몰랐다. 내 인생을 바꿀 방법이 있을까? 아니면 계속 이렇게 살아야만 하는 걸까? 끝없는 물음표들이 머릿속을 떠나지 않았다.

운명 같은 만남, 나를 일깨운 한마디

지인의 권유로 자격증 교육과정에 참여하게 되었다. 함께 수강하던 선생님들 중 한 분이 마침 우리 집 가까이 살고 계셔서, 서울로 시험 보러 갈 때나 교육받으러 갈 때 같이 이동하며 이야기를 나눌 시간이 많았다. 처음에는 사소한 이야기로 시작되었다가, 점차 사적인 깊은 이야기를 조금씩 꺼내게 되었다. 나중에 알게 된 이야기이지만, 밝게 웃고 있는 것 같지만 어딘가 모르게 우울해 보이는 내 모습을 보면서 자꾸 관심이 갔다고 한다. 나의 고민, 걱정, 불안 이야기를 꺼내고 있는데, 선생님이 지긋이 나를 바라보면서 말했다.

"혜인 선생님. 당신은 그 동안 잘해 왔고, 지금도 정말 잘하고 있어요. 무엇이 그렇게 당신을 두렵게, 힘들게 만드나요?"

"제가 제 인생을 제대로 살지 못하는 것 같아요. 그래서 아이들이 이런 못난 엄마 때문에 불행할까봐 무서워요." "나 하나도 어떻게 잘하지도 못하는데, 이 애들은 어떻게 해요? 걱정돼요. 제 미래가, 그리고 이 아이들의 미래가…… 너무 두려워요……."

"지금 혜인 선생님이 말하는 것들이 현실에서 일어나고 있는 일인가요?"

"…… 그건 아니지만…… 그렇게만 될 것 같아서 죄책감과 두려움이 저를 괴롭혀요. 이렇게 살려고 결혼하고 아이를 낳은 건 아닌데.. 이건 제가 바라는 삶이 아니었어요. 어쩌다 이렇게 된 건지 모르겠어요…….”

"그럼 혜인 선생님은 어떻게 살고 싶어요?"

"저는 제가 제 인생을 멋지게 살면서, 우리 아이들한테도 우리 엄마가 멋지다라고 인정받고, 저도 행복하고 아이들과 행복하게 살고 싶어요."

"좀 구체적으로 이야기해봐요. 어떻게 멋지게 사는 게 잘 사는 거예요?"

"…… 네?"

"지금 혜인 선생님이 말하고 있는 것들은 감정적인 단어들이 많아요. 구체적으로 현실적으로 한번 생각해봐요."

"…… 제가 무슨 말을 해야 할지 모르겠어요."

"음, 선생님의 아이들은 선생님이 이 세상에서 처음 만난, 그리고 지금 가장 많이 의지하고 있는 사람이에요. 그 아이들이 자기 엄마인 선생님을 어떻게 생각하죠?"

"…… 좋아하죠. 저만 찾죠…….”

"그래요, 이미 아이들은 혜인 선생님 그 자체를 인정하고 사랑하고 있어요. 그런데 본인 스스로만 자신이 못 나고 부족하다고 상처 주고 있어요. 아이들이 인정하고 있잖아요. 내가 보기엔 충분히 멋진 엄마인데, 혜인 선생님은 어떤 것이 멋지다고 말하는 걸까요?"

눈물이 왈칵 쏟아졌다. 그때 그 선생님이 말씀하셨다.

"선생님, 저도 선생님이랑 비슷한 경험을 했고 혼자 많이 울었어요. 그런데, 그때 우연히 코칭이라는 것을 경험하면서 스스로 많이 치유되었어요. 그리고 깨달았죠. 불안과 걱정에서 오는 부정적 생각들은 결국 내가 만들고 있다는 것이라는 것을요."

그 말이 귓가에 닿는 순간, 억눌러왔던 감정이 한꺼번에 터져 나왔다. 뜨거운 눈물이 볼을 타고 흘러내렸다. 순간 아무 말도 할 수 없었다.

"한번 스스로에게 질문해보세요. 당신이 진짜 원하는 것은 무엇인지."

그렇게 헤어지고 그날 밤부터 나의 감정들을 일기장에 쏟아내기 시작했다. 그러다 보니, 욱하고 올라왔던 감정들이 사그라들기도 하고, 그 감정이 소모적인 것이라는 것을 깨닫기도 했다. 무엇보다도, 내가 불안하고 걱정하는 것들이 문제가 아니라 그런 생각들로 흔들리는 내 감정들이 '현재의 문제'고 '풀어야 할 숙제'라는 생각이 들었다. 당장 일어날 일이 아닌 건 알겠는데, 그래도 자꾸 찾아오는 불안감, 두려움은 어찌할 수가 없었다.

'코칭…… 이라고 했지? 그거 배우면, 나도 변할 수 있을까? 지금보다 내 삶을 잘살 수 있을까?'

작은 변화, 인생을 바꾸는 시작

"혜인 선생님, 잘 지내고 있어요? 내가 피로 회복에 좋은 비타민 좀 챙겨놨는데, 우리 집에 올래요?"

"저, 그런 거 잘 안 챙겨 먹어서요. 말씀은 감사한데, 정말 괜찮습니다. 마음 써서 챙겨주셨는데, 잘 안 챙겨 먹는 게 더 죄송해서요~ 마음만 받겠습니다."

"쌤 위해서 주는 게 아니라, 애들 잘 키우라고 주는 거지. 애들 잘 키우고 싶다며~ 그럼 엄마가 강해야지, 그래서 챙겨 놓은 거니까 얼른 와요!"

맞는 말이다. 난 또 말과 행동이 다르네. 그렇게 다시 그 선생님을 만나게 되었다.

사는 이야기, 선생님께서 코칭을 배우게 된 이야기를 나누면서 공부하고 있는 책을 빌려줬다. 거기에는 물음표가 달린, 질문이 참 많았다.

"혜인 선생님, 이거 질문들 있잖아, 이거 보면서 한 번 스스로 답을 적어봐. 생각만 하지 말고 글로 써봐. 이거 많은 도움 될 거야."

"…… 네……."

"그리고 혜인 선생님이 진짜 원하는 게 무엇인지 스스로에게 물어봐. 왜 그럴 원하는지 질문에 답을 찾다 보면, 생각이 정리될 거야."

선생님과 그 후로도 몇 차례 더 만나면서 이런저런 이야기를 나눴다.

내가 정말 크게 깨달았던 것은, 나를 우울하게 만드는 것들은 현재 일어난 문제가 아닌 나의 상념이 만들어낸 것에 대한 불신이었다는 것이다. 행동은 하지 않으면서 생각만으로 나를 힘들게 하고 있었다.

그리고 스스로에 대해 너무 비관적으로 보고 있다는 점. 내가 바라보는 관점에서 내 삶이 이루어지는 것인데, 내 스스로를 너무 비난하고 있다는 것이었다.

내가 문제라고 여기는 것들의 시작은 '나'라는 주체로 얼마든지 바뀔 수 있다는 것이 충격이었고, 또 다른 의미에서는 발견이었다. 내가 잘살 수 있는 방법을 찾을 수 있을 것 같다는 느낌의 발견…….

그때 선생님께서 말씀해주셨다.

"내가 당장 하지 못할 것을 계획하고 좌절하지 말고~ 지금 내가 할 수 있는 것부터 작게 하나하나 해보는 게 중요해요. 비타민 챙겨 먹는 거, 이거 하나만 해도 혜인 선생님 잘하는 거야!"

예전에 나는 누가 나에게 조언하거나 충고를 할 때, 썩 기분이 내키지 않으면 비꼬아 듣거나 흘러버리기 일쑤였다. '그냥 나답게 살 건데 왜!'라는 치기 어린 반항이었을까.

그런데 이번은 그런 게 아니었다. 선생님은 질문만 했을 뿐이다. 나에게 어떤 충고나 조언, 전혀 없었다. 그저 나는, 그 질문에 답을 말했고, 그 답에서 나의 정답을 발견했다! 어머나!

그리고 내가 실행할 수 있는 일상의 목표를 하나씩 만들기 시작했다.

하나만 바꿔보자 하고 마음먹고 시작한 건 눈 뜨면 유산균, 비타민 먹기. 나를 위해서, 우리 가족을 지키기 위해서 이것부터.

그렇게 좋은 습관이 하나 만들어져 가고 있었다.

나의 계획은 늘 계획이었다. 3일조차 실천하기 힘들었다. 그런 내가 계획을 실행에 하나씩 옮기고 있다!

코칭을 배우면서 나는 내 생각과 감정을 조절하는 방법을 익혀갔다. '지금 내가 할 수 있는 것부터 해보자.'라는 태도로 변화하려고 노력했다. 처음에는 낯설었지만, 점차 삶을 보는 시선이 바뀌기 시작했다. 작은 변화를 하나씩 시도하며, 내가 할 수 있는 것들을 늘려갔다. 감정을 정리하는 습관을 들이고, 하루를 마무리하며 감사할 일을 적어나갔다. 이렇게 작은 변화들이 쌓이면서, 어느새 내 삶은 서서히 달라지고 있었다.

내 삶의 반전, 달라진 세상

과거에는 미래에 대한 걱정으로 잠을 설치곤 했다. 하지만 이제는 '어떻게 해결할 수 있을까?'를 고민하며 문제를 다르게 바라보게 되었다. 걱정과 불안이 사라진 것은 아니지만, 그냥 그것대로 인정하기 시작했다. 그랬더니 마음이 한결 편안해졌다. 그러고 나서 내 감정을 하나씩 들여다보고 일기나 메모로 글로 써 내려가기 시작했다. 그렇게 한 줄 한 줄 꾹꾹 눌러 써가다 보면, 이상하게도 '별거 아니네.'라는 자기 위로나 '이건 이렇게 하면 될 것 같은데.'라는 솔루션이 떠오르기도 했다.

그렇게 내 감정의 실체를 차근차근 들여다보게 되니, 폭풍같이 쏟아지던 감정들이 잠재워지는 듯했다. 물론 이런 것들이 단시간에 나타난 것은 아니다. 자신이 하던 대로 하는 우리의 회귀본능은 나쁜 습관일 때는 아주 잘 발휘된다. 알면서도 행동은 그렇지 못할 때 드는 자괴감이 들기도 했다. 그때마다 주변의 코치님들을 찾았다. 아니면 코치님들이 계시는 독서 모임, 스터디 모임에 어떻게 해서든 참여했다.

특히, 코치들과 함께하는 일요일 독서 모임은 나에게 특별했다. 단순히 책을 읽고 나눔하는 자리에서 더 나아가 그 책을 통해 코칭 질문을 서로 나눈다. 나에게 특별처방이 되었던 건, 시작에 앞서 일주일의 실행점검과 피드백을 하고, 내용 나눔과 코칭 질문을 나눈 뒤 한 주간의 실행계획을 세워보는 거다. 다른 건 몰라도 여기에 적은 거 한두 가지는 꼭 이번 주에 한다는 다짐으로 지내다 보면 그래도 해내는 것들이 생겨났다. 그런 작은 성공들이 나에게 굉장한 자신감을 주었.

처음에는 '책 읽기', '운동하기', '일기 쓰기'라고 적었던 계획이 점차

'밤 11시에 일기 쓰기', '화, 금 잠들기 30분 전에 책 읽기', '월,수,금 운동장 30분 걷기' 등으로 실행 가능하게 구체적이게 되었고, '아이들에게 사랑해라고 말하기', '아침 눈뜨면 바로 일어나서 마당에 나가기' 등의 작은 행동들도 계획하게 되었다.

감정에 휘둘려서 아무것도 못 하는 내가 아닌, 일주일을 계획하고 실행하고 있는 나로 변하면서 '나, 살고 있구나!'라는 생동감을 갖게 했다.

나의 이러한 변화로 주변의 반응도 달라졌다. 아이들은 항상 뭔가를 열심히 하고 있는 엄마를 보며, 응원해주면서 자신들도 그렇게 하려고 노력했다. 직장에서도 함께 일하고 있는 동료들이 나에게서 에너지를 얻는다면서 함께 일하고자 했다.

삶에 자신감이 생기면서, 불현듯 찾아오는 불안한 감정과 스트레스에 대해서도 마주한다. 먼저 그 순간의 내 감정을 받아들인다. 그리고 스스로에게 묻는다.

'나에게 그런 감정을 들게 한 이유가 무엇이야?', '그 상황에서 내가 할 수 있는 것은 무엇일까?', '지금 나에게 중요한 것은 무엇이지?'

여전히 나는 감정에 흔들리고, 스트레스에 취약하다. 하지만 지금, 그것을 받아들이면서 내 삶을 살아가는 방법을 배운 것이다.

당신도 변할 수 있다, 첫걸음을 내딛어라

변화는 거창한 목표에서 시작되지 않는다. 지금, 여기에서 작은 한 걸음을 내딛는 순간 변화는 이미 시작된다. 나는 한때 스스로를 부정하며 불안 속에 살았지만, 코칭을 통해 내 삶을 변화시킬 수 있었다.

만약 나처럼 변화가 두렵다면, 아주 작은 것부터 시작해보자. 작은 습관 하나가 삶 전체를 바꿀 수도 있다. 그리고 무엇보다, 스스로를 비난하기보다 스스로를 인정하는 것이 중요하다. 변화는 결코 먼 곳에 있지 않다. 스스로를 이해하고, 인정하고, 작은 목표를 세우며 한 걸음씩 나아가는 것이 진정한 변화의 시작이다.

지금도 나는 매일 나 자신에게 질문을 던진다.

'나는 오늘 어떤 선택을 할 것인가?'

그 질문이 나를 앞으로 나아가게 해준다. 당신도 스스로에게 질문해보기를 바란다. 당신이 원하는 삶은 무엇인가?

독자를 위한 코칭질문과 실행 팁

1. 나는 지금 어떤 감정을 가장 자주 느끼는가

2. 내 삶에서 가장 나를 불안하게 만드는 것은 무엇인가?

3. 만약 지금 내 고민을 친구가 한다면, 나는 어떤 조언을 해줄 것인가?

4. 현재의 고민이 5년 후에도 여전히 중요할까

5. 내가 바라는 변화는 무엇이며, 이를 실현했을 때 내 삶은 어떻게 달라질까?

6. 내가 오늘부터 실천할 수 있는 한 가지 행동은 무엇인가?

7. 실행을 방해하는 요소가 있다면, 이를 어떻게 극복해볼 수 있을까?

8. 힘든 순간이 오면, 나는 어떤 방식으로 나를 위로할 수 있을까?

9. 내 삶에서 감사한 일은 무엇이며, 그 것은 내 변화에 어떤 영향을 줄까?

10. 앞으로의 변화 과정에서 나 자신에게 가장 해주고 싶은 말은 무엇인가?

5_그림자와의 화해, 감정을 마주하고 성장하기

최강석 코치

벽을 향한 분노, 나를 향한 실망과 혐오

나는 쿵쿵 내 이마를 벽에 들이받았다. 철썩철썩 내 뺨을 후려 갈겼다. 내가 저지른 실수가 용납되지 않았다. 아주 작은 실수조차 허락할 수 없었다. 스스로에게 가혹했던 만큼, 다른 사람의 실수에도 관대할 수 없었다. 나는 후배들에게는 무서운 선배였고, 동료들에게는 인정사정없는 독불장군으로 보였다. 늘 완벽함을 요구하며 다른 이들의 실수에도 날카롭게 반응했다. 내 안에 숨어 있던 완벽주의는 사실 나 자신에게 던지는 끊임없는 비난이었다.

어린 시절의 나는 감수성이 풍부한 아이였다. 작은 일에도 쉽게 웃고, 쉽게 울었다. 떨어진 잠자리 날개만 봐도 눈물이 나곤 했다. 하지만 이런 감수성은 당시 경상도 남자에게는 허락되지 않는 것이었다. '남자는 태어나서 세 번만 운다.'라는 아버지의 꾸짖음은 내 눈물을 더욱 억눌렀다. 어느 날 내가 울음을 멈추지 않자 화가 난 아버지는 수돗가의 큰 물통에 나를 거꾸로 집어넣으셨다. 그때의 충격은 코칭을 만나고 해결하기 전까지 나에게 큰 트라우마로 남았었다.

'가스나 같다.(계집애 같다)'라는 말은 당시 경상도 남자들에게는 가장 큰 모욕으로 여겨졌고, 나는 점차 내 감정을 숨기는 법을 배웠다. 초등학교 운동회에서 단체 춤을 추며 찍은 사진들은 나에게 모욕적이고 수치스럽게 느껴졌다. 나는 어느 날 그 사진들을 갈기갈기 찢어버렸다. 그렇게 내 감수성은 철문 뒤에 봉인되었다.

시간이 지나면서 나는 점점 더 차갑고 무뚝뚝한 사람이 되어갔다. 감정을 억누르며 차갑게 굳어버린 내 모습은 강해 보일지 몰라도, 내면에는 깊은 상처와 억눌린 감정들이 쌓여갔다. 그 철문 뒤에 갇힌 감수성은 여전히 나의 일부분으로 남아 있었지만, 나는 그것을 마주할 용기가 없었다. 그 대신 냉정함과 완벽함의 가면을 쓰고 살아갔다.

차가운 방어막 뒤의 고립

나는 점점 차갑고 무뚝뚝한 사람이 되었다. 어린 시절부터의 억눌림은 결국 나를 단단한 방어막 속에 가두었다. 학교 시절은 끊임없는 폭력과 생존의 연속이었다. 선생님과 선배들의 구타는 일상이었고, 그것을 견디며 나는 강하고 비정한 사람이 되어야 했다. 영화 '말죽거리 잔혹사'가 떠오르는 듯한 포항의 중고교 생활은 나에게 폭력적인 생존 방식을 각인시켰다. 이러한 환경은 나를 점점 더 냉정한 사람으로 만들었고, 감정 표현은 약함으로 간주되어 내면 깊숙이 묻어두었다.

군대에서는 이러한 억눌림이 더욱 심화되었다. 육군 수색특공대에 입대하면서 나는 더 강해지도록 훈련받았다. 새벽부터 밤까지 이어지는 혹독한 훈련은 나의 신체와 정신을 철저히 단련했다. 하지만 더 고통스러웠던 것은 선배들로부터의 구타와 가혹행위였다. 동계 및 하계

종합훈련으로 한 달 이상 야외에서 생활하며 적의 지역에 침투하고 생존을 위한 극한의 훈련을 견뎌야 했다. 폭력과 긴장 속에서 나는 어느새 타인을 의심하고 자신을 방어하기에 급급한 사람이 되어 있었다. 이런 생활은 나를 강하게 만드는 동시에 내면의 감수성을 더욱 깊숙이 묻어두게 했다.

그러나 내면의 깊은 곳에서는 여전히 공허함이 자리 잡고 있었다. 냉정한 외면 뒤에는 감수성을 억누르고 살아가는 내가 있었다. 스스로를 방어하며 만들어낸 독불장군 같은 모습은 결국 갈등과 고립을 낳았다. 나 자신과 타인 모두에게 벽을 쌓으며, 진정한 연결과 공감은 점점 더 멀어져 갔다. 이 모든 과정은 나를 겉으로는 강하게 보이게 했지만, 내면적으로는 점점 더 공허하고 메말라가는 인간으로 만들어갔다.

내면과의 재회

코칭을 배우면서 내면의 그림자와 마주할 기회를 얻었다. 한 번은 속세를 떠나 9박 10일 동안 조용한 곳에서 자기 성찰에 들어갔다. 처음에는 인정하고 싶지 않은 내 그림자들을 마주하는 것이 불편했다. 하지만 감정처리 기법과 셀프코칭을 통해 그림자들을 수용하기 시작했다. 억눌려 있던 감정들이 조금씩 떠오르기 시작했다. 그곳에서 나는 잊고 있던 어린 시절의 나와 만났다. 초등학교 때 춤추던 사진 속 아이, 잠자리 날개를 보고 눈물을 흘리던 아이가 내 마음 깊은 곳에 있었다. 억눌린 감수성과 화해하면서 나는 과거의 나를 받아들이기 시작했다.

그 과정은 쉽지 않았다. 철저히 억눌러왔던 기억들이 되살아나며 나를 시험하기도 했다. 감정을 억누르며 강해지려 했던 지난날의 모습이 자주 떠올랐다. 하지만 내가 감수성 많은 아이였음을, 그 아이가 지금의 나에게도 소중한 존재임을 인정하기로 했다.

내 안의 그림자들을 하나씩 인정하고 받아들이면서 자신에 대한 폭력이 줄기 시작했고, 상대방에 대한 포용력이 늘어나기 시작했다. 잃어버렸던 감수성을 되찾는 과정은 마치 퍼즐 조각을 맞추는 것과 같았다. 감수성과 강인함은 대립되는 것이 아니라, 서로 보완하는 나의 일부라는 것을 깨달았다. 억눌렸던 어린 시절의 나와 대화하며, 나는 새로운 시각으로 나를 이해하기 시작했다. 나의 그림자는 나를 약하게 만드는 것이 아니라, 나를 완전하게 만들어주는 중요한 조각임을 배웠다.

감정을 탐구하는 여정

코칭을 통해 나는 감정, 욕구, 의도 등을 인식하고, 판단과 사실을 구분하는 방법을 배웠다. 매일 하루를 돌아보며 가장 힘들었던 사건을 기록하고, 그 사건에서 내가 느꼈던 감정들을 분석하는 습관을 늘였다. 이를 통해 내 감정을 깊이 탐구하며 내면에 쌓인 미해결 과제들을 하나씩 찾아내기 시작했다. 때로는 불쑥 올라오는 억울함과 분노가 나를 압도했지만, 그 감정들을 분석하고 다루는 과정을 통해 내면의 평화를 점차 되찾아갔다.

이 과정에서 EFT(감정 자유 기법), NLP(신경 언어 프로그래밍), 순수의식 기술 등의 다양한 감정 처리 기법이 큰 도움이 되었다. 이런 감정처리 기법을 활용해 억눌린 감정을 해소하면서 나는 마치 오래 묵었던 짐을 내려놓는 듯한 홀가분함을 느꼈다. 감정의 무게가 줄어들수록, 나는 더 명확한 시각으로 나 자신과 타인을 바라볼 수 있었다.

이 과정을 통해 나는 단순히 머리로 듣는 경청에서 마음으로 듣는 경청으로 나아갈 수 있었다. 깊은 경청은 단순히 상대방의 말을 이해하는 것을 넘어, 그 말의 이면에 숨겨진 감정과 욕구, 의도까지 듣는 것이다. 처음에는 익숙하지 않았지만, 점차 훈련을 통해 타인의 말과 목소리, 표정, 몸짓에서 그들이 표현하지 못한 감정, 욕구, 의도를 읽어내는 능력을 키울 수 있었다. 이는 단순한 대화 이상의 깊은 연결을 가능하게 해주었고, 내가 진정으로 타인을 이해할 수 있는 새로운 눈을 갖게 해주었다.

아버지, 그때 왜 그러셨어요

남자들에게 아버지는 선망의 대상이자 극복해야 할 대상이기도 하다. 나도 그러했다. 나의 아버지는 남자다웠고, 씨름과 축구 등의 각종 운동에 능했다. 전기, 배관, 보일러 등의 수리에도 능해서 이사가는 동네마다 그 동네의 홍반장이 되었다. 뿐만이 아니라 풍류와 사교에도 능해서, 어디를 가나 자타공인 인싸였다. 반면, 나는 소극적이고 수줍음이 많으며, 눈물도 많았다. 아버지는 눈물 많은 나에게 "남자는 태어나서 3번 우는 것이다. 태어날 때, 부모가 돌아가셨을 때, 나라가 망했을 때다."라는 말씀을 자주 하셨다. 어렸을 때, 그날 무슨 일이 있었는지 모르겠지만, 나는 계속 목놓아 울었었고, 보다 못한 아버지는 나를 마당 수돗가의 물통에 거꾸로 집어넣었다.

예전 단독주택들의 경우 마당 수돗가 부근에는 커다란 물통이 있었고, 수돗물을 밤새도록, 그리고 종일 아주 약하게 틀어서 물을 모아서 썼었다. 이렇게 하면 수도세가 적게 나온다는데, 과학적 근거가 있는 것인지는 모르겠다. 어쨌거나, 그 물통에 거꾸로 처박혔던 나는 서른 중반이 넘었지만 그때의 기억이 생생했다. 그 기억만 떠올리면 숨을 쉬기 어렵고 뭔가 설움이 북받쳤다.

코칭과 감정처리 기법들을 통해 어느 정도 묵은 감정들을 처리해 가던 즈음, 내 안의 미해결과제였던 이 문제를 직면하고 해결하기로 마음먹고, 아버지를 찾았다. 용기를 내어 아버지께 "아버지, 그때 왜 그러셨어요?"라고 여쭈었다. 여기에 대한 아버지의 대답은 "그래? 그런 일이 있었나?"였다. 옆에 계시던 어머니가 오히려 안절부절못하며, 아버지가 얼마나 너를 아끼고 위하는 지 아느냐고 하며, 달래려 애쓰셨다.

나는 좀 황당하게 되었다. '그래, 미안하다. 나도 그땐 철이 없었고, 홧김에 그렇게 했는데, 두고두고 후회했다.' 이런 류의 답변을 기대했던 나는 허망하게 느껴지기도 했다. 그럼에도 불구하고 그 묵은 과제가 해결된 것인지, 그날의 기억을 떠올려도 예전처럼 힘들지는 않게 되었다.

아버지의 꿈은 뭐였어요

아버지는 날이 갈수록 수척해졌다. 위암 수술 후 회복이 되시는 듯 했으나, 다음 해에 재발해 두 번 째 수술을 받았지만, 점점 악화되는 듯했다. 그 튼튼하던 아버지의 육신은 어디 가고 뼈와 가죽만이 남았다. 아버지의 총기 있던 눈빛은 흐려갔다. 나는 일과가 끝나면 병원으로 향했다. 아버지의 수척한 몸을 닦아드리고, 머리를 감겨드렸다. 그리고, 병상 옆 간이침대에서 여러 밤을 함께했다.

어느 날 "아버지, 어렸을 때 꿈이 뭐였어요?"라고 물었다. 아버지는 읍내에서 제일 부자가 되는 것이었다고 했다. "그 꿈, 이루신 것 같으세요?"라는 나의 질문에 아버지는 "글쎄……."라는 답변을 남겼다. 아버지는 연명치료 거부에 대한 서류를 작성한 몇 주 뒤 갑자기 악화되어 섬망 증세를 겪으셨다. 어느 오전 내가 깜빡 잠이 든 사이 바이탈 사인의 경고음이 떴다. 아버지는 나의 외침과 울음을 뒤로하고 끝내 세상을 떠나셨다. 남자가 공식적으로 울어도 되는 때가 된 나는 목놓아 울었지만, 다시 돌아오지 않으셨다.

돌아가신 지 만 8년이나 지났지만, 눈물 많은 나는 아직도 아버지를 떠올리며 눈물을 훔치게 된다. 이 글을 쓰는 지금도 내 눈에는 눈물이 멈추지 않는다.

마음으로 듣는 경청의 힘

감정과 감수성을 되찾은 나는 타인에 대한 포용력과 이해심을 키울 수 있었다. 예전에는 냉정함과 거리감을 유지하며 타인과의 관계를 형성했다면, 이제는 더 깊이 있는 관계를 만들어갈 수 있게 되었다. 코치로서 여러 조직의 리더들을 만나며, 나와 비슷한 경험을 한 경상도 출신 남성 리더들을 종종 만난다. 그들은 나처럼 감수성을 억누르고 강한 남성으로 살아오며 공감 능력을 상실한 경우가 많았다. 그들의 강인한 외면 뒤에는 억눌린 감정과 해결되지 않은 내면의 고통이 숨어 있었다.

이들과의 대화를 통해 나는 그들이 겪은 억압과 고립의 본질을 더 잘 이해할 수 있었다. 그들은 사회적 기대와 자신의 약한 모습을 드러내지 않으려는 강박 속에서 스스로를 잃어갔다. 하지만 코칭을 통해 그림자를 통합하고 과거의 고통을 치유한 리더들은 점차 변하기 시작했다. 자기 자신과 화해하고, 자신의 그림자를 받아들이면서 리더십에서도 큰 변화를 보였다. 과거에는 권위적이고 통제 중심의 리더십을 보였다면, 이제는 더 공감하고 팀원들의 이야기를 듣는 리더로 변화했다.

내면의 회복은 외부의 성과로도 이어졌다. 자신과의 연결을 회복한 리더들은 더 나은 의사소통과 협업을 통해 조직 내에서 긍정적인 영향을 미쳤다. 이러한 변화를 지켜보며 나는 그림자 통합의 중요성을 다시금 깨달았다. 그들이 새로운 리더십을 발휘하며 조직의 성과를 높이는 과정을 보면서, 나 자신도 다시금 성장하고 있다는 느낌을 받는다. 그림자와의 화해는 개인뿐만 아니라 조직 전체에 긍정적인 파급효과를 가져온다.

독자를 위한 코칭질문과 실행 팁

내면의 치유와 경청능력을 돕는 셀프코칭

아래의 5단계 셀프 코칭 가이드를 활용해보세요. 이 과정은 단순히 문제를 해결하는 것을 넘어 자신의 내면과 진정으로 연결되고 성장할 수 있는 기회를 제공합니다.
양식을 다운로드하여 작성해보세요.
양식 pdf 링크: https://bit.ly/3FctLLe

1. 하루 중 가장 힘들었던 사건을 기록하기
하루를 돌아보며 가장 마음에 걸렸던 사건을 구체적으로 적어보세요. 누가 등장했는지, 어떤 상황이었는지, 그리고 그때 어떤 생각(사례: '저 인간은 자기 밖에 모른다.', '고집불통이다.' 등)이 들었는지를 적습니다.

2. 자신의 감정과 욕구, 의도를 분석하기
해당 사건에서 내가 어떤 감정을 느꼈는지 구체적으로 분석해봅니다. 예를 들어, 분노, 슬픔, 두려움 등 2가지 이상의 감정을 발견합니다. 그 감정들이 어떤 욕구에서 비롯되었는지도 확인합니다. 예컨대, 인정받고 싶은 욕구, 안전을 느끼고 싶은 욕구 등이 있을 수 있습니다. 그 욕구를 이루는 것이 중요한 이유는 무엇일까요? 그 욕구 이면에는 어떤 긍정적인 의도가 있는지 발견합니다.

3. 상대방의 감정, 욕구, 의도를 추정해보기
사건에 등장한 상대방의 입장에서 그들의 감정과 욕구, 의도를 추정해보세요. 이 과정은 공감을 키우는 데 매우 중요한 단계입니다. 상대방의 말과 행동 뒤에 숨겨진 감정, 욕구, 의도를 파악하는 과정을 통해 상대방의 시각을 이해하고 관계의 새로운 가능성을 발견할 수 있습니다.

4. 자신의 판단과 사실을 구분하기: 사건을 돌아보며 내가 내린 판단과 그 사건의 객관적 사실을 구분합니다. 예를 들어, '그 사람은 나를 일부러 무시했다.'라는 판단일 수 있지만, 실제로는 '그 사람은 나를 쳐다보지 않았다.'라는 사실일 수 있습니다. 이를 통해 감정적으로 왜곡된 시각에서 벗어나 더 명료한 관점을 가질 수 있습니다.

5. 감정 처리 기법을 활용하여 억눌린 감정 해소하기
EFT(감정 자유 기법)나 명상, 심호흡 같은 기법을 활용하여 처리되지 않은 부정적인 감정들을 해소하세요. 이 과정은 단순히 감정을 분출하는 것을 넘어, 감정을 건강하게 소화하고 자신을 치유하는 데 초점을 맞춥니다. 필요하다면 전문적인 도움을 받는 것도 추천됩니다.

이 5단계를 통해 당신은 억눌렸던 내면과 다시 연결될 수 있습니다. 작은 실천이지만, 이 과정을 반복하다 보면 점차 내면의 평화와 성장을 발견하게 될 것입니다.

6_아이들 마음에서 세상 속으로: 교사에서 코치로 피어난 길

권경희 코치

꿈꾸던 교사, 현실의 벽에 부딪히다

나는 2005년, 개교 학교로 발령을 받았다. 내 마음은 새로 시작한다는 기대감과 동시에 막연한 불안감으로 복잡했다. 막상 발령 학교를 가보니 도서관 개설 업무가 주어졌고, 그것은 내 능력을 한계까지 시험하는 일이었다. 기대가 컸던 교장 선생님은 하나부터 열까지 내 일 처리를 날카롭게 지적했다. 이따금 질책과 인격 모독에 가까운 말도 쉬이 나왔다. 나도 모르게 자존감이 무너지는 느낌이었다. 교사가 된 뒤로 가장 힘든 시기였다. 때로는 교단에 서기조차 겁이 났다. '내가 이 길을 잘못 온 게 아닐까?'라는 의문이 들었다. 주위 사람들에게 도움을 청하려 해도, 어떻게 도움을 청해야 할지 몰랐다.

나는 어릴 때부터 누군가를 가르치고 보살피는 일에 특별한 즐거움을 느꼈다. 동네 아기들을 업어주고 놀아주면서, 선생님이 되고 싶다는 꿈을 품었다. 1989년, 마침내 초등학교 교단에 처음 섰을 때 그 설렘은 이루 말할 수 없었다. 아이들이 내 말에 귀 기울이고, 작은 칭찬과 격려에도 밝게 웃어주던 시간이 이어졌다. 교사는 내가 평생 잘해 낼 수 있는 일이라 확신했던 시절이었다. 실제로 나는 몇 년 동안 큰 문제 없이 무난하고 행복한 교직 생활을 이어갔다. 하루하루가 소박하지만 소중했고, 교실 안에서 아이들과 부딪히며 대화를 나누는 순간이 내가 살아 있음을 느끼게 했다.

하지만 개교 학교에서의 도서관 업무는 결코 간단치 않았다. 원칙도 기준도 아직 확립되지 않은 상황에서, 새 건물의 도서관을 어떻게 구성해야 할지 막막했다. 한쪽에서는 도서 구입 신청이 이뤄지고, 다른 한쪽에서는 도서관 인테리어와 동선 설계가 동시에 진행됐다. 교장 선생님 역시 초조함 속에서 나에게 불만을 드러냈다. '더 적극적으로 나서야지, 도대체 뭘 하는 거냐.'며 면박을 주는 날이면, 나도 분노와 좌절이 뒤섞여 잠을 설치기 일쑤였다. 마음 한구석엔 '내가 왜 이렇게 부족할까?' 하는 자책이 점점 쌓여갔다. 처음엔 우울감이었지만, 점차 어두운 터널에 들어선 것처럼 세상이 답답해졌다.

코칭을 만나고 새로운 길을 찾다

나는 결국 '이대로는 안 되겠다.'라고 생각했다. 아침이 두려웠지만, 어디로도 도망칠 수 없었다. 어린 자식들을 돌봐야 했고, 가정의 경제도 책임져야 했다. 초등학교 교사로서 분명히 보람을 느끼는 순간들도 있었지만, 그 당시는 힘들다는 생각만 들었다. 그러나 포기하고 싶지 않았다. 그래서 부족한 능력을 메우려고 연수를 찾아다니고, 상담 관련 책들을 적극적으로 읽기 시작했다. 업무 역량뿐 아니라 학생 지도의 폭을 넓히고 싶었다. 그렇게 조금씩 배워가며, '교사로서 내가 할 수 있는 일이 이렇게 많았구나.' 하는 깨달음이 싹텄다. 그 시절은 비록 고통스러웠지만, 동시에 내가 다시 용기를 낼 수 있게 해 준 소중한 변곡점이었다.

2013년에 운 좋게 학습연구년 기회를 얻으면서, 나는 코칭에 대해 알게 되었다. 코칭이라는 말이 생소했지만, '목적이 있는 대화 프로세스'라는 개념이 흥미로웠다. 상대방의 이야기를 경청하고 공감·격려를 해주며, 결국 그 사람 스스로 답을 찾도록 돕는 과정이라는 설명에 마음이 끌렸다.

나는 코칭 연수에 열심히 참여했고, 이것이야말로 내가 원하는 대화 방식이라 느꼈다. 그러나 정작 내 자녀들에게 코칭을 시도했을 때는 벽에 부딪혔다. 한창 사춘기였던 아이들은 엄마와 대화를 꺼렸고, 나 역시 부모의 입장에서 객관적인 태도가 쉽지 않았다. 제대로 코칭을 실천하지 못하는 나를 보며, '내 자녀도 제대로 코칭 못 하는데 남을 어떻게 코칭하나.' 하는 자괴감에 빠져 공부를 잠시 내려놓았다.

시간이 흘러 2017년, 평소 멘토처럼 존경하던 선생님이 내게 다시 코칭 공부를 권유했다. "선생님에게는 코칭이 잘 맞을 거예요. 다시 해보면 어떨까요?"라는 말씀에 마음이 흔들렸다. 나도 사실 코칭의 매력을 알고 있었기에, 다시 시도해보고 싶었다. 그해 11월, 코칭 연수에 재참여하며 실습을 거듭했다. 그리고 자격증 준비 모임에도 꾸준히 참석했다. 코칭을 배우면 배울수록, 나는 상대방을 더욱 섬세하게 이해하는 대화의 기술에 놀라웠고, 무엇보다 서로의 마음이 어루만져지는 순간의 따뜻함에 매료되었다.

미국에서 피어난 희망, 치유와 공감의 코칭 실습

　남편이 2017년 미국 LA로 발령을 받았지만, 나는 쉽게 따라갈 수 없었다. 아들은 낯설고 험난한 지역에서 군 복무를 하고 있었다. 게다가 시아버님은 병환으로 거동이 불편하셨고, 집안에는 늘 긴장감이 감돌았다. 혼자 남아 가족을 돌봐야 한다는 책임감이 어깨를 짓눌렀고, 밤마다 남편과 떨어져 지내는 현실이 마음을 무겁게 했다. 미국으로 떠날 수 없는 이유가 하나둘씩 쌓이며, 나는 복잡한 감정 속에서 스스로를 달래야 했다.

　그러다 시아버님이 돌아가시고 아들도 군 복무 여건이 좀 나아지면서 2018년 9월에 학교에 휴직계를 내고 남편이 있는 미국으로 건너갔다. 미국에서 나는 1년 6개월 동안 숭실대학교 청소년코칭상담학과 공부를 온라인으로 이어갔다. KPC 자격을 목표로 동료 코치들과 실습을 열심히 했다. 시간 부자가 된 나는 온전히 코칭에 집중할 수 있었다. 단순히 자격증을 취득하는 위한 차원에서 실습을 한 것이 아니라 나와 만나는 한 명 한 명에게 진심으로 마음을 다한 시간이었다. 그중 대표적인 2가지 사례를 나누고자 한다.

　한인교회 소모임에서 만난 어느 집사님은 남편을 잃은 깊은 슬픔 속에서 길을 잃고 있었다. 매일 밤, 남편이 병상에서 고통스럽게 숨을 몰아쉬던 마지막 순간이 머릿속을 떠나지 않았고, 그 장면이 반복될 때마다 숨이 막히는 듯한 절망감에 휩싸인다고 하였다. 그 아픔은 잠을 삼켜버렸고, 깊은 우울의 늪에서 빠져나오기가 쉽지 않았다.

　또한 막내아들은 여전히 진로를 정하지 못한 채 방황하고 있었다. 집사님은 그것이 자신의 부족함 때문이라고 자책했다. '내가 더 잘 챙겨줬더라면, 더 많은 기회를 주었더라면…….' 하는 끝없는 후회가 그녀를 짓눌렀다.

나는 조심스럽게 그녀의 이야기를 경청하며, 그 감정들이 자연스러운 애도의 과정임을 설명해 주었다. 그리고 충분한 애도의 시간을 가지며 스스로를 용서할 수 있도록 도왔다.

또한, 아들에 대한 죄책감에서 벗어나도록 긍정적인 시각을 제시했다. "어머니의 사랑과 헌신이 있었기에, 아들은 자신의 길을 고민할 수 있는 기회를 얻은 것입니다."라고 말하자, 그녀의 눈가가 촉촉해졌다. 나는 그녀가 자신을 지나치게 몰아세우지 않고, 있는 그대로의 자신을 받아들일 수 있도록 격려했다.

그녀는 서서히 삶을 다시 붙잡기 시작했다. 처음에는 희미했던 미소가 점점 따뜻하게 피어났고, 자신의 감정을 솔직하게 표현하는 모습도 보였다. 어느 날, 그녀는 조심스럽게 말했다

"이제야 제 자신을 용서할 수 있을 것 같아요."

그 말을 듣는 순간, 나도 모르게 가슴이 뭉클해졌다. 한 사람의 변화가 이렇게 아름답고 소중한 것임을 다시금 깨닫는 순간이었다.

또 다른 분의 경우, 제주도에서 홀로 지내시는 90세 노모의 치매 문제로 마음을 졸이고 있었다. 노모는 익숙한 환경을 벗어나기를 극도로 꺼리며, 타인의 손길을 피하려 하셨다. 딸들은 모두 서울에 있어 자주 내려갈 수도 없는 현실 속에서, 그는 노모를 걱정하면서도 무력감을 느끼고 있었다. 그의 목소리에는 깊은 한숨과 절망이 묻어 있었고, 나는 그의 마음을 헤아리며 조심스럽게 이야기를 이어갔다. 따뜻한 위로의 말이 필요하다는 생각이 들었다.

나는 그 사연을 가슴에 담고, '엄마의 부엌'이라는 시를 써서 건넸다. 한때 가족을 위해 따뜻한 밥상을 차리던 어머니의 모습, 그 공간이 주던 포근함과 사랑을 글로 표현했다. 그녀는 조용히 시를 읽고, 눈가가 붉어지더니 떨리는 목소리로 "정말 감사합니다."라고 말했다. 글이 곧 마음이 되어 닿을 수 있음을 다시금 깨닫는 순간이었다. 타인을 돕고자 하는 나의 작은 손길이 누군가에게 위로가 될 수 있다는 사실이 가슴 깊이 와닿았다. 이 모든 과정이 내가 '진정한 코치'가 되어가는 길임을 다시 한번 확신했다.

경청과 공감의 힘, 나의 두 번째 인생

2020년 2월에 한국으로 돌아왔을 때는 코로나가 막 시작되던 시기였다. 학교에 복직했지만 학생들은 등교하지 못했고, 교육 현장은 혼란스러웠다. 그 사이 나는 KPC 자격을 공식적으로 취득했고, 본격적인 '코치'로서의 활동을 꿈꾸며 명함도 만들었다. 중년 여성들의 갱년기 극복, 혹은 새로운 꿈 찾기를 돕는 분야에 열정을 쏟고 싶었다. 하지만 사회적으로 아직 '코칭'에 대한 인식이 널리 퍼져 있지 않아, 유료 코칭을 받겠다는 연락은 거의 오지 않았다. 봉사 차원으로 몇몇 지인을 코칭해주긴 했으나, 전문 코치로서의 길이 과연 지속 가능할까 하는 불안이 엄습했다.

그러다 2024년 2월, 오랜 교직 생활을 마무리하며 퇴임했다.

'앞으로 남은 인생을 어떻게 보낼까?'

고민하던 중, 결국 다시 코치로서의 전문성을 높이기로 마음먹었다.

코칭은 내 삶을 단순히 '자격증'이나 '커리어'로 변화시킨 게 아니었다. 내가 타인의 마음을 깊이 듣고, 진심으로 공감하고, 함께 해결책을 찾는 과정에서 스스로도 한층 성숙해졌음을 느꼈다. 이제 내 역할은 교사에서 한 걸음 나아가 '코치'로서 더 넓은 세상을 만나고, 타인의 잠재력을 빛나게 하는 것이다. 그래서 현재 KSC 자격 취득을 목표로 다시금 공부하고 있고, 시험은 25년 12월로 예상한다.

코칭은 '사람이 사람을 어떻게 이끌어갈 수 있는가?'에 대한 나의 평생 과제가 되었다. 첫 시작은 내 가정과 아이들의 문제였고, 교단의 학생들이었으며, 미국에서 만난 교민들이었다. 그 만남을 통해 알게 된 것은 누구도 완벽하지 않고, 우리 모두 스스로 치유할 답을 내면에 지니고 있다는 사실이다. 그리고 그 답을 찾는 길에, 누군가는 옆에서 따뜻한 관심과 공감으로 함께해야 한다. 교사로서의 삶을 마무리했지만, 또 다른 '코치'의 길이 내 앞에 펼쳐졌다. 그리고 그 길은 어쩌면, 당신에게도 열려 있을지 모른다. 나는 앞으로도 이 길을 걷겠다. 한 사람의 인생에 진심으로 귀 기울여, 결국 그 사람이 자신만의 빛을 발견하도록 돕는 것. 그것이 내 삶에서 가장 아름다운 사명이자, 서툴지만 나아갈 가치가 있는 여정이기 때문이다.

독자를 위한 코칭질문과 실행 팁

1. **어떤 상황에서 내 자존감이 가장 흔들리나요?**
   자존감이 흔들리는 순간을 떠올리고, 그 원인을 분석합니다. 특정한 경험을 사례로 들며, 감정의 변화를 기록하면 도움이 됩니다.

2. **나만의 전문성과 재능을 키우려면, 지금 바로 시작할 수 있는 학습 또는 연수는 무엇인가요?**
   현재 자신의 강점과 부족한 점을 고려하여 학습 계획을 세웁니다. 현실적으로 실행 가능한 단기 및 장기 학습 목표를 구체적으로 적어봅니다.

3. **내가 다른 사람에게 주고 싶은 도움은 무엇이며, 그동안 방해가 되었던 요소는 무엇인가요?**
   어떤 방식으로 타인을 돕고 싶은지 명확히 정의하고, 방해 요소(시간, 자원, 심리적 요인 등)를 분석하여 해결책을 모색합니다.

4. **나에게 영향을 주는 멘토(혹은 롤모델)는 누구이며, 그가 내게 전해준 가장 중요한 메시지는 무엇인가요?**
   멘토의 삶과 태도에서 배운 점을 서술하고, 그것이 자신의 가치관과 행동에 어떤 영향을 주었는지 구체적으로 정리합니다.

5. **5년 뒤 또는 10년 뒤, 내가 어떤 모습으로 성장해 있기를 바라나요?**
   자신의 이상적인 미래를 시각화하여 글로 표현합니다. 목표 달성을 위해 필요한 단계별 실행 계획을 설정하면 더욱 효과적입니다.

7_코칭이 되살린 심장박동, 은퇴 후 꽃피운 두 번째 삶
권경희 코치

은퇴 후 찾아온 공허함과 무기력

은퇴 후 첫날 아침, 나는 거실 소파에 파묻힌 채 텅 빈 천장을 바라보고 있었다. 분명 은퇴 이후에 꿈과 목표가 많았는데, 현실은 의외로 쓸쓸했다. 교직을 마무리하며 학교를 떠날 때는 '이제부터는 내가 하고 싶은 일을 본격적으로 펼칠 시간이야.' 하고 기뻐했지만, 하루아침에 찾아온 막막함은 예상 밖이었다. 그래서 더 괴로웠다. 몸은 무겁고 마음은 푹 가라앉았다. 무엇을 해도 의욕이 나지 않았다. 어쩌면 내가 잃어버린 것은 꿈이 아니라 인생의 방향 그 자체가 아닐까 하는 두려움에 사로잡혔다.

이런 상황에서 나를 절망으로 몰아넣은 것은 바로 딸의 호주행이었다. 딸은 몇 달 전부터 요리사가 되고 싶다며 해외로 떠나겠다고 이야기했다. 교사가 되려고 열심히 임용고시를 준비하던 중이었다. 처음 그 말을 들었을 때, 나는 딸의 적성을 믿어주고 지지할 수 있다는 점에 기뻤다. 나 역시 평생 꿈을 좇아 달려온 터라, 진심으로 딸을 응원하고 싶었다. 하지만 막상 출국일이 다가오자, 딸이 내 곁을 떠난다는 현실이 아프게 가슴을 후벼팠다. 내가 외롭고 힘든 순간마다 늘 곁에서 응원해준 친구 같은 딸이었다. 딸이 없으면 나는 과연 견딜 수 있을까. 하루 이틀씩 잠깐 떨어져 지내던 때와는 비교도 되지 않는 시간이었다. 통화 한 번으로 해결되지 않을 단절감이 두려웠다.

결국 불안과 슬픔이 겹쳐 무기력증에 빠지고 말았다. 9월 3일 출국일이 다가올수록 식사도 제때 하지 못했고, 혼자서 우두커니 앉아 눈물만 흘릴 때가 많아졌다. 스스로도 한심했고, 딸에게도 미안했다. 게다가 한 권의 책을 낸 작가로서, 또 강사로서의 삶을 설계하던 열정이 어디론가 사라진 듯했다. '정말 이렇게 끝나버리는 걸까.' 하는 두려움이 내 어깨를 짓눌렀다.

코칭을 통해 변화의 가능성을 발견하다

내가 코칭을 처음 접한 건 2013년경이었다. 우유부단함과 작심삼일 습관에 지쳐 있을 무렵, 학교 동료의 소개로 코칭 프로그램을 알게 되었고 호기심 어린 마음으로 문을 두드렸던 기억이 난다. '코칭이 뭐길래 사람을 이렇게 바꾼다는 걸까?'라는 의문이었다.

처음에는 조금 낯설었다. 내 문제를 드러내는 것이 나약해 보일까 걱정도 되었고, 코치가 뭔가 대단한 해답을 줄 거라고 기대했던 적도 있었다. 하지만 코칭의 시작은 의외로 단순했다. 누군가 내 이야기를 진심으로 들어주고, 한 문장 한 문장에 내면을 되돌아보게끔 질문을 던져주는 과정이었다. 그것만으로도 내 안에 무언가 움직이기 시작했다. 별거 아니라고 생각했던 '습관 하나 바꾸기'부터 시작해보자는 제안을 받아들였고, 독서를 습관으로 만들어보는 프로젝트를 진행했다.

나름대로 노력했고, 서서히 독서량이 늘어가는 것을 보며 꽤 뿌듯함을 느꼈다.

그렇게 작은 습관을 바꾸는 데서 얻은 성취감은 생각보다 커다란 영향을 미쳤다. 마치 체온이 1도만 올라도 몸 전체가 달라지듯, 내 일상도 조금씩 활기를 띠기 시작했다. 의지력을 기를 수 있었고, 작심삼일로 끝나던 일들이 하나둘씩 지속되기 시작했다. 그 흐름 속에서 작가의 꿈을 향해 첫발을 내디뎠고, 학교생활 중에도 시간을 쪼개어 시를 쓰고 소설을 구상했다. 그러다 보니 '정말 책을 낼 수 있겠다.'라는 확신이 생겼고, 결국 시집 『눈물이라는 선물』을 출간하기에 이르렀다. 학교생활을 마무리하는 시점에서 나온 그 시집은 내게 특별한 의미의 선물이었다.

새로운 도전, 하지만 현실적인 장애물

첫 시집을 출간한 후, 나는 글쓰기에 대한 자신감이 붙었고 자연스레 더 많은 도전을 하고 싶어졌다. 동시에 '은퇴 후의 인생'에 대한 그림도 구체적으로 그리게 되었다. 작가가 되었으니 이제 강사로도 활동해 보고 싶었다. 마침 강사교육진흥원에서 '명강사 최고위 과정'이라는 강사 양성 프로그램을 운영 중이라는 정보를 듣게 되었고, 강사 양성 과정을 마쳤다. 또 거기서 만난 다른 강사들과 함께 공저를 내는 데까지 이르렀다. 『가치와 성장, 나는 강사다.』라는 제목의 책을 출판하고, 출판기념회까지 열게 되었을 때의 감격은 아직도 생생하다. 이렇게 코칭이 일으킨 변화는 내 꿈을 현실로 만드는 가교 역할을 톡톡히 했다.

그렇게 보면, 내 인생의 궤도는 분명 좋은 방향으로 흘러가고 있었다. 그런데 나는 체력이 약하고 예민한 성격이 있어 가끔 문제가 되었다. 시간 관리를 하려 해도 체력이 바닥나면 아무것도 하기 싫어지는 날이 많았다. 특히 은퇴 후 잉여 시간이 많아지자 오히려 어찌 활용해야 할지 몰라서 허둥대기도 했다.

이별을 준비하고 꿈을 되찾다

바로 그 시점에 딸이 호주로 떠나겠다고 결심한 것이다. 오랫동안 교사가 되려고 달려왔던 딸이 어느 날 요리사가 되고 싶다고 선언했다. 사실 딸은 어렸을 때부터 요리에 남다른 관심과 적성이 있었다. 나는 진심으로 기뻤다. 왜냐하면 딸이 좋아하는 일을 찾아가는 모습이 대견했기 때문이었다. 하지만 현실적으로 딸이 떠난다는 사실, 그것도 멀리 호주로 간다는 것이 나를 한없이 외롭게 했다.

딸은 내가 힘들 때 곁에서 말벗이 되어주던 최고의 친구였다. 힘들 때마다 "엄마, 힘든 거 다 나한테 이야기하세요."라며 다정하게 말을 걸어주었다. 출국일이 다가올수록, 내 마음은 생채기가 난 듯 아팠다. 그렇게 든든한 버팀목이 사라지면, 나는 누구에게 고민을 털어놓을 것인가? 남편과 아들도 있지만, 딸처럼 섬세하게 소통하는 사이는 아니었다. 은퇴한 내 인생이 이제 막 꽃을 피우려던 참이었는데, 가장 소중한 동력이 떠나버리는 느낌이었다.

출국일이 한 달도 채 남지 않았을 때, 내 무기력증은 극에 달했다. 마치 손발에 쇳덩이를 매단 듯, 어떤 일도 하기 힘들었다. 은퇴 후 가졌던 자유와 설렘은 온데간데없이 사라지고, 불안과 공허함만 남았다.

'이러다가 정말 딸이 내 상태를 걱정하며 떠나야 하는 건 아닐까?'

라는 생각이 들었다. 딸에게 부담이 되고 싶지 않았다. 그래서 마지막 희망으로 선택한 것은 다시 코칭을 받는 일이었다. 한때 나를 우유부단한 일상에서 벗어나게 해준 코칭이 이번에도 해답이 될 거라고 믿고 싶었다.

평소 잘 알고 지내던 KSC 코치에게 내 상황을 솔직히 털어놓았다. "인생의 방향을 완전히 잃은 기분이에요."라고 토로하자, 코치는 먼저 "마음이 많이 힘드셨겠네요."라며 공감해주었다. 나는 눈물이 왈칵 쏟아졌지만, 오히려 그런 눈물을 통해 '아, 그래도 누군가 내 얘기를 들어주는구나!' 하는 안도감을 느꼈다.

첫 번째 코칭: 건강 목표 세우기

첫 코칭 시간에, 우리는 탁구를 떠올리는 장면에 이르기까지 꽤 긴 대화를 나눴다. 그중 인상적인 대화는 다음과 같았다.

코치: "지금 가장 힘든 점은 무엇이라고 느끼세요?"
나: "아무것도 할 의욕이 없어요. 딸이 떠난다고 생각하니 모든 게 무의미하게 느껴져요."
코치: "그럼에도 불구하고 '이 한 가지는 해보고 싶다.'라고 생각되는 게 있나요?"
나: "딸이 떠나도, 최소한 건강은 지키고 싶어요. 딸이 날 걱정하지 않을 만큼요."
코치: "구체적으로 어떤 모습을 상상하세요?"
나: "바깥에 운동하러 다니고, 땀 흘리고 들어와서 씻고, 다시 무언

가를 시작할 에너지가 있는 모습이요."

코치: "좋습니다. 그걸 위한 첫 단계로 무엇을 해보면 좋을까요?"

나: "운동…… 예전에 탁구를 조금 쳤는데 그게 생각났어요."

이 코칭을 받고 난 다음 날, 나는 탁구장에 바로 등록했다. 서툴고 힘들긴 했지만, 나에게 맞는 운동이라는 느낌이 들었다. 매일 한두 시간씩 탁구를 치다 보면 잡념이 사라졌다. 땀을 흘리고 나면 무기력했던 기분이 조금씩 나아졌다. 가끔은 딸과 함께 탁구를 쳤다. "엄마, 표정이 훨씬 좋아 보이네요."라는 말이 큰 힘이 되었다.

두 번째 코칭: 딸과 이별을 준비하다

두 번째 코칭 세션에서는 딸과의 이별을 좀 더 밝은 자세로 맞이하고 싶다는 마음을 나눴다.

코치: "딸이 곧 떠날 예정이라 하셨죠. 어떻게 이 시간을 보내고 싶으세요?"

나: "웃으면서 배웅하고 싶어요. 딸이 가는 길을 응원해주고 싶어요."

코치: "그렇다면 이번 한 달 동안 할 수 있는 일들을 구체적으로 적어볼까요?"

나: "음…… 딸과 여행도 가고 싶고, 함께 할 수 있는 활동도 하고 싶어요. 그리고 편지를 써서 주고 싶습니다."

코치: "좋아요. 어디로 여행을 가면 좋을까요?"

나: "제주도가 떠올라요. 바람도 쐬고, 바다도 보고, 맛있는 것도

먹고요."

코치: "아주 멋진 계획이네요. 여행이 끝나고 나서는 어떤 감정을 느끼고 계실 것 같나요?"

나: "딸을 조금 더 편안하게 보낼 수 있을 것 같아요. 그리고 편지를 쓰면, 딸에게도 제 마음이 전해지겠죠."

나는 정말로 딸과 제주도로 여행을 떠났다. 바람 부는 오름을 함께 오르고, 바닷가를 걸으며 이야기를 나눴다. 마지막 날에는 서로에게 편지도 써줬다. 언뜻 보면 평범한 여행이지만, 내겐 평생 잊지 못할 시간이었다.

돌아온 이후, 나는 딸에게 내 마음을 담은 편지를 공책에 쓰기 시작했다. 날마다 한두 페이지씩 적었다. 딸이 떠날 날이 가까워질수록 편지가 쌓여갔다.

"딸아, 너의 꿈을 펼치는 모습이 엄마는 가장 자랑스럽다."

"언제나 네 뒤를 든든히 지켜주겠다는 이 마음은 변치 않아."

이런 문장들을 써 내려갈 때마다, 슬픔보다는 딸의 앞날을 응원하는 희망이 더 크게 느껴졌다.

드디어 출국일. 공항에서 나는, 그간 써둔 편지들을 모은 공책을 딸에게 건넸다. 딸은 울음을 참으려 애쓰며 나를 꼭 안아주었다. 출국장으로 들어가는 딸의 뒷모습이 사라질 때까지, 나는 끝내 웃는 얼굴로 손을 흔들었다. 물론 눈물이 나오지 않았던 것은 아니지만, 이전처럼 무기력하게 주저앉지 않았다. 코칭이 준 '목표'와 '준비' 덕분이었다.

세 번째 코칭: 꿈을 되찾다

딸이 떠난 후 나는 세 번째 코칭을 받았다.

"이제 제 꿈을 다시 이어가고 싶어요. 코칭 공부도, 강사 활동도, 그리고 책을 더 써보고 싶어요."

코치는 "그러면 어떤 일부터 하면 좋을까요?"라고 물었다. 마침 지인 코치에게 코칭 강의를 함께 하자는 제안을 받은 상태였다. 언젠가 다시 강단에 서겠다는 꿈을 구체화할 시점이었다.

코치: "오랜만에 꿈에 대해 이야기하시는 표정이 많이 밝아 보이세요."

나: "딸이 떠나기 전에는 모든 것이 무너지는 기분이었는데, 이제 다시 뭔가 해볼 수 있겠다는 희망이 생겼어요."

코치: "그렇다면 우선순위를 어떻게 두면 좋을까요? 코칭 자격 공부, 강사 활동, 책 쓰기 등 여러 가지가 있잖아요."

나: "우선은 강의 제안을 받아들이고, KSC 자격 공부도 병행해볼까 해요. 책 쓰기는 조금 뒤로 미루더라도, 강의하면서 떠오르는 아이디어를 모아볼래요."

코치: "좋습니다. 구체적인 일정 계획을 세워보죠."

그리고 운명처럼, 내가 가천대에 다른 강사 후배들을 격려하러 간 날, 한 강사님으로부터 '함께 책을 써보지 않겠냐.'라는 제안을 받았다. 그건 딸이 떠난 후 불과 한 달 만의 일이었다. 이제 나는 다시 바쁘게 달리고 있다. 딸을 그리워할 시간조차 부족할 정도다. 딸도 시드니의 한 호텔 레스토랑에 취직해 요리사로 자리 잡았고, 종종 영상통화로 서로의 일상을 자랑하며 근황을 나눈다.

문득 이런 생각이 들었다. '내가 이 상태로 망가졌다면, 딸은 한국에 와서 날 돌봐야 할까 고민했을지도 모른다. 하지만 코칭을 통해 다시 일어나고, 이렇게 내가 하고 싶은 꿈을 이어가니 딸도 마음 편히 호주 생활에 집중할 수 있을 거야.'라고.

코칭이 준 길잡이, 그리고 새로운 길

이제 나는 가끔씩 코칭을 받고, 때로는 내가 다른 사람을 코칭하면서 한없이 신나고 열정적으로 살아가고 있다. 내 삶에 또다시 찾아올 미지의 위기가 없는 건 아니다. 그렇지만 적어도 지금은 안다. 내가 방향을 잃었을 때 스스로를 구할 수 있는 질문, 그리고 그 질문에 답할 수 있도록 따뜻하게 동행해줄 코치가 있다는 사실 말이다.

인생은 긴 여정이라고들 말한다. 그 여정 속에서 방향감각을 잃는 순간은 한 번이 아니라 여러 번 찾아온다. 나에게 코칭은 어두운 바다 위에서 방향을 비춰주는 등대와도 같은 존재였다. 한때 무기력증에 빠져 아무것도 못 하던 내가 다시 딸을 웃으며 배웅할 수 있게 되었고, 새로운 꿈을 발견해 한 걸음 더 앞으로 나아갈 수 있게 되었다. 그리고 한 가지 깨달음이 생겼다. 인생의 방향을 찾는 것은 누군가가 대신 해주는 일이 아니란 것이다. 스스로 묻고, 그 답을 찾아가는 과정을 멈추지 않을 때, 비로소 내 안의 나침반이 움직이기 시작한다.

그렇게 오늘도 나는 건강을 유지하기 위해 탁구장을 찾고, 시간 관리를 위해 기록 습관을 이어간다. 한편으로 새로운 책을 기획하고, 강사로서 무대에 설 준비를 한다. 때론 예민하고 민감한 나를 고치려 애쓸 때도 있지만, 그것도 나름의 장점이라고 스스로를 다독이기도 한다. '그래, 나는 완벽하지 않아도 괜찮아. 그러나 더 나은 방향을 향해 계속 걸어갈 수는 있어.' 이런 믿음 하나로 걸어가는 길이 좋다.

2025년 2월, 나는 호주에 갔다. 딸을 만나기 위해서다. 6개월 만에 만난 딸은 자신이 하고 싶은 일을 해서인지 표정이 밝고 환했다. 딸은 나와의 여행을 위해 많은 것을 계획했다. 호주 시드니부터 뉴질랜드 밀포드 사운드까지 함께하며 많은 이야기를 나눴다. 맑은 호수를 바라보며 딸의 손을 맞잡은 그 시간이 너무 행복했다.

인생의 방향을 잃고 헤매던 내게 코칭은, 결국 '내가 내 길을 스스로 정하고 걸을 수 있게 하는' 길잡이였다. 단 세 번의 코칭으로 나는 우울과 무기력의 늪에서 빠져나왔고, 딸에게도 기쁜 마음으로 이별을 선물했으며, 다시금 내 꿈을 쫓는 원동력을 얻었다. 나는 여전히 완벽하지 않지만, 지금 이 순간에도 한 걸음씩 전진하고 있다. 그리고 그 길 위에서, 늘 내 가슴을 뛰게 하는 또 다른 꿈들을 만나게 될 것이다.

독자를 위한 코칭질문과 실행 팁

1. **내가 지금 가장 힘들어하는 문제의 본질은 무엇인가요?**
   이 질문은 표면적인 어려움이 아닌, 근본적인 원인을 탐색하는 데 초점을 맞춥니다. 감정, 상황, 관계 등의 요소를 고려하여 보다 깊이 있는 답을 찾아보세요.

2. **여전히 마음속에 남아 있는 하고 싶은 일은 어떤 것인가요?**
   오랫동안 잊고 있었거나 미뤄둔 꿈이 있다면 무엇인지 떠올려보세요. 현재 상황과 어떻게 연결할 수 있을지 고민하는 것도 중요합니다.

3. **내가 진정으로 소중하게 여기는 가치(예: 가족, 성장, 도전 등)는 무엇이며, 지금의 삶에 얼마나 반영되고 있나요?**
   가치란 삶의 방향을 결정짓는 중요한 요소입니다. 현재 생활에서 이를 얼마나 실천하고 있는지 점검하고, 부족한 부분이 있다면 보완할 방법을 생각해 보세요.

4. **은퇴(혹은 현재의 큰 변화) 이후에도 계속 이루고 싶은 꿈이 있다면, 첫걸음으로 할 수 있는 일은 무엇인가요?**
   변화 후에도 지속하고 싶은 목표를 구체적으로 설정하고, 이를 실천할 수 있는 가장 작은 단계부터 시작해보세요.

5. **무기력한 상태에서도 오늘 당장 시작할 수 있는 아주 작은 행동은 무엇일까요?**
   큰 변화를 이루려 하기보다, 지금 당장 할 수 있는 작은 실천을 찾아보세요. 가령 10분 산책하기, 책 한 페이지 읽기처럼 사소한 행동이 변화를 만들어냅니다.

8_강사의 메시지가 청중의 마음을 움직이기 원한다면

임근희 코치

강의만으로는 사람을 변화시킬 수 없다는 생각을 한적이 있는가?

당신의 강의가 청중에게 영감을 주지만, 결국 같은 고민을 반복하는 교육 담당자들의 모습을 보면서 답답함을 느낀 적이 있는가? 그렇다면, 일방적인 강의가 아닌 '코칭형 강의' 방식을 고려해볼 때다.

강사에서 코칭으로, 변화의 시작

처음 강사로 활동할 때, 나는 강단 위에서의 에너지를 사랑했다. 수강생들의 얼굴이 하나둘 내 이야기에 집중하고, 때로는 공감의 미소를 짓거나 고개를 끄덕이는 순간들이 있었다. 500명의 시선이 나를 향하고, 내가 전하는 메시지가 누군가의 삶을 바꿀 수 있다는 기대감에 가득 차 있었다. '이 강의가 한 사람의 삶을 변화시킬 수도 있다.' 그런 가능성이 나를 강단에 서게 했다.

하지만 시간이 지나면서 한 가지 의문이 떠올랐다.

'왜 사람들은 강의를 듣고도 변하지 않을까?'

강의가 끝난 뒤, 변화가 이어지지 않는 현실은 나를 고민하게 했다.

 강의를 거듭할수록 마음속에 묘한 갈증이 생겼다. 강의실 안에서만큼은 수강생들이 질문하며, 때로는 메모를 빼곡하게 적었다. 그러나 강의가 끝나고 시간이 지나면 그 열정이 현실 속에서 희미해지는 것을 목격할 때면 깊은 무력감이 몰려왔다.

 '나는 이 순간을 위해 모든 열정을 쏟았는데, 결국 그들은 다시 제자리로 돌아가는 걸까?'

 한 번은 강의가 끝난 후 한 수강생이 다가와 말했다.

 "선생님, 오늘 강의 정말 감명 깊었어요! 저도 오늘부터 실천해야겠다고 다짐했어요."

 나는 뿌듯한 마음으로 미소 지었다. 하지만 몇 달 뒤 같은 기관에서 다시 강의를 하며 그를 다시 만났을 때, 그는 여전히 같은 고민을 하고 있었다.

 "그때는 정말 변하고 싶었는데, 일상에 치이다 보니 다시 제자리네요."

 그의 말에 나는 깊은 고민에 빠졌다. '도대체 무엇이 문제일까? 어떻게 하면 변화를 지속하는 강의를 할 수 있을까?'

 조직문화, 리더십, 자기계발 강의 등 어떤 주제든 결국 일회성 특강에 그치는 경우가 많았다. 강의 시간에는 열정이 넘쳤지만, 강의가 끝난 후 현실로 돌아가면 변화의 열기는 쉽게 식어버렸다. 나는 강사로서 지식과 정보를 효과적으로 전달하고 있다고 믿었지만, '진짜 변화는 어떻게 만들어지는 걸까?'라는 질문이 내 머릿속을 떠나지 않았다.

 나는 점점 더 고민하기 시작했다. '내가 하는 강의는 변화를 전혀 기대할 수 없는 것일까? 수강생들이 만족하는 것만으로 충분할까? 아니, 그 만족감마저도 일시적인 착각은 아닐까?' 강의를 하면 할수록, 나는 내 역할과 한계에 대해 깊이 고민하게 되었다. 내가 전달한 내용이 단지 '좋은 이야기'로 남는다면, 그것은 진정한 교육이 아니라 단순한 '공연'에 불과한 것은 아닐까?

강의장 밖에서 마주한 코칭

그러던 어느 날, 우연한 기회로 '코칭'이라는 개념을 접하게 되었다. 처음에는 강의와 크게 다르지 않다고 생각했다. '결국 같은 내용인데, 표현 방식만 다를 뿐 아닐까?' 하지만 코칭 세션에 참여하면서 전혀 새로운 접근 방식을 경험했다. 코칭은 단순한 정보 전달이 아닌, 질문을 통해 스스로 답을 찾도록 돕는 과정이었다.

처음 코칭 세션에 들어갔을 때, 나는 마치 낯선 세계에 발을 들인 듯한 기분이었다. 나는 강단에서 명확한 논리로 강의를 이끌던 사람이었다. 하지만 그곳에서의 분위기는 전혀 달랐다. 코치는 무언가를 가르치려 들지 않았다. 대신, 조용히 내 이야기를 들으며 질문을 던졌.

"당신이 진정 원하는 변화는 무엇인가요?"

"그 변화가 현실이 된다면 어떤 모습일까요?"

순간 당황스러웠다. 평소라면 내가 수강생들에게 던졌을 법한 질문이었는데, 막상 스스로에게 묻자 쉽게 답이 떠오르지 않았다. 강의라면 준비된 자료와 경험을 바탕으로 자신 있게 말할 수 있었지만, 내 안에 있는 답을 찾으라는 이 질문 앞에서 나는 아무 말도 하지 못했다. '내가 진짜 원하는 변화는 뭐지? 내가 원하는 건 단순한 강의가 아니었나?'

그때 깨달았다. 나는 강사로서 늘 정답을 주는 역할에 익숙했다. '어떻게 하면 나의 강의를 듣는 사람들이 변화할 수 있을까?'라는 질문에 몰두하면서도, 그 답을 찾기 위해 정작 나의 내면을 깊이 들여다본 적은 많지 않았다. 코칭을 접해갈 수록 머릿속은 복잡했다. 그러던중 마음속에 오래 머물던 갈증의 이름이 서서히 드러났다. 그 경험은 강사라는 무대에서 일방적으로 말하던 내가 마치 무대에서 내려와, 수강생의 자리에서 세상을 마주 바라보는 순간과 같았다. 그제야 알았다. 변화는 외부에서 주어지는 것이 아니라, 질문이 열어준 내면에서 시작된다는 것을. 코칭은 강의처럼 정보를 전달하거나 지식을 주입하는 일이 아니었다. 질문을 통해 자기 안의 이미 있던 답을 하나씩 불러내어 스스로 마주하도록 옆에서 돕는 일이었다. 스스로 찾아낸 깨달음에서 더 오래, 더 깊이 변화할 수 있도록 동행하는 것이었다.

코칭이라는 방식 앞에서, 강사로서의 고정관념 탓에 쉽게 적응하지 못했다. 강사로서 나는 언제나 무대 위에서 해결책을 제시해야 한다고 믿어왔다. 그런데 코치는 아무 해답도 주지 않았다. 대신 나에게 질문을 던졌다.

"그 변화가 일상에서 드러나는 첫 신호는 무엇인가요?"

"그 신호를 하루 안에 확인하기 위해 지금 할 수 있는 가장 작은 행동은 무엇인가요?"

코칭하는 강사로 변화

코칭형 강의 이전의 강의실은 질문보다는 정답이 강조되는 공간이었다. 하지만 코칭을 도입하면서부터 강의실은 완전히 달라졌다. 이제 강의는 단순한 지식 전달이 아닌, 학습자들이 스스로 사고하고 문제를 해결하는 장이 되었다.

이전에는 강사가 이야기하고, 수강생들은 듣기만 하는 구조였다. 하지만 이제는 질문이 강의의 중심이 되었다.

"여러분이 오늘 이 강의를 통해 얻고 싶은 것은 무엇인가요?"

이 질문이 던져지는 순간, 강의실에는 짧은 침묵이 흐르지만, 곧 수강생들이 자신만의 답을 찾기 시작한다. 그 과정에서 그들은 단순한 정보를 습득하는 것이 아니라, 자기 자신의 생각을 정리하고 확장해나가는 경험을 하게 된다.

코칭형 강사는 단순한 정보 전달자가 아니다. 예를 들어, 전통적인 강의에서는 강사가 일방적으로 정보를 전달하고, 수강생들은 노트에 적으며 수동적으로 받아들이는 방식이었다. 강사는 지식을 제공하는 '연사'였고, 수강생들은 받아 적고 흡수하는 '청중'이었다. 하지만 코칭형 강의에서는 강사가 질문을 던지고, 수강생들이 스스로 사고하며 해결책을 찾아가도록 유도한다.

한 조직 리더십 강의에서, 과거에는 '좋은 리더의 특성'을 설명하고 사례를 들었지만, 이제는 '여러분이 생각하는 훌륭한 리더는 누구이며, 그 이유는 무엇인가?'라고 질문을 던진다. 처음에는 어색해하던 수강생들도 점차 자신만의 경험과 관점을 반영하며 더 깊이 있는 학습을 하게 된다. 이를 통해 학습자들은 단순한 정보 습득을 넘어, 실천 가능한 인사이트를 스스로 도출하는 능력을 키운다.

또한, 과거의 강의에서는 '효과적인 커뮤니케이션 방법'을 전달하는 데 집중했다면, 코칭형 강의에서는 '당신의 팀에서 커뮤니케이션을 개선하기 위해 가장 필요한 것은 무엇인가?'라는 질문을 던진다. 이를 통해 수강생들은 자신이 속한 조직의 맥락을 고려하여 현실적인 해결책을 고민하고, 실행할 수 있는 방법을 찾도록 유도된다.

학습자의 성장을 촉진하고, 스스로 답을 찾을 수 있도록 돕는 것이 코칭형 강사의 역할이다. 현대 교육과 조직에서는 이러한 코칭형 강사의 역할이 점점 더 중요해지고 있다. 이제 강사는 더 이상 단순한 '지식 전달자'가 아니라, 질문을 던지고 사고를 확장시키는 '촉진자'로 변화해야 한다.

어느 날 한 수강생이 조직 내에서 의견이 묵살되는 문제로 고민하고 있었다. 과거의 나는 대화법을 알려주었겠지만, 이번에는 실문을 던졌다.

"이상적인 팀 분위기는 어떤 모습인가요?"

그녀는 깊이 고민한 후, 자신이 동료들의 의견을 먼저 경청해야 한다는 결론을 내렸다. 이는 내가 주입한 해답이 아니라, 그녀가 스스로 찾은 변화의 시작이었다.

강의실의 분위기가 달라졌다. 수강생들은 더 이상 수동적으로 듣지 않았다. 서로의 이야기를 듣고, 직접 답을 찾아가는 과정에서 더 깊은 학습이 이루어지고 있었다. 나는 더 이상 해답을 주는 강사가 아니라, 사람들이 스스로 답을 찾도록 돕는 코치가 되고 있었다. 지식을 전달하는 강사에서, 수강생들의 사고를 확장하고 내면의 변화를 촉진하는 코치형 강사로 변화한 것이다.

독자를 위한 코칭질문과 실행 팁

강사에서 코칭형 강사로 변화하기 위한 5가지 질문
코칭형 강사로 변화하고 싶은 당신을 위한 셀프코칭 질문입니다. 이 질문들을 스스로에게 던지며, 진정한 변화를 위한 첫걸음을 내디뎌 보세요.

1. 나는 강의에서 수강생들에게 진정한 변화를 일으키기 위해 어떤 방식을 적용하고 있는가?
2. 현재 나의 강의 스타일에서 수강생들이 스스로 사고하고 문제를 해결할 수 있도록 돕는 요소는 무엇인가?
3. 일방적인 정보 전달에서 벗어나 코칭형 강사로 변화하기 위해 가장 먼저 바꿀 수 있는 한 가지는 무엇인가?
4. 강의 중 질문을 활용하여 수강생들이 더 깊이 있는 학습을 경험하도록 하기 위해 나는 어떤 질문을 던질 수 있는가?
5. 코칭형 강사로서, 학습자의 성장을 촉진하기 위해 내가 앞으로 꾸준히 연습하고 싶은 것은 무엇인가?

이 질문들을 고민하며 당신만의 변화 로드맵을 만들어보세요. 한 달 동안 실행할 작은 목표를 정해보고, 실제 강의나 코칭에서 적용해 보세요. 예를 들어, 강의 중 최소 세 번 이상 질문을 던져 학습자들이 스스로 사고할 수 있도록 유도하거나, 기존 강의 자료를 코칭형 방식으로 수정해보는 것도 좋은 출발점이 될 수 있습니다. 실행한 후 어떤 변화가 있었는지 기록하고, 지속적으로 개선해 나가세요. 강의장에서 코칭을 실천할 때, 수강생들은 더욱 주도적으로 성장하고, 당신의 강의도 더욱 영향력을 가지게 될 것입니다.

9_분노의 악순환에서 소통의 선순환으로

황연정 코치

또다시 소리치고 후회하는 나...왜 이럴까?

"야아!"

거실을 가르며 울려 퍼지는 고함소리. 마치 쥬라기공원의 거대한 공룡이 울부짖는 소리처럼 느껴졌다. 고막을 찢을 듯한 소리 뒤로 거실 안은 순식간에 얼어붙고, 아이는 움찔하며 뒤로 물러난다. 분명 어젯밤에도 '절대 화내지 말자.'라고 수백 번 다짐했건만, 또다시 이성을 놓쳐버린 내 모습이 한없이 초라하다. 아이에게 사소한 잘못을 지적하다가도, 불쑥 치솟는 분노의 파도 앞에서 모든 다짐과 이성이 일순간 무너진다.

그리고 입가에서는 거친 말들이 솟구쳐 나온다.

"몇 번을 말했는데! 도대체 왜 이렇게 말을 안 들어?"

머릿속 한구석에서는 '이렇게 소리 지르면 안 되는데.'라는 경고음이 울리지만, 분노가 터져 나오는 순간에는 그것마저 들리지 않는다. 정신을 차리고 보면 아이는 겁에 질린 얼굴로 나를 쳐다보고 있고, 나의 얼굴은 후회로 일그러진다. '도대체 왜, 왜 이럴까.' 마음은 후회와 죄책감으로 무거워지지만, 이상하게도 이런 일은 계속 반복되었다.

반복되는 분노와 후회, 그리고 무너지는 관계

화내고 후회하는 일이 반복될수록, 나는 점점 더 깊은 무력감에 빠졌다. 매일 밤 아이가 잠든 뒤 혼잣말처럼 "내일은 다르게 해보자."라고 다짐하지만, 아침에 다시 우유가 엎질러지고 실내화가 제자리에 없으면 곧바로 짜증이 솟아난다. 사소해 보이는 이런 일들이 왜 이렇게 예민하게 다가올까? 화가 뜨겁게 치밀어 오른 뒤에는 어김없이 찾아오는 후회와 죄책감이 날 짓누른다.

결국 이런 분노의 악순환은 아이와 나 사이의 관계까지 서서히 무너뜨렸다. 아이는 내 눈치를 보며 위축되었고, 나는 아이의 사소한 실수도 '나를 무시하는 행위'로 받아들였다. 마치 둘 사이에 부정적 감정의 벽이 점점 두꺼워지는 느낌이었다. 육아서적을 뒤져보거나 주변에 조언을 구해보아도, 막상 분노가 폭발할 때는 어떤 '좋은 방법'도 꺼내 쓰기 어려웠다. '스스로 넘을 힘이 과연 내게 있을까?' 의심하게 될 정도였다.

지금 생각해보면, 그때의 나는 '감정코칭(Emotion Coaching)'을 전혀 모르고, 그저 감정에 파묻혀 본능대로만 행동했었던 것이다. 미국의 심리학자 존 가트맨(John Gottman)은 감정코칭의 5단계를 감정 인식, 감정적 순간 인정, 경청공감, 감정 명명, 문제해결로 제안한다. 나는 아이의 감정을 재빨리 인식하고 명명해 주는 대신, 일이 생기는 즉시 "왜 또 그 모양이야?"라고 다그치는 방식으로 대화를 시작했다. 그러다 보니 아이는 자신의 감정을 제대로 말할 틈 없이 이미 위협을 받은 상태가 되었고, 나도 갈수록 목소리가 커졌다. 그렇게 말로 감정을 풀어내지 못한 채 서로 공격하고 방어하는 '악순환'이 지속되었던 것이다.

코칭이 준 선물, 아이를 바라보는 시선의 변화

그렇게 애를 태우던 중, 우연히 '코칭 심리학(Coaching Psychology)[5]'이라는 개념을 접하게 되었다. 솔직히 처음에는 반신반의했다. 상담이나 육아 코칭이라는 것도 결국 뻔한 조언을 되풀이할 거라는 선입견이 있었다. 그래도 마지막 희망이라 생각하고 코칭 프로그램에 참여해 보았다.

첫 세션에서 코치님은 "무엇이 가장 힘드세요?", "그때 어떤 감정을 느끼시나요?"라는 질문부터 건넸다. 평소라면 '아이들이 말을 안 들어서요.'라는 식으로 핑계를 대며 넘어갔을 텐데, 그날은 왠지 모르게 울컥했다. 눈물이 터져 나오면서, 내가 느끼고 있던 당혹감, 수치심, 무력감 등을 주저 없이 말하게 되었다. 그때 코치님은 내 속마음을 '비난 없이' 경청해 주었다. 불편한 감정을 억지로 없애려 하지 않고, 오히려 "그 감정을 그대로 느껴보시면 어떨까요?"라고 권했다. 이는 '수용전념치료(Acceptance and Commitment Therapy; ACT)[6]'에서 말

---

[5] 코칭심리학은 심리학의 기초 이론들을 응용하여 실생활에 코칭을 적용하는 응용심리학의 한 분야로, 코칭은 개인의 자원과 잠재력을 최대한 활용하여 변화와 성장을 극대화 하도록 지원하는 과정이다. 존 휘트모어(John Whitmore)는 코칭심리학을 발전시키고, GROW 모델(Goal, Reality, Options, Will)을 정립한 대표적 인물이다.
[6] ACT는 감정을 억압하지 않고 그대로 받아들이면서, 자신의 핵심 가치에 따라 행동을 선택하도록 돕는 심리기법이다. 스티븐 C. 헤이즈(Steven C. Hayes)가 1980년대 개발했으며, 현재 순간을 있는 그대로 인식하고 불편한 감정을 수용해 삶의 의미와 방향을 명확히 하는 데 초점을 둔다. 감정과 생각을 통제하려 애쓰기보다, 삶의 중요한 가치에 집중하는 것이 핵심 원리다.

하는 불편한 감정을 수용하고 자신의 가치에 부합하는 행동을 실천하도록 하는 핵심 원리와도 통했다.

그제야 나는 내가 매일 화를 내는 것이 단지 아이들 탓이 아니라, 내 안에 쌓인 두려움과 스트레스가 해결되지 않았기 때문임을 깨닫게 되었다. 어떤 일이 발생될 때 자동적으로 떠오르는 부정적 사고와 왜곡된 인지를 재구조화하는 인지행동치료(Cognitive Behavioral Therapy; CBT)[7]가 강조하듯, '아이가 일부러 나를 괴롭힌다.'라는 잘못된 생각이 분노를 배가시키고, 그 생각이 쌓여서 부정적 감정과 행동을 강화해 왔던 것이다. 코치님과의 대화에서 "그 생각을 조금 바꿔 보면 어떨까요? 아이들은 아직 미숙하고 실수하기도 쉽죠."라는 얘기를 듣고, 단 한 번도 '실수'나 '미숙함'으로 바라보지 못했던 내 시선이 부끄럽게 느껴졌다.

코칭은 거창한 솔루션을 주지 않았다. 대신 "아이들의 행동 뒤에는 어떤 감정이나 욕구가 숨어 있을까요?" 같은 질문을 던졌다. 내가 그 질문에 답을 찾아보는 과정에서, 자연스럽게 아이들을 향한 나의 시선이 바뀌었다. "왜 자꾸 물컵을 엎질러?"라는 말 대신, "괜찮아? 많이 놀랐지?"라는 식으로 묻기 시작한 것이다. 벌어진 일의 결과보다는 그 주체가 원했던 것을 살펴보는 것이 비폭력 대화(NVC: Nonviolent

---

[7] 아론 T. 벡(Aaron T. Beck)이 1960년대에 개발한 심리기법으로, 인간의 사고(인지)가 감정과 행동에 직접적인 영향을 미친다고 본다. 부정적 자동사고와 왜곡된 신념을 점검·수정해 보다 현실적이고 건강한 사고방식을 기르도록 돕는다. 주로 우울증과 불안장애 치료에 효과적이며, 현재 가장 널리 사용되는 기법 중 하나다.

Communication)⁸의 방식과 닮았었다.

비난과 평가 대신, 관찰("물이 엎질러졌네."), 느낌("엄마는 속상해."), 욕구("치우기 힘들어. 쉬고 싶어."), 요청("조심히 다뤄줄래?")의 네 단계를 천천히 연습해 보았다.

이렇게 대화 방식이 달라지니, 아이에게서 이전과 다른 반응이 나왔다. 아이가 "엄마, 미안해.라고 말하는 빈도가 늘어난 건 물론이고, 나 역시 "괜찮아, 다음에는 어떡하면 좋을까?"라고 한 번 더 묻는 여유가 생겼다. 이는 감정코칭, 비폭력 대화에서 일관되게 강조하는 '공감과 규칙의 균형'을 실천해 본 결과였다. "아이의 실수를 '실패'로 규정하기보다, 배움을 위한 단계로 봐라."라고 말하는 제인 넬슨(Jane Nelsen)의 조언도 새삼 떠올랐다. 예전 같았으면 '대체 몇 번을 말해야 알아들어!'라고 했을 텐데, 이제는 '아이가 조금씩 배워나갈 수 있다.'라고 스스로 다짐하게 되었다.

깊은 호흡과 자기 수용, 아이와 다시 맺는 애착관계

무엇보다 큰 변화는 '화가 날 때 잠깐 멈추는 습관'을 들인 것이다. 코치님은 "분노가 치밀어오르는 순간, 숨을 한 번만 깊게 쉬고 나서 말해보세요."라고 제안했다. 이는 마음챙김(Mindfulness)과 자기자

---

8 마셜 로젠버그(Marshall Rosenberg)가 1960년대 개발한 대화법으로, 판단이나 비난 없이 '관찰-느낌-욕구-요청'의 4단계를 통해 공감적으로 소통하도록 돕는다. 갈등 상황에서도 상호 존중과 이해를 바탕으로 대화를 이어가며, 관계를 긍정적으로 변화시키는 것이 핵심이다. 감정을 존중하면서도, 비난 없이 명확한 의사소통을 하는 데 초점을 둔다.

비(Self-Compassion) 훈련[9]의 기초에 해당하는 방법이다. "하나, 둘, 셋" 세어보며 호흡을 가다듬고, '지금 내 심장이 두근거리고, 어깨에 힘이 잔뜩 들어갔네.'라고 몸 상태를 인식한다. 의식적으로 호흡과 몸에 주의를 기울이는 이 훈련은 생각보다 놀라웠다. 몸과 마음이 한결 편안해지면서 자동으로 튀어나오던 폭언이 어느 정도 제어됐다.

특히 물컵 엎지르기 사건에서 이 기법의 위력을 실감했다. 예전 같으면 "엄마가 그렇게 하지 말랬지!"부터 튀어나왔지만, 이제는 잠깐 입을 다물고 호흡을 3번 하며 아이의 상태를 살핀다. 그전에는 아이를 살피지 않고 냅다 내 입장에서만 소리를 질러댔는데, 상황이 아닌 아이가 눈에 들어온다. "괜찮아? 안 다쳤어?"라고 물어볼 수 있게 되었다. 그리고 나의 변화는 그토록 위축되어있던 아이가 자기표현을 할 수 있게 만들었다. "엄마...미안해..엄마한테 가져다 줄려고 했는데,, 쏟아버렸어." 나를 일부러 힘들게 한다고 여겨졌던 행동들이 나를 위한 행동들이었다니. 정말 머리를 망치를 맞은 것 같았다. 그때부터였나. 본능이 아닌 틈을 주기로 결심했다. '이렇게 간단한 연습만으로도 상황이 달라질 수 있구나' 이는 곧 '부모인 나 자신에게도 자비로운 태도를 가져야 한다.'라는 교훈으로 이어졌다. '왜 또 화를 냈을까?'라는

---

[9] 마음챙김에 기반한 스트레스 감소 프로그램(Mindfulness-Based Stress Reduction; MBSR)의 창시자 존 카밧진(Jon Kabat-Zinn)은 마음챙김을 '현재 이 순간 아무런 판단 없이 주의를 기울이는 것'이라고 정의하며, 호흡에 집중하고 신체 감각을 느끼는 바디스캔이 프로그램에 포함되어 있다. 이는 세타파를 방출하게 하여 이완이나 평온함을 느끼게 한다. 자기자비는 크리스틴 네프(Kristin Neff)가 체계화한 개념으로, 실수나 어려움 속에서도 자신을 따뜻하고 친절하게 대하는 태도를 의미한다. 두 개념은 스트레스 완화와 정서 조절에 효과적이며, 자기비판을 줄이고 심리적 회복력을 높이는 데 도움이 된다.

자책 대신, '그래, 오늘은 조금 덜 화냈잖아. 내일은 더 나아질 수 있어.'라고 스스로를 격려했다.

시간이 흐를수록 아이와의 관계에도 변화가 생겼다. 예전에는 아이가 짜증을 낼 때마다 "왜 또 짜증이야!"라고 대꾸하던 내가, 어느 순간 "뭐가 힘들었어? 엄마한테 말해볼래?"라고 묻고 있었다. 그러면 아이는 "엄마가 내 얘기를 잘 안 들어주는 것 같아서 속상해."라고 말하는 등, 점차 자기감정을 직접 표현하기 시작했다. 그 과정을 통해 나는 아이가 고의로 나를 괴롭히는 것이 아니라, 아직 미숙한 표현 방식으로 자기감정을 쏟아냈을 뿐이라는 사실을 체감했다.

부모와 자녀 사이의 유대가 얼마나 중요한지는 애착이론(Attachment Theory)[10]에서도 강조한다. 존 볼비(John Bowlby)는 아동기 경험이 성장 후 대인관계와 정서 안정에 큰 영향을 준다고 보았는데, 나는 내 분노 때문에 아이가 위축되고 있다고 믿었다. 하지만 코칭과 여러 심리 기법들을 통해 새로운 시선을 갖게 되면서, 비록 애착 형성의 결정적 시기를 놓치기는 했지만, 내 아이가 맺게 될 관계에 영향을 미친다고 생각하니 더 간절하게 시도했었다. 덕분에 현재 나는 세 아이들과 안정된 애착을 다시 쌓을 수 있는 길을 찾았다.

가장 큰 수확 중 하나는 '부모도 완벽할 필요가 없다.'라는 사실을 깨달은 점이다. 인지행동치료의 개념대로라면, '나는 완벽해야 해.' 같

---

[10] 존 볼비(John Bowlby)가 1950년대 정립한 이론으로, 아동이 주 양육자와 맺는 정서적 유대(애착)가 성장 후 대인관계와 정서 안정에 큰 영향을 미친다고 본다. 메리 에인스워스(Mary Ainsworth)는 이를 실증 연구하여 애착 유형(안정 애착, 회피 애착, 불안정 애착)을 분류했다. 부모가 일관되고 안정적인 정서적 반응을 보일 때, 아이는 세상을 안전하게 탐색할 수 있는 기반을 형성한다.

은 왜곡된 신념이 실수할 때마다 극심한 자괴감을 불러일으켰다. 그러나 마음챙김과 자기자비를 훈련하면서, 나 자신에게 "조금은 실수해도 괜찮아."라고 말해 주기 시작했다. 그랬더니 아이를 대하는 태도도 훨씬 부드러워졌다. 아이가 울거나 짜증을 낼 때도, '저 아이 역시 자신의 성장 과정에 있구나.'라고 수용하게 된 것이 가장 큰 변화였다.

이제는 아이와 갈등이 생겨도 예전처럼 분노로 폭발하기보다는, 수용전념치료(ACT)에서 말하는 "가치와 일치하는 행동"에 집중하고자 노력한다. "나는 안정적인 부모-자녀 관계를 바라고 있어. 그렇다면 지금 분노를 터뜨리기보다는, 잠깐 멈추고 대안을 찾는 게 맞겠지." 이렇게 스스로와의 대화가 가능해졌다. 또, 모든 사람은 스스로 변화하고 성장할 수 있다는 잠재력이 있다는 코칭의 철학대로 아이가 어떤 잘못을 해도 "이걸 통해 아이가 무엇을 배울 수 있을까?"라는 질문을 먼저 던지게 되었다.

분노와 고함 대신, 멈춤과 연결을 선택하다

내 안에 쌓인 두려움과 스트레스를 외면하던 시절에는 아이의 사소한 행동조차 나를 향한 '고의적인 공격'처럼 느껴졌다. 하지만 코칭과 다양한 심리 기법들(코칭 심리학)을 접하고 실천하면서, 아이의 행동 이면에 존재하는 감정과 욕구를 있는 그대로 인정하게 되었다. 그리고 동시에 내 감정을 부정하는 대신, '지금 화가 나고 있구나.'라고 솔직히 마주하면서도, 그것에 완전히 휩쓸리지 않는 법을 조금씩 익힌 것이다.

물론 지금도 가끔은 마음이 흔들린다. 육아라는 게 늘 변수가 많고, 예기치 못한 일들이 터지기 마련이다. 그래도 분노가 도지는 순간이 오면, 한 번 숨을 고르고 '그래, 지금 또 화가 치밀어오르는구나. 어떻게 하면 이 화를 풀어낼 수 있을까?'라고 자문한다. 그리고 아이를 보며 "엄마 지금 조금 화났어. 잠깐만 기다려줄래?"라고 말한 뒤 다시 대화로 돌아온다. 그 작은 멈춤이 우리 집 풍경을 얼마나 바꿔놓았는지 모른다.

마지막으로, 한창 실수도 많고 감정 표현이 서툰 아이에게는 '안정감'이 무엇보다 중요함을 절감했다. 애착이론에서 말하듯, 아이에게 "엄마가 여기 있단다. 실수해도 괜찮아. 우린 어떻게든 해결책을 찾을 수 있어."라는 메시지를 일관되게 전하면, 아이도 서서히 마음을 연다. 나 자신에게도 똑같은 메시지를 준다. "네가 실수해도 괜찮아. 내일은 조금 더 나아질 거야."

결국 우리 가족은 예전처럼 잦은 고함과 울음이 오가는 '분노의 전쟁터'에서 벗어나, 서로의 감정을 조금씩 알아가고 존중해주는 일상으로 바뀌어 가고 있다. '감정코칭, 마음챙김, 비폭력 대화, 수용전념치료, 인지행동치료, 애착이론' 등 다양한 이름의 심리기법들은 그 길을 찾는 데 소중한 표지판이 되었다. 그리고 무엇보다 이 모든 걸 가능하게 한 건, 내가 내 안의 소용돌이를 정직하게 들여다보겠다는 '결심'이었다.

이 글을 읽는 당신에게도, 혹시 매일 반복되는 분노와 후회 속에서 힘겨워하는 부분이 있다면 꼭 전하고 싶다. 애써 내 감정을 없애려 들기보다, '나는 지금 화가 나 있어. 이 화는 어디서 왔을까?'라고 살펴보자. 아이의 반항처럼 보이는 행동 뒤에 숨은 감정에도 귀 기울여보자. 그 아주 사소한 실천들―깊은 호흡 한 번, 잠깐의 멈춤, "어떤 마음이었어?"라고 묻는 다정한 한마디―이 쌓여, 분노의 악순환을 끊고 '함께 웃을 수 있는 가족'으로 나아가는 길을 열어 줄 것이다. 그리고 그 길 위에서, 당신 역시 부모로서만이 아니라 한 '인간'으로서, 스스로를 좀 더 넓고 따뜻한 시선으로 바라보게 될 것이다.

참고문헌

- Gottman, J., & DeClaire, J. (1997). Raising an Emotionally Intelligent Child. New York: Simon & Schuster.
- Hayes, S. C., Strosahl, K. D., & Wilson, K. G. (2012). Acceptance and Commitment Therapy: The Process and Practice of Mindful Change (2nd ed.). New York: The Guilford Press.
- Beck, A. T. (1976). Cognitive Therapy and the Emotional Disorders. New York: International Universities Press.
- Bowlby, J. (1988). A Secure Base: Parent-Child Attachment and Healthy Human Development. New York: Basic Books.
- Kabat-Zinn, J. (1990). Full Catastrophe Living. New York: Delacorte.
- Neff, K. D. (2011). Self-Compassion. New York: William Morrow.
- Whitmore, J. (2009). Coaching for Performance (4th ed.). London: Nicholas Brealey.
- Rosenberg, M. B. (2015). Nonviolent Communication: A Language of Life (3rd ed.). Encinitas, CA: PuddleDancer Press.

독자를 위한 코칭질문과 실행 팁

셀프 코칭 질문 5가지

1. 나는 지금 어떤 감정을 느끼고 있는가?
먼저 스스로의 감정을 정확하게 인식해보세요. 분노, 슬픔, 짜증, 무력감 등, 무엇이든 구체적인 감정 단어로 표현하는 것이 중요합니다.

2. 이 감정이 어디서 왔을까?
아이가 한 말이나 행동 때문에 화가 난 것처럼 보여도, 실제론 내 내부에 쌓여 있던 스트레스나 두려움이 원인일 수도 있습니다. 감정의 근원을 찾는 연습을 해보세요.

3. 나는 어떤 부모(혹은 파트너, 인간)로 기억되고 싶은가?
화가 난 상황에서라도, 궁극적으로 어떤 사람이 되고 싶은지 가치관을 떠올리면 즉각적 분노 대신 더 나은 대응을 선택하기가 쉬워집니다.

4. 이 상황에서 내 아이(또는 상대방)는 무엇을 느끼고 있을까?
분노의 시선에서 벗어나, 상대방의 감정을 상상해보세요. 아이도 무언가 불편하거나 두려움을 느끼고 있어 그런 행동을 할 가능성이 큽니다.

5. 지금 내가 할 수 있는 가장 작은 긍정적 행동은 무엇일까?
크고 거창한 변화가 아니라, 당장 실천 가능한 행동(깊은 호흡, 부드러운 목소리, 한마디 공감 등)을 떠올리고 해볼 수 있도록 돕는 질문입니다.은 어떤 태도를 보였었나?

작은 행동 실천 10가지

1. 30초 호흡하기
화가 올라오는 순간, 바로 말이나 행동을 하기 전에 30초만 호흡에 집중하세요. (들숨 4초+날숨 6초 3세트) 짧은 시간이라도 분노의 폭발을 막고 감정을 재정비할 수 있습니다.

2. 감정 '소리 내어' 표현하기
"나 지금 화가 났어."처럼, 감정을 내뱉는 연습을 해보세요. 부정적 감정을 억누르기보다 이름 붙여주는 것만으로도 에너지가 누그러집니다.

3. 아이(상대방)에게 한 가지 칭찬 찾아 말해주기
하루에 한 번, 상대방의 긍정적인 면을 찾아 말해주세요. 예: "오늘은 네가 일찍 일어나더라. 그 점이 대견했어."

4. 감정 일기 쓰기
하루를 마무리하며 오늘 어떤 감정들을 느꼈는지 적어보세요. 사건, 생각, 감정을 구분해 적으면 스스로를 객관화하기 쉬워집니다.

5. "왜?" 대신 "어쩌다?"라고 묻기
상황을 파악하려고 할 때 "왜 그랬어!"보다는 "어쩌다 그렇게 된 거야?"처럼, 좀 더 사정을 듣기 쉬운 질문으로 바꿔보세요.

6. 몸 관찰하기
분노가 올라오면, 곧바로 말이나 행동을 하기 전 몸 상태부터 살핍니다. 어깨가 경직되었는지, 가슴이 답답한지 등을 알아차리면 감정 조절이 한결 쉬워집니다.

7. 아이 눈높이에 맞춰 앉거나 눈 맞추기
같은 눈높이에서 아이를 바라보며 이야기하는 습관을 들이면, 아이는 '존중받고 있다.'라고 느끼고, 부모도 화를 내기보다는 대화에 집중하기 쉬워집니다.

8. 간단한 규칙 정하기
"물을 엎지르면 바로 닦기로 하자."처럼 명확한 규칙을 아이와 합의하세요. 갈등이 생겨도 규칙을 근거로 대화를 이어가기 훨씬 수월해집니다.

9. 사과 먼저 하기
내가 먼저 감정을 주체 못하고 소리 질렀다면, "엄마(아빠)가 소리 질러서 미안해."라고 바로 사과해 보세요. 아이의 마음 문이 열리는 경험을 하게 됩니다.

10. 하루에 1분 '함께 웃기'
짧은 시간이더라도 아이와 함께 웃을 수 있는 시간을 만드세요. 티끌 같은 장난도 괜찮습니다. 서로에 대한 긍정적 감정을 쌓는 효과가 매우 큽니다.

1. **명령 대신 질문, 억압 대신 기다림 - 고옥희 코치**
   사춘기 자녀를 '통제'하던 양육에서 '질문과 기다림'으로 전환함으로써 아이의 자립과 성장을 이끈 사례.

2. **작은 키, 커다란 레시피: 코치 엄마가 열어준 꿈의 문 - 권경희 코치**
   딸의 키에 대한 불안과 죄책감을 내려놓고, 코치의 자세로 자녀와 소통하며 요리에 대한 진로를 함께 설계해간 이야기.

3. **갈등 위에 피어난 가족의 화목, 코칭이 불어넣은 회복의 기적 - 권경희 코치**
   남편·자녀와의 감정 단절이 미국 체류 중 폭발했으나, 코칭을 통해 서로의 욕구를 진심으로 듣고 화해에 이르는 과정.

4. **멈춰버린 시간, 나만의 길을 찾다 - 김민정 코치**
   퇴사 후 방황하던 '서현'이 코칭 대화를 통해 진짜 원하는 꿈(웹소설 작가)을 발견하고, 작은 용기로 새 출발을 하는 이야기.

5. **분노를 다스린 후 삶이 바뀌다 - 박현주 코치**
   늘 감정이 폭발하던 자신을 돌아보며, 분노 이면에 있는 인정 욕구와 소중한 가치를 깨닫고 건강하게 표현하게 된 사례.

2부 가족과 동료의 변화, 코칭대화로 달라지는 관계

6. 코칭으로 성장한 엄마와 아들 – 이혜인 코치
성과 중심으로 아이를 대하던 습관을 바꾸고, 질문과 경청을 통해 모자(母子)가 서로의 코치가 되어 함께 성장하는 모습.

7. 아 놔, 김 이사 그 자식! – 임근희 코치
부부간의 말다툼과 냉전을 반복하던 중, 코칭을 통해 경청과 질문의 힘을 발견하고 관계를 회복하는 스토리.

8. 재입사부터 임원 승진까지, '센 언니'의 강점 – 최강석 코치
짜증과 불평 뒤에 숨은 욕구·강점을 찾아주는 '경청 코칭'으로 배우자를 지원했고, 결국 재입사·임원 승진까지 이어진 사례.

9. 침묵 속에 갇힌 마음, 그 문을 여는 작은 한 마디 – 황연정 코치
오랫동안 억눌려온 어머니가 작은 질문과 공감으로 점차 감정을 표현하게 되고, 가족 전체가 함께 변화를 경험하는 이야기.

1_명령 대신 질문, 억압 대신 기다림

고옥희 코치

아이를 갖고 싶지 않다고 생각했던 사람이, 어느 날 예상치 못한 순간에 '엄마'라는 호칭을 듣게 되면 무슨 기분일까요? 처음엔 두려움과 낯섦, 그리고 알 수 없는 안도감이 뒤섞인 복잡한 감정이었습니다. 당시의 저는 '엄마'라는 그 말 한마디에 마음 한구석이 따뜻해지는 것을 느꼈지만, 정작 엄마로서의 역할이나 책임감에 대해서는 전혀 몰랐습니다. 그저 '아이만 있으면 자연스럽게 엄마가 되겠지.'라는 막연한 생각만 했으니까요. 그러나 준비되지 않은 엄마가 아이를 얼마나 힘들게 하는지, 그때는 전혀 깨닫지 못했습니다. 그리고 이 아이와 함께할 앞으로의 시간이 제 인생을 통째로 바꿔 놓을 줄도 몰랐죠. 결국 한 아이의 '진짜 엄마'가 되기까지 제가 몸소 겪은 이야기를 들려드리고 싶습니다.

두려움이 잉태된 시간

대학 시절, 저는 산부인과에서 아르바이트를 한 적이 있었습니다. 갓 스물의 나이에, 다른 여성들의 출산 과정을 눈앞에서 그대로 지켜

본다는 것은 쉽지 않은 일이었습니다. 아기가 태어나는 그 경이로운 순간은 아름답기도 했지만, 산모들이 겪는 육체적 고통과 정신적 압박감을 고스란히 목격하면서 전율을 느꼈죠. '저 과정을 나도 언젠가는 거쳐야 할 텐데, 나는 견딜 수 있을까?'라는 두려움이 마음에 깊게 새겨졌습니다.

시간이 흐를수록 그 두려움은 오히려 확신이 섰습니다. '나는 아이를 낳지 않는 게 낫겠다.'라는 결론에 이른 거죠. 결혼이나 출산 같은 인생의 큰 이벤트는 제게 아득히 먼 미래로만 보였고, 가능하다면 피하고 싶었습니다.

그러던 어느 날, 소개로 알게 된 지금의 남편에게 다섯 살짜리 딸이 있다는 말은 저에게 문제가 되지 않았습니다. 저는 오히려 이상한 안도감을 느꼈습니다. 스스로도 의아했지만, '아, 이 사람이랑 결혼해도 내가 굳이 출산하지 않아도 되겠구나.' 하는 생각이 들었어요. 게다가 남편의 딸아이, 그러니까 제겐 아직 남의 아이나 다름없던 아이가 저를 향해 '엄마'라고 부르며 다가오는데, 그 순간 마음이 불현듯 말랑해지면서 보호 본능이 일어났습니다. '이 아이가 이 집에서 외롭게 지내지 않도록 내가 잘 키워주고 싶다.'라는 결심이 머릿속을 스쳤죠.

저는 대학 시절 산부인과에서 일하면서 인간 생리에 대한 지식을 어느 정도 쌓았고, 간호학을 전공했기에 육아에도 나름 도움이 될 거라 생각했습니다. 물론 '의료 지식'과 '실전 육아'는 전혀 다른 문제지만, 그때의 저는 어리숙하게도 '내가 간호사니까 아이 한 명쯤은 잘 키울 수 있다.'라는 자신감이 있었습니다. 그렇게 결혼을 결심했고, 다섯 살 딸이 있는 가정에 합류하게 되었습니다.

하지만 아이를 낳고 키우는 데 대한 근본적 두려움은 여전히 제 안에 잠재되어 있었습니다. 처음에는 의식적으로 그걸 외면했지만, 시간이 흐르면서 오히려 '이 아이가 나를 엄마로 인정해 주는 것'이 기쁘고 벅찼습니다. 그래서 '아이를 낳아보는 것도 나쁘지 않을 것 같다.'라는 마음으로 바뀌게 되었죠. 결혼하고 얼마 지나지 않아 저는 임신을 하게 되었고, 둘째 아이를 기쁨으로 기다릴 수 있었습니다.

5살 딸아이와의 첫 만남

앞서 말했듯, 제가 '출산'에 대한 막연한 두려움을 다소나마 덮을 수 있었던 건, 남편의 딸이 제게 보여준 순수한 애정 덕분이었습니다. 다섯 살짜리 아이가 '엄마, 엄마!' 하면서 양팔을 벌리고 달려왔을 때, 저는 그 순수함에 가슴이 뭉클해졌습니다. '낯선 여자에게 이렇게 순수한 눈빛을 보낼 수 있나?'라는 의문과 함께, '나 같은 사람도 누군가의 엄마가 될 수 있다.'는 긍정적인 감정이 솟아올랐어요.

사실, 아이가 아버지와만 생활하는 모습이 안쓰럽기도 했습니다. 제가 없었다면, 이 아이가 언제까지나 '엄마'의 빈자리를 느끼면서 자라야 했을 테니까요. 한편으로 저는 '내가 잘해주면, 이 아이가 나를 진짜 엄마로 받아들이겠지?'라는 작은 욕심을 품기도 했습니다.

출산 후 몸과 마음의 상실

시간이 흘러 저와 남편 사이에 새 생명이 찾아왔고, 무사히 출산을 맞이했습니다. 아르바이트 때 보았던 무시무시한 장면들을 떠올리며 잔뜩 겁먹고 있던 제게, 주변 사람들은 "의료 지식도 있고, 벌써 아이

한 명을 키워본 경험이 있으니 괜찮을 거다."라고 위로했죠. 하지만 실제로 진통과 출산을 겪는 것은 전혀 다른 문제였습니다.

고통 끝에 둘째 아이가 태어났고, 잠시나마 안도와 행복에 휩싸였습니다. '드디어 끝났다, 이제 무사히 아기를 안을 수 있겠지.'라고 생각했지만, 그게 시작에 불과했습니다. 출산 후 병실에 누워있을 때, 제 몸이 이상하다는 사실을 직감했습니다. 간호사로서 정상적인 산후 회복 과정에서 어떤 반응이 일어나는지 잘 알고 있었는데, 제 몸은 전혀 다르게 반응하고 있었던 겁니다. 호흡이 점점 가빠지고, 심장이 미친 듯이 뛰는 느낌이 들면서 복부에 있어야 할 통증은 전혀 느끼지 못하고 있었습니다.

"뭔가 잘못됐어. 빨리 의사 선생님 좀 불러줘."

저는 어머니에게 간신히 이 말을 건넸고, 다시 수술실로 이동하는 도중에 정신이 아득해져 버렸습니다. 깨어나 보니 다시 병실이었지만, 배에는 아직도 뭔가 둔탁한 통증이 남아 있었고, 제 몸은 마음대로 움직이지 않았습니다. 그제야 저는 수술실에서 어떤 일이 벌어졌는지 듣게 되었죠.

자궁 근무력증으로 인해 자궁이 제대로 수축되지 않았고, 대량 출혈로 쇼크가 온 상황이었습니다. 의사들은 제 생명을 지키기 위해 결국 자궁을 적출할 수밖에 없었다고 설명했습니다. 말로만 듣던 '자궁 적출', 더는 아이를 낳을 수 없다는 사실이 믿어지지 않았습니다. 순식간에 벌어진 일이었고, 제게는 선택의 여지가 없었지만, 극심한 상실감과 무력감이 밀려왔습니다. 나를 위로하기 위해 남편은 "아이는 둘이면 되지. 괜찮아."하고 말했지만, 저는 '이제 더 이상 엄마로서의 가치가 없는 것 아닌가? 제 존재가 부정당한 기분이다.'라는 생각을 떨칠 수 없었습니다. 그리고 주변에 임신한 산모를 볼 때마다 나의 상실감을 더 커졌습니다.

시간이 흐르면서 몸은 조금씩 회복되었지만, 제 마음은 점점 우울의 늪에 빠져들었습니다. 괜히 눈물이 쏟아지고, 사소한 일에 화를 냈다가 한없이 무기력해지는 상황이 반복됐습니다. '이대로 살면 안 되겠다.'라는 위기감이 들 정도였습니다. 저는 그 즈음부터 조금씩 외부 활동을 늘리고, 제 스스로 마음을 붙잡기 위해 노력했습니다. 그렇게 육아와 일, 가정 사이에서 균형을 잡으려 애쓰며 애써 외면했던 건, 사실 스스로에 대한 분노와 상실이었습니다.

사춘기 딸과 충돌

아이와 함께 지내면서도 내 마음속 두려움은 한편으로 남아 있었습니다. 그리고 그 시간이 쌓이는 동안, 다섯 살이던 아이는 점차 자라 중학생이 되었습니다. 초등학교 때까지만 해도 비교적 저와 잘 지냈고, 학교생활도 의욕적으로 했습니다. "엄마, 나 이런 것 해볼래!" 하고 밝게 웃으며 도전하는 모습을 보는 게 제 큰 즐거움이었죠.

하지만 중학생이 되고 사춘기에 들어서자, 아이는 점점 방 안에 틀어박히고 무기력해졌습니다. 예전에는 "엄마, 같이 가자!"라며 여기저기 따라다니던 아이가, 이제는 "귀찮아. 뭐든 하기 싫어."라는 말만 반복했습니다. 아침에도 일어나기 싫어하고, 등교조차 거부하기 일쑤였죠.

처음엔 그냥 사춘기라 그렇겠지, 내성적인 성향이 발현된 거겠지,

하고 대수롭지 않게 생각했습니다. 하지만 점점 상황이 심각해졌습니다. 핸드폰을 너무 오래 하는 것 같아 압수해도, 어느 틈에 공기계나 친구들에게 받은 중고폰을 사용하고 있었습니다. 아이가 이불을 뒤집어쓰고 몰래 휴대폰 화면을 들여다보는 모습을 발견했을 땐, 저도 화가 머리끝까지 치밀어 올라 아이에게 고함을 질렀습니다.

"너 대체 왜 이러는 거야! 이렇게 살면 나중에 뭐가 된다고 생각하니?"라는 말을 던졌을 때, 딸의 눈에서 반짝이던 생기가 사라지는 게 느껴졌습니다. 제 말이 곧 독이 되어 아이의 의욕을 더욱 꺾어버리고 있다는 사실을 알면서도, 저는 멈추지 못했습니다. "다 너 잘되라고 하는 말이야!"라는 저의 자기합리화 속에, 아이는 점점 더 방 안에 숨어버렸습니다.

'나는 간호사이고, 아이들도 키웠고, 너보다 잘 아는 게 많으니 내 말 듣는 게 맞다.'라는 교만이 깊숙이 자리 잡고 있었다는 걸 저는 코칭을 배우기 전까지 깨닫지 못했습니다. 속으로는 '계모인 내가 너무 관대하면, 혹시 주변에서 이 아이를 방치한다고 비난하지 않을까? 우리 관계를 색안경 끼고 보면 어떡하지?'라는 두려움도 있었습니다. 그래서 더 강하게 잡아끌어야 한다고 생각했습니다. 하지만 그럴수록 아이와의 사이는 더 멀어져만 갔죠. 저는 '도대체 뭐가 문제일까? 이 아이가 왜 이러는 걸까?'라는 질문을 하면서도, 정작 제 자신의 태도가 얼마나 독선적인지는 돌아보지 못했습니다.

코칭을 통한 깨달음 – 내면의 욕망 마주하기

모든 게 막막해지는 순간, 저는 우연히 '코칭'이라는 세계를 접하게 되었습니다. 처음에는 '아이를 더 효율적으로 훈육하는 방법'을 배우고 싶은 마음에서였죠. 그런데 첫날, 코치님이 던진 한마디가 저를 정신적으로 뒤흔들었습니다.

"여러분의 신념과 가치관이 아이와의 관계에 어떤 영향을 미치고 있는지 아시나요?"

그 질문을 듣는 순간, 제 머릿속은 텅 빈 것 같았습니다. 나는 아이를 위해 이토록 애쓰고 있다고 자부해왔지만, 혹시 그 속에 다른 욕망이 숨어 있었던 건 아닐까? 저를 더욱 혼란스럽게 만든 건, '사람들이 나를 보고 계모라고 손가락질할까 봐 두려워서 더 완벽해지려 했던 거 아닐까?' 하는 생각이었습니다. 그리고 아이가 무기력해지는 모습을 볼 때마다, '내가 못난 엄마로 보이면 어쩌지?'라는 불안감이 증폭되어, 더 집착하게 되고, 더 화를 내고, 더 강요하게 되었던 거죠.

코치님은 "여러분이 진정으로 원하는 게 뭔지, 그리고 그게 아이의 행복과 어떻게 연결되는지를 스스로에게 끊임없이 물어보세요"라고 제안하셨습니다. 처음에는 그 말이 가슴에 잘 와닿지 않았습니다. '나는 아이가 어느 누구보다 더 잘되길 바라. 그게 다가 아닌가?' 하고 생각했으니까요. 하지만 조금씩 제 속마음을 들여다보니, 사실은 아이가 뛰어난 성과를 내서 주변에게 인정받길 바랐고, 그것이 곧 '나'의 능력으로 치환되기를 원했다는 걸 깨닫게 되었습니다.

계모로서의 열등감, 그리고 '딸 잘 키웠다.'라는 칭찬이 듣고 싶은 욕망이 한데 뒤엉켜, 제가 아이에게 쏟는 사랑조차 왜곡시키고 있었습니다.자궁 적출 뒤,내겐 이 아이가 전부이고, 나를 증명하려는 마음에 큰딸에게 과도하게 집착했는지 모릅니다. 결국 아이는 제 욕심을 채워주기 위한 도구처럼 느낄 수밖에 없었겠죠. 딸의 마음이 닫혀가는 걸 보면서도, 저는 제가 옳다고만 생각했고, 아이를 더 세게 휘어잡으려 했습니다.

그 진실을 마주했을 때, 가슴이 찢어지듯 아팠습니다. 내가 '엄마'라는 이름으로 아이를 보호해온 게 아니라, 사실상 내 체면을 보호하고 싶었던 거였다는 깨달음에 한없이 부끄러워졌습니다.

새로운 시도와 작은 성공- 아이에게 선택과 책임 부여

코칭을 본격적으로 배우면서, 저는 실질적인 변화를 만들어보고자 결심했습니다. 코치님이 가장 강조하신 건 '믿고 기다리는 것'과 '질문'이었습니다. 아이가 스스로 생각하고, 스스로 결정하고, 그 결과를 받아들이는 경험을 해야 성장한다는 말이었죠.

코치님이 강소하신 핵심은
1. 질문을 한다.
2. 선택과 책임을 아이에게 맡긴다.
3. 믿고 기다린다.

마침 딸아이가 고등학교 진학을 앞둔 시기였습니다. 저는 예전 같았으면 '네 성적이면 이 학교가 유리해. 여기 가야 네가 나중에 편해.'라며 강요했을 겁니다. 하지만 이번엔 달랐습니다. 딸이 원하는 길을 물어봤습니다. "내가 다 알아봐 줄게."라고 말하기보다 "네가 알아보고, 고민해보고, 결정해 봐. 그리고 왜 그런 결정을 했는지 설명해줄래?"라고 권했어요.

물론 딸이 학교를 선택하고 나서도, '이 학교가 나랑 맞지 않는 것 같다.'라며 전학을 고려했을 때 저는 마음속으로 불안이 몰려왔습니다. '괜히 전학 갔다가 더 힘들어지면 어떡하지?'라는 걱정, 그리고 '저 아이가 또다시 무기력해질까 봐 두렵다.'라는 마음. 하지만 이번에는 딸에게 "그럼 네가 전학 절차를 알아봐. 필요한 서류나 절차가 뭔지 스스로 조사해 보고, 전학이 정말 너에게 최선인지 생각해보자."라고 했습니다.

결과적으로, 딸은 원래 학교에 남겠다고 결정했습니다. 이때 저는 마음속으로 '내가 이렇게까지 간섭 안 해도, 이 아이가 스스로 판단해서 미래를 선택할 수 있구나.'라는 사실을 깨달으며 작은 희열을 느꼈습니다.

가끔은 딸이 제 기대에 부합하지 않는 선택을 해도, 강제로 끌어당기는 대신 '알겠어. 그럼 어떻게 하면 좋을지 우리 같이 고민해볼까?'라고 묻는 방식으로 태도를 바꿨습니다. 물론 중간중간에 제가 습관적으로 조언을 해버리고, 다시 잔소리를 늘어놓는 날도 있었습니다. 하지만 그럴 때마다 코치님이 가르쳐주신 대로 '지금 이 말이 아이를 진짜 돕는 말인가, 아니면 나를 안심시키기 위한 말인가?'를 스스로에게 물어보려 애썼습니다. 그리고 먼저 아이에게 질문합니다

"그래, 네가 하고 싶은 게 뭔지 알고 싶은데 말해 줄 수 있을까?"라고 질문하는 방식으로 바꾸어갔습니다. 아이가 어떤 선택을 해도 일단 존중해주고, 스스로 책임지게 기다려주니 관계가 조금씩 회복되더군요. 하지만 그 과정에서 제가 가장 먼저 해야 했던 건, 바로 '제 자신'을

돌아보는 일이었습니다.

아이와 함께 다시 태어나다

무작정 시도한 호주여행에 아이는 함께 하겠다고 했고, 이후부터 딸의 태도도 눈에 띄게 달라졌습니다. 방 안에서 나오지 않던 아이가 조금씩 외부활동을 시도해 보고, 자기 관심사를 찾아가는 모습을 보이기 시작한 겁니다.

가장 놀라운 것은, 어느 날 딸이 "엄마, 나 해외에서 일해보고 싶어."라고 말하며 한 시간 넘게 제게 자신의 목표와 걱정을 털어놓았던 순간입니다. 예전 같으면 "그게 쉬운 줄 알아?"라며 막았을 텐데, 저는 코칭에서 배운 대로 딸의 말을 경청했습니다. 그리고 "그래, 혹시 구체적으로 어떻게 준비해볼 수 있을까?"라는 질문만 던졌죠. 그랬더니 아이는 이미 여러 가지 정보를 찾았고, 자신이 어떻게 해야 하는지 대강의 계획을 갖고 있더군요.

그날 밤, 저는 홀로 서재에서 눈물을 흘렸습니다. '이 아이가 이만큼 의욕적인 사람이었다니, 그동안 내가 얼마나 많이 내 방식대로만 끌고 갔던 걸까.'라는 후회와 함께, '그래도 지금이라도 달라져서 다행이다.'라는 안도감이 교차했습니다. 만약 제가 코칭을 만나지 못했다면, 아마 이 예쁘고 열정적인 아이는 계속 자신을 틀어박고, 나중엔 더 심각한 무기력 상태에 빠졌을지도 모릅니다.

"엄마, 미국에 보내주고 중국에서도 공부할 수 있게 해주었는데, 나는 돈 많이 드는 딸이다 그치?, 내가 나중에 효도할게."

딸이 어느 날 조심스레 꺼낸 이 말에 저는 마음이 벅차올랐습니다.

'내가 그렇게 많이 잘못했는데도, 아이는 여전히 나를 사랑으로 대하고 있구나.' 하는 미안함과 감사함 때문에 눈물이 왈칵 쏟아졌습니다. 이제야 저는 비로소 아이를 나와 별개의 '독립된 존재'로 대할 수 있게 된 것 같습니다.

진정한 '아이를 잘 키운다'는 것

저는 이제, '아이를 잘 키운다.'는 게 단순히 학업 성적이나 좋은 직장에 들어가는 것을 의미하지 않는다는 사실을 확신합니다. 아이가 어릴 때는 부모가 보호자이자 양육자로서 안전한 환경과 정서적 지지를 제공해야 합니다. 그리고 아이가 자랄수록 스스로 선택하고 실패해볼 기회를 주어야 해요. 실패 속에서 배우고, 책임지는 과정을 경험하도록 돕는 것이 진정한 교육이자 성장의 길이니까요.

무엇보다, 아이가 새로운 도전을 하고, 때론 무너져도 스스로 다시 일어설 수 있도록, 과도한 간섭보다는 '안전한 지지 기반'을 만들어주는 게 부모의 역할이라고 믿습니다. 질문하고, 귀 기울여 듣고, 조언을 할 때도 '나를 위해서가 아니라 아이를 위한 것인가?'를 먼저 고민해야 합니다.

저는 자궁 적출이라는 큰 위기를 겪으면서도, 결국 둘째 아이까지 맞이할 수 있었습니다. 그 경험을 통해 몸과 마음에 큰 상처가 생겼지만, 오히려 그것이 계기가 되어 '아이를 키우는' 것의 진짜 의미를 마주할 수 있었습니다. 처음에 계모로서 느꼈던 열등감과 주변의 시선을 두려워하던 마음까지도 이제는 솔직히 인정합니다. 그 모든 복잡한 감정이 제 성장의 원동력이 되었고, 코칭을 통해 제 자신을 돌아보며 결국 아이와 함께 더 나은 내일을 향해 나아갈 수 있었습니다.

오늘도 저는 아이들에게 묻습니다.

"넌 어떻게 생각해? 지금 이 상황에서 네가 진짜 원하는 건 뭔데?"

그러면 아이들은 처음엔 머뭇거리다가도, 점차 진짜 자신의 생각을 말하기 시작합니다. '대단한 답'을 찾지 못해도 괜찮습니다. 중요한 건 그 과정을 통해 '스스로 생각한다.'라는 점이니까요. 그렇게 한 걸음씩 걸어 나가다 보면, 언젠가 아이들은 어떤 시련에도 무너지지 않는 강인함을 갖게 되고, 부모인 저 역시 한층 더 성숙한 사람이 되리라고 믿습니다.

마지막으로 이 글을 읽고 계신 독자분들께 질문을 던지고 싶습니다. 혹시 여러분도 '아이'를 통해 자신의 욕망을 이루려 하거나, 타인의 시선을 과하게 의식하며 아이를 몰아붙이고 있지는 않나요? 저 역시 그랬기에 누구보다 잘 압니다. 하지만 코칭을 통해 깨달은 사실은, 우리가 아이를 진정으로 생각한다면, '명령과 통제'가 아니라 '질문과 기다림'이 필요하다는 것이있습니다. 그리고 그 과징을 통해 비로소 우리 모두가 자유롭고 행복해질 수 있다는 사실도 함께 말이죠.

부디 이 이야기가, 누군가에게는 작은 용기가 되길 바랍니다. 더 늦기 전에 아이의 이야기에 귀를 기울이고, 질문을 던지며, 아이와 함께 성장하는 기쁨을 경험하시길 진심으로 응원합니다.

독자를 위한 코칭질문과 실행 팁

제 스스로에게 던졌던 몇 가지 질문을 소개합니다. 생각보다 답하기가 쉽지 않았지만, 한 번씩 곱씹을 때마다 제 행동과 말투가 조금씩 달라지기 시작했죠. 혹시 여러분도 다음 질문들을 스스로에게 던져보면 어떨까요?

1. 아이의 성적이나 사회적 성공이 '내 체면을 세우는 일'로 연결되진 않았는지, 내가 원하는 모습과 아이가 원하는 모습이 어떻게 다른지 점검해보면 어떨까요?

2. 내가 아이를 대할 때 사용하는 말과 행동들이, 실제로 아이에게 어떤 영향을 미치고 있는지 생각해본 적이 있나요?

3. 아이의 '실패'나 '실수'를 바라보는 내 시선은 어떤가요? 그 과정에서 아이가 배우도록 공간을 열어주고 있나요, 아니면 그 기회를 미리 차단하고 있나요?

4. '내 말이 맞다.'라는 확신이 강할 때, 혹시 아이가 내 진심을 곡해하거나 마음을 닫을 수 있다는 점을 염두에 두고 있나요?

5. 아이에게 스스로 책임지고 선택하게 하는 경험을 얼마나 주고 있나요? '아직 어려서……'라는 이유로 기회를 빼앗고 있는 건 아닌지요?

6. '질문과 기다림' 대신, 무의식적으로 '지시와 통제'를 자주 쓰고 있지 않나요? 만약 그렇다면, 어떤 작은 변화부터 시작할 수 있을까요?

7. 아이와의 소통에서 서로가 '독립된 존재'임을 인정하고 있나요? 그렇다면, 최근 아이와 대화할 때 얼마나 아이의 의견을 존중하고, 또 얼마나 경청했는지 떠올려볼 수 있을까요?

이 질문들에 선뜻 답하기 어렵더라도 괜찮습니다. 중요한 건 끊임없이 물어보고, 그때마다 조금씩 더 솔직해지는 자신을 마주하는 일이니까요. 아이를 사랑한다고 믿으면서도, 어쩌면 그 아이에게 '나의 기대'라는 짐을 지우고 있었는지 모릅니다. 그 사실을 깨닫는 순간부터, 비로소 아이와 진정으로 함께 걸을 수 있다는 걸 저는 코칭을 통해 배웠습니다.

2_작은 키, 커다란 레시피: 코치 엄마가 열어준 꿈의 문

권경희 코치

작은 아이, 커다란 걱정과 도전

나는 믿기지 않을 만큼 작은 아이를 품에 안았다. 태어난 지 몇 분 밖에 안 되었는데도, 숨이 가쁘게 차오르는 모습이 선명했다. 정확히 1.9kg. 너무나 미약하고 연약해 보이는 그 아기가 내게로 왔을 때, 희망과 죄책감이 동시에 몰려왔다. '과연 잘 키울 수 있을까?'라는 불안이 머리를 스쳤지만, 동시에 '이 아이만큼은 절대 포기하지 않겠다.'라는 다짐이 마음속에 새겨졌다.

딸을 임신했던 때는 내 인생에서 가장 바쁘고 고단한 시기였다. 난 초등학교 교사로, 그해에 6학년 담임을 맡아 정신없이 하루하루를 보내고 있었다. 이미 세 살배기 아들을 돌보느라 기진맥진한 상태였고, 상황이 여의치 않아 아들을 맡아줄 누군가도 찾기 어려웠다. 몸도 마음도 피곤했던 그때, 나는 딸을 임신한 사실을 알게 되었고 기쁨과 두려움이 교차했다.

하지만 환경은 호락호락하지 않았다. 제대로 된 휴식은커녕 끼니조차 제대로 챙겨 먹지 못할 만큼 바빴다. 그 탓인지 딸을 저체중아로

낳았다. 불안과 죄책감은 내가 딸을 처음 품에 안던 순간부터 나와 떼려야 뗄 수 없는 감정이 되었다. 딸은 자라면서 잦은 병치레로 힘들어했고, 키도 또래보다 훨씬 작았다. '내가 충분히 돌보지 못해서 이렇게 된 건 아닐까.'라는 생각에 밤잠을 설치는 날들이 이어졌다.

끝내 딸은 6년 동안 성장 치료를 받았지만, 중학교 2학년 때 생리가 시작된 후로 키가 148cm에서 멈춰 버렸다. 딸은 딸대로 위축되어 보였고, 나는 그런 딸을 지켜보면서 내내 속이 까맣게 타들어 갔다. 초등학교 교사로 일하면서도, 이 아이를 위한 좀 더 나은 환경과 미래를 만들어줘야 한다는 책임감이 커져만 갔다.

딸이 고등학교에 진학했을 때, 나는 딸의 꿈과 진로에 대해 이야기를 나누고 싶었다. 딸은 역사와 스포츠, 그리고 요리에 관심이 많았다. 언젠가 영국으로 유학을 가서 스포츠 경영을 전공하고 싶다고 했다. 말은 안 했지만, 나는 속으로 딸의 작은 키에 대한 사회적 편견이 떠올라 살짝 겁이 났다.

'낯선 나라에서 덩치 큰 사람들 틈바구니에서 버텨낼 수 있을까?' 하는 걱정이 앞섰다. 결국 나는 조심스레 초등교사가 되는 길을 권유했다.

"엄마가 직접 일을 해보니, 초등교사는 안정적이고 보람도 있는 직업이야. 아이들 앞에서 배울 수 있는 것도 많고……."

이런 식으로 나는 초등교사의 장점을 전했다. 딸은 내 이야기에 공감했고, 그 길이 나쁘지 않다고 생각했던 듯하다.

결국 딸은 교대를 지원해 합격했고, 그곳에서 공부하는 삶을 받아들였다. 당시에 초등교사가 사회적으로 큰 어려움을 겪는 이슈도 없었으니, 내 권유와 딸의 호기심이 맞아떨어진 결과였다.

새로운 세상, 새로운 가능성

2017년 3월, 남편이 미국 지사로 발령을 받았다. 가족이 함께 가자는 남편의 제안에 나는 고민 끝에 '이것도 딸에게 좋은 경험이 될 것'이라는 생각이 들었다. 딸은 학교를 휴학하고 미국 대학의 어학 과정에 등록해 영어를 제대로 배워보겠다고 결심했다.

미국에서의 삶은 예상보다 더 다채로웠다. 무엇보다 37년 만에 만나게 된 중학교 동창과의 재회였다. 그 친구는 17살 때 가족과 함께 이민을 와 현재는 바닷가 레스토랑을 운영하고 있다. 딸은 그 레스토랑에서 아르바이트를 하며 실전 영어를 배웠고, 다양한 사람들을 만나며 새로운 문화를 체험했다. 새로운 음식, 새로운 도시, 새로운 사람들, 이 모든 것을 직접 경험하면서 딸은 '요리에 대한 흥미'를 더욱 키워 나갔다.

그리고 한국으로 돌아올 때쯤, 딸은 내게 말했다.

"엄마, 다른 나라에서 새로운 맛을 찾아내는 일이 정말 즐거웠어. 내 안의 꿈을 다시 찾아야겠어."

그 문장이 내 마음속에 깊게 박혔다. 하지만 딸은 복학을 앞둔 상황이었다. 임용고시를 준비해야 했고, 내년에는 졸업을 하게 될 터였다. 딸은 아직 결정하지 못한 채 요리 유튜브 채널을 열어 시간을 보내곤 했다.

교대 졸업을 목전에 둔 딸은 '임용고시'라는 시험대와 마주하게 되었다. 주변에서는 '교대까지 나왔으니 교사가 되겠지.' 하고 당연하게 생각했다. 나 역시도 딸이 임용고시를 준비하리라 여겼다.

하지만 딸이 어느 날 조심스럽게 내 방으로 찾아왔다.

"엄마, 나 임용고시 준비를 그만둘까 해요. 정말 좋아하는 건 요리인 것 같아요."

그 순간 나는 말없이 딸의 눈을 들여다보았다. 떨리는 목소리, 머뭇거리는 표정, 그러나 그 안에 담긴 간절함이 느껴졌다.

"정말 좋아하는 일이 뭔지, 엄마에게 한번 이야기해 볼래?"

내가 조심스럽게 물었다. 딸은 고민 끝에 "유학 가서 요리를 더 배워보고 싶어요. 학교에서 가르치는 것도 좋지만, 제게는 요리가 더 잘 맞는 것 같아요."라고 답했다.

"그럼, 우리 한번 대화를 해보자. 엄마가 아니라, 코치로서."

딸은 어색한 듯 웃었지만 이내 진지한 표정이 되었다.

"첫 번째 질문은 이거야. 정말로 요리를 하고 싶은 이유는 뭐니?"

딸은 잠시 눈을 감더니, 해외에서 레스토랑을 경험하며 설레었던 기억을 털어놓았다.

"다른 사람에게 맛있는 음식을 만들어주고, 그 웃는 얼굴을 보는 게 너무 좋아요. 일하면서 스트레스를 받을 때도 있었지만, 음식 하나에 집중하면 잡생각이 사라지더라고요."

"그렇구나. 알겠어. 그럼 너의 진로를 변경하기 위해서 어떤 준비가 필요할까?"

딸은 고개를 갸웃하며 "학비가 문제죠. 그리고 아빠가 반대하면 어떡해요?"라고 답했다. 나는 고개를 끄덕이며 이어갔다.

"그건 우리 다음 코칭 주제로 삼자. 중요한 건 네가 지금 확실한 동기 부여를 갖고 있느냐야. 그래야 어려운 일에도 지치지 않고 버틸 수 있거든. 만약 요리를 향한 열정이 분명하다면, 모든 과정을 하나하나 구체적으로 설계하면 돼."

이렇게 우리는 '딸이 원하는 삶은 무엇인지'부터 시작해서, '그걸 이루려면 어떤 단계를 밟아야 하는지', '현재 딸이 가진 재능과 자원이 뭔지' 등을 코칭 대화로 풀어나갔다. 내가 질문을 던지면 딸이 대답하고, 그 대답에서 다시 구체적인 실행 계획을 뽑아내는 식이었다. 딸의 얼굴에는 점차 확신이 생겨났다.

꿈을 향한 결정과 도전

딸에게 남은 최대 과제는 아빠의 허락을 받는 일이었다. 아빠는 줄곧 "교사가 되는 길이 제일 안정적인데, 왜 굳이 다른 길을 가려고 하니?"라며 탐탁지 않아 했다. 이에 딸은 진심을 전하기 위해 무려 A4용지 4장에 걸쳐 진로계획서를 작성했다.

그 문서에는 요리사가 되고 싶은 이유, 요리에 대한 열정, 앞으로의 목표, 그리고 호주 유학에 필요한 경비와 조달 방법까지 구체적으로 서술되어 있었다. 딸은 그것을 남편에게 건네주며 정식으로 면담을 신청했다. 하지만 아빠는 그 글을 다 읽고도 한 번에 고개를 끄덕이지 않았다.

당연히 딸은 크게 실망했다. 아빠라는 존재가 무섭고 멀게 느껴지기도 했을 것이다. 딸이 눈물을 글썽이며 내게 왔을 때, 나는 다시 코치의 자세를 취했다.

"아빠가 반대하는 진짜 이유는 뭘까? 혹시 네가 요리를 하다 실패할까 봐, 혹은 힘든 길을 가길 원치 않아서 그런 건 아닐까?"

딸은 그런 질문을 통해 아빠의 속내를 헤아리기 시작했다.

"음…… 맞아요. 아빠가 '너 힘들어서 못 견디면 어쩌려고 그러니?' 하고 물어봤어요."

나는 딸의 손을 살짝 잡으며 말했다.

"그럼 네가 어떻게 답할 수 있을까? 정말 힘들 땐, 어떤 방법으로 극복할 건지 구체적으로 설명해보면 어때?"

딸은 수첩을 펼쳐놓고 자기만의 플랜 B를 세우기 시작했다.

"예를 들어, 호주에서는 파트타임 일자리도 다양하니까…… 아르바이트를 병행하면서 유학 비용을 줄일 수도 있고요……."

그렇게 딸은 다시 한번 계획을 다듬어 아빠에게 보여주었다. 그리고 나는 남편에게 솔직히 털어놓았다.

"우리 딸, 정말 요리에 재능이 있어요. 미국에 있을 때도 열심히 일했잖아요. 실패할 수도 있겠지요. 하지만 늘 안정적인 길만 걷는 게 답은 아니라고 생각해요. 지켜보면서 도와주면 안 될까요?"

남편은 한동안 고집스러운 표정을 지었지만, 결국에는 긴 대화 끝에 고개를 끄덕였다.

유학 비자를 받는 것은 쉽지 않았다. 그래서 딸은 우선 워킹홀리데이 비자로 호주에 가기로 했다. 평소 영어 실력도 괜찮았고, 해외생활에도 익숙해졌기에 도전 의식이 넘쳤다. 지난 해 9월, 딸은 호주행 비행기에 올랐다.

호주에 도착한 지 일주일 만에 딸은 기적처럼 시드니 힐튼호텔 레스토랑에 취직했다. 면접관은 딸이 미국에서 레스토랑 아르바이트를 했던 경험과, 유학 때 영어를 갈고닦은 점을 좋게 평가했다. 딸은 지금 그곳에서 활기차게 일하며, "내가 정말 좋아하는 일을 매일 하고 있다."라는 말로 행복을 표현한다.

이제 딸은 곧 요리학교에도 등록할 예정이다. 학교 수업과 호텔 근무를 병행하며, 전문적인 요리사로 성장하겠다는 포부를 드러냈다. 나는 딸이 눈부시게 성장하고 있는 모습을 보면서, 드디어 '내 딸이 원하는 길을 제대로 찾았구나.' 하고 안도했다.

서로의 꿈을 품고 함께 걷는 길

나는 내년 2월, 호주로 떠날 예정이다. 딸을 직접 만나고, 딸이 일하고 공부하는 현장을 보고 싶다. 지금 우리가 가진 관계는 단순히 부모와 자식으로서의 의무감이 아니다. 서로의 '꿈'을 존중하고 응원하는 정신적 동반자의 유대감이다.

딸은 내게 종종 말한다.

"엄마, 정말 고마워요. 엄마가 나에게 코칭 내화를 해주지 않았다면, 아마 진작 포기해버렸을 거예요. 잔소리가 아니라 진짜 내 안의 가능성을 믿어주니까, 무언가를 시도할 용기가 생겼어요."

나는 여전히 엄마이지만, 동시에 딸의 코치이기도 하다. 남은 과제는 '함께 맛있는 음식을 찾아 세계를 여행하는 꿈'을 실현하는 것이다. 5년 후, 딸이 제법 단단한 요리사로 자리 잡게 된다면, 우리 모녀는 손을 맞잡고 새로운 레스토랑들을 탐방하며 각국의 식문화를 경험할 것이다. 생각만 해도 즐겁고 설렌다.

내가 그토록 불안해하고 죄책감을 느꼈던 날들은, 돌아보면 결국 지금의 결정을 위한 원동력이 되었다. 힘든 환경에도 딸과 내가 함께 고민하고 성장하며 쌓아온 시간은 결코 헛되지 않았다. 우리는 서로에게 '필요한 질문을 던져주는' 든든한 파트너이자 '최고의 응원자'로서, 앞으로도 함께 도전하고 함께 웃을 것이다.

    그 날을 꿈꾸며, 오늘도 나는 조용히 외친다.

"화이팅!"

독자를 위한 코칭질문과 실행 팁

1. **내가 정말 원하는 일은 무엇이며, 왜 그것을 원한다고 생각하나요?**
   원하는 일을 구체적으로 정의하고, 그것이 나의 가치관과 어떤 연결이 있는지 탐색해 보세요.

2. **나만의 '진로계획서'를 쓴다면, 어떤 내용이 들어가야 할까요?**
   장기 및 단기 목표를 설정하고, 구체적인 실행 계획과 필요한 자원을 정리하세요.

3. **이 목표를 이루었을 때 내 삶에 가져올 변화와 가치는 무엇인가요?**
   목표 달성 후 예상되는 긍정적인 변화를 시각화하고, 이를 통해 삶의 의미를 재확인하세요.

4. **목표를 향해 나아가는 과정에서, 언제 어떤 방식으로 스스로를 칭찬하고 격려해줄 것인가요?**
   작은 성취에도 보상을 설정하고, 자신을 격려하는 방식을 구체적으로 정하세요.

5. **현재의 나를 가장 크게 가로막는 '심리적 장벽'은 무엇이며, 구체적으로 어떻게 극복할 수 있을까요?**
   자신의 내면을 성찰하며 장애 요인을 분석하고, 실천 가능한 해결책을 모색하세요.

3_갈등 위에 피어난 가족의 화목, 코칭이 불어넣은 회복의 기적

권경희 코치

아버지의 부재 속에서 자란 꿈

아버지가 돌아가시던 날, 아홉 살이었던 나는 장례식장이 무서워 마루 뒤에 숨어 울고 있었다. 그 당시에 마을에서는 집에서 장례를 치르던 때라, 안방 병풍 뒤에 누워 계신 아버지 곁으로 다가갈 엄두가 나지 않았다. 그저 두려움뿐이었다. 아버지의 죽음이 내게 준 충격은 생각보다 훨씬 컸다. 이전까지 나는 동네 남자아이들과 자치기, 구슬치기, 딱지치기를 하며 장난스러운 웃음이 끊이지 않는 개구쟁이였는데, 아버지를 잃고 난 뒤 나는 순식간에 조용한 아이가 되었다. 가슴속으로 깊이 파고드는 '철듦'이라는 단어가 어떤 느낌인지를 너무 일찍 배워버렸다.

어머니 역시 생활 능력이 그다지 뛰어나지 않아, 가정의 생계를 당시 25살이었던 오빠가 책임져야 했다. 형편은 늘 빠듯했고, 오빠에게 나를 포함해 여섯 명이나 되는 동생들의 학비를 감당하는 것은 쉬운 일이 아니었다. 하지만 오빠는 나에게 "공부만 열심히 해. 그러면 대학까지 보내줄게."라는 한마디를 거듭했다. 그 말은 어린 내 가슴에 깊이

박혀, '열심히 공부해서 어떻게든 선생님이 되어야겠다.'는 강한 동기부여가 됐다.

아버지의 빈자리를 이겨내기 위해 나는 공부에만 매달렸다. 선생님이 되려면 성적이 좋아야 한다고 확신했기 때문이다. 사실 머리가 뛰어난 편도 아니어서, 성실한 노력 외에는 별다른 방법이 없었다. 그래서 다른 친구들이 떡볶이를 먹으며 수다 떠는 시간에도 나는 책상에 앉아 문제집을 풀었다. 늘 마음 한 구석에는 '내가 태어난 환경을 내가 선택할 수는 없지만, 최선을 다해 노력해서 내가 원하는 가정, 행복한 가족을 반드시 만들겠다.'라는 다짐이 자리 잡고 있었다.

그렇게 학교를 졸업하고 원하는 교사의 꿈을 이뤘을 때, 나는 조금씩 '내가 꿈꾸던 삶'에 가까워진다고 생각했다. 하루 종일 학생들을 가르치고, 집으로 돌아와서는 고단했지만 마음속에 뿌듯함이 있었다. 특히 아버지 없이 성장해온 나로서는, 가정을 꾸려 따뜻한 남편과 함께 안정된 일상을 보내고 싶다는 바람이 누구보다도 컸다. 이제는 옛날처럼 외롭거나 불안히 살지 않고, 내 아이들에게는 든든한 아빠를 꼭 보여주고 싶었다.

그러나 내성적인 성격 탓인지 연애는 쉽지 않았다. 남자를 만나면 몸이 굳어 말이 잘 나오지 않았다. 주변에서 소개도 해주었지만 서로 마음이 맞는 사람을 좀처럼 만나지 못했다. 그러던 어느 날, '이번이 마지막이다.' 싶은 마음으로 선을 보러 나갔다가 운명처럼 만난 사람이 지금의 남편이다.

처음 만났을 때, 그는 국어 교사답게 차분한 말투에 따뜻한 인상을 풍겼다. 바로 이 사람이라면, 내가 꿈꿔온 '가족의 안정'과 '아이들에게 다정한 아버지'의 이미지를 충족시켜줄 수 있을 것 같았다. 바다 같은 사람이라는 느낌도 들었다. 만난 지 6개월 만에 결혼을 결정했을 정도로 우리는 서로에게 확신이 컸다. 결혼식장에서 나는 누구보다 행복한 신부였고, 오랫동안 꿈꿔온 안정된 가정이 곧 내 것이 될 거라는 설렘에 가슴이 벅차올랐다.

하지만 결혼이라는 현실은 생각만큼 달콤하지 않았다. 내 남편은 '국어 교사'라는 점을 생각하면 늘 문학적이고 낭만적인 사람이리라 기대했는데, 실제로는 아주 현실적인 사람이었다. 월급 관리부터 아이들 양육비, 생활비 하나하나를 따지는 데 늘 날카롭고 단호했다. 시간이 흐르면서 남편은 자기 일을 더 깊이 파고들어, 장학사와 교감, 교장을 거쳐 교육부에서 높아진 책임감과 바쁜 스케줄 속에 살게 되었다.

물론 나라의 교육을 위해 일한다는 남편이 자랑스러운 부분도 있었다. 하지만 그럴수록 집안에서 함께할 수 있는 시간은 턱없이 줄어들었다. 나 역시 교사로서 맞벌이를 하며 두 아이를 돌보아야 했기에 점점 체력이 바닥났고, 마음 한구석에서는 원망이 커졌다. '분명 이 사람과 결혼하면 평온하고 다정한 가정을 꾸릴 수 있을 줄 알았는데…….'라는 실망감이 파고들었다.

아들이 일곱 살, 딸이 다섯 살 때 남편이 장학사가 된 후로는, 가족이 저녁 식사를 함께 하는 날은 손에 꼽을 정도가 되었다. 딸 역시 작게 태어나서인지 남편은 너무 작고 여린 딸을 제대로 안아주지도 못했다. 딸은 어린 마음에, '아빠는 원래 이렇게 먼 사람인가 보다.'라고 받아들이게 되었다. 나는 딸의 외로움을 채워주려고 노력했지만, 사람 마음이라는 게 한쪽에서만 채워서 되는 일은 아니었다. 가족으로서 서로 어울려야 하는 시간이 너무 부족했다.

가족을 위했지만 멀어지는 관계

2017년, 남편에게 미국 LA 발령 소식이 날아들었다. 이 일을 계기로 '이제 우리 가족이 다시 뭉칠 수 있지 않을까?' 하는 희망이 피어올랐다. 해외로 함께 떠난다면, 바쁜 삶의 굴레에서 잠시 벗어나 온 가족이 여유롭게 지낼 수 있으리라 기대했다. 그래서 2018년 9월, 딸, 조카딸과 함께 미국으로 건너갔다. 나 역시 학교에 휴직계를 낸 뒤, 오롯이 휴식하며 가족을 돌보는 삶을 상상했다.

하지만 현실은 간단하지 않았다. 미국에서는 저녁 식사 후 가족끼리 함께 시간을 보내는 문화가 보편적이었지만, 우리 가족은 여전히 각자 휴대폰을 들여다보거나 TV 앞에 앉아 대화 없이 시간을 흘려보내곤 했다. 시동생의 딸, 그러니까 조카딸과 함께 살게 되었는데, 시동생은 딸바보라는 말이 딱 들어맞을 정도로 자상했다. 그 모습을 지켜보던 우리 딸은 마음 깊숙이 배신감 비슷한 감정을 느꼈다. '왜 우리 아빠는 나에게 저렇게 따뜻하지 않은 걸까?'라는 원망이 강해진 것이다.

갈등은 시간이 지날수록 커졌다. 남편은 딸이 물건을 사거나 여행을 가려는 일에 지나치게 간섭했다. 워낙 바쁘게만 살아왔던 터라, 미국에서는 오히려 '집안에서 벌어지는 모든 일에 간섭을 해야 한다.'라고 생각했는지 모른다. 딸이 무언가를 할 때마다 "왜 그걸 해?", "그건 낭비 아닌가?" 같은 식으로 잔소리를 퍼붓기 일쑤였다. 딸 입장에서는 아빠와 잘 지내고 싶은 마음보다 분노가 먼저 치밀어 올랐을 것이다.

남편은 딸에게 더 참견하고 간섭할수록 딸이 말을 안 듣는다 느끼자, 화를 크게 내며 몰아붙이곤 했다. "너 지금 뭐 하는 거야? 이런 걸 왜 또 사? 이 집에 가방이 없니?"라고 소리치기도 했다. 딸도 한 번 마음이 돌아서니 아빠와는 아예 눈도 마주치지 않으려 했다. 서로 간에 쌓인 감정이 폭탄처럼 부풀어 오르는 상황이었다.

결국 사건은 생각보다 빨리 터졌다. 딸이 친구와 함께 쿠바로 여행을 가기 위해 새 여행 가방을 샀는데, 남편이 가격이 비싸다며 화를 내더니 그 가방을 발로 걷어찼다. 순간 딸은 눈이 뒤집힌 듯 울부짖었다.

"왜 또 그러세요? 내 돈으로 산 건데, 왜 아빠 맘대로 발로 차세요!"

그 목소리는 분노와 서러움이 뒤섞여 날카롭게 흔들렸다. 평소부터 쌓여 있던 딸의 울분은 그 순간 폭발한 것이다.

남편도 참지 않았다.

"너는 낭비가 심해. 부모가 허락도 안 했는데 맘대로 비싼 걸 사놓으면 어떡해!" 하며 목소리를 높였다. 딸은 울면서 소리를 질렀고, 남편 역시 달아오른 감정을 거두지 못한 채 더 거친 말을 쏟아냈다. 결국 딸은 "아빠랑 인연 끊고 싶어요. 더 이상 아빠라고 부르고 싶지도 않아요!" 하고 선언했고, 나는 가슴이 찢어지는 듯한 아픔을 느꼈다.

어릴 때부터 꿈꿨던 '화목한 가정'이라는 단어가 산산조각이 나는 것 같았다. 가족이라는 이름이 붙어 있지만 서로 마음을 열지 못하고, 말도 제대로 통하지 않는 상황이 이어지자, 나조차도 절망스럽고 막막하기만 했다. 남편은 그날 밤에도 분을 삭이지 못한 채 침실 문을 쾅 닫고 들어가 버렸고, 딸은 자신의 방에 틀어박혀 엉엉 울었다. 다음 날, 남편은 한국으로 출장을 떠났다. 딸과의 충돌이 더 커지기 전에 피하는 듯한 모습이기도 했다.

딸은 그런 아빠의 태도에 더 크게 상처를 받았다. "나 때문에 아빠가 도망간 것 같아요. 나 정말 필요 없는 존재인가 봐요."라고 말할 때, 나는 어떻게든 딸의 마음을 달래고 싶었지만, 마땅한 방법이 떠오르지 않아 속이 탔다.

코칭을 통해 변화의 길을 찾다

그때 내가 선택한 길은 '코칭'이었다. 예전 같았으면 "아빠한테 그렇게 버릇없게 굴면 안 돼."라고 딸을 야단치며 화를 먼저 냈을지 모른다. 하지만 이제는 달랐다. 나는 먼저 딸의 마음이 얼마나 다치고 흔들렸는지 진심으로 느끼고 싶었다. 딸은 소파 끝에 주저앉아 어깨를 들썩이며 흐느꼈다. 두 손을 꼭 쥔 채 눈물로 범벅이 된 얼굴은, 분노와 슬픔이 한데 뒤섞인 복잡한 표정을 띠고 있었다.

나는 조심스럽게 딸 옆에 앉아 등을 쓰다듬으며 말없이 기다렸다. 한참을 울던 딸은 숨을 고르더니, 떨리는 목소리로 "아빠가 나를 싫어하는 것 같아요. 그래서 차라리 관계를 끊고 싶어요."라고 내뱉었다. 순간 내 마음도 철렁 내려앉았다. '이렇게까지 힘들어했구나, 내가 미처 몰랐구나.' 하는 자책감이 몰려들었다.

나는 딸의 손을 부드럽게 감싸 쥐며, 낮은 목소리로 물었다.

"정말로 아빠와 완전히 단절하고 싶은 거니? 아니면 사실 아빠가 따뜻하게 다가와 주길 바라는 마음이 더 큰 거니?"

딸은 고개를 숙인 채 흐느끼다, 결국 참아왔던 울음을 폭발시키듯 터뜨렸다.

"사실은 아빠한테 인정받고 싶고…… 다정한 말을 듣고 싶어요. 근데 아빠랑 있으면 내 존재가 너무 작아지는 것 같아요."

딸이 이토록 깊이 아파하고 있었다는 사실에 내 심장도 덜컥 내려앉았다. 겉으로는 씩씩해 보였던 아이가, 속으로는 온통 상처투성이가 되어 있었다. 코칭의 진짜 힘은 바로 이런 순간에 발휘된다. 문제의 표면만을 탓하지 않고, 상대방 내면의 갈망과 아픔을 함께 들여다보는 것이다. 나는 딸에게 차분히 말했다.

"그럼 네가 진짜 바라는 건 아빠와 멀어지는 게 아니라, 오히려 가까워지는 거네? 아빠가 네 마음을 알아주길 바라는 거고?"

딸은 눈물을 훔치며 고개를 끄덕였다.

"맞아요. 사실 내가 아빠한테 화를 내는 것도 더는 소통이 안 될 것 같아서, 화라도 내는 거예요." 하고 떨리는 목소리로 고백했다.

나는 부드럽게 이어갔다.

"그래, 그럼 우린 그 '가까워짐'을 위해서 작은 행동부터 하나 해보자. 아빠가 출장에서 돌아오면 네가 제일 먼저 할 수 있는 건 뭘까?"

딸은 잠시 망설이더니, "먼저 인사를 건네볼래요. '아빠, 잘 다녀오셨어요'"라며 아주 조심스러운 목소리로 말했다.

사실 그 한마디를 꺼내는 것조차 딸에게는 쉽지 않은 도전이었다. 하지만 작은 용기가 가져다줄 변화를 나는 어렴풋이 알고 있었다. 마음을 열고 들어주기만 해도, 아이의 억눌린 속마음이 한 겹씩 풀려나올 수 있음을 코칭을 통해 배웠기 때문이다. 딸의 흐느낌이 서서히 잦아들 무렵, 나도 모르게 눈시울이 붉어졌다. '이 아이가 이렇게까지 아빠의 사랑을 갈망하고 있었구나.' 하고 말이다. 그러나 이제부터가 시작이었다. 굳게 닫혀 있던 가족의 문이, 아주 작은 실마리를 통해 다시 열리려 하고 있었다.

　2주 후, 드디어 남편이 한국 출장에서 돌아왔다. 나는 혹시나 다시 갈등이 폭발하지 않을까 전전긍긍했지만, 딸은 결심한 대로 아빠를 향해 "아빠, 잘 다녀오셨어요? 많이 피곤하셨죠?"라고 조심스레 인사를 건넸다. 남편의 얼굴에 서늘함이 가득해 보이긴 했지만, 그 말 한마디에 눈빛이 약간 누그러지는 걸 느꼈다.

　그날 이후, 우리는 미국 집 거실에 모여 TV나 휴대폰을 내려놓고 서툴지만 대화를 시도하기 시작했다. 딸이 학교 시험에서 좋은 점수를 받았다는 소소한 이야기부터, 레스토랑 아르바이트를 하면서 영어가 조금씩 늘고 있다는 자랑 같은 이야기까지. 남편도 귀를 기울이더니, 가끔 칭찬 섞인 말을 건넸다. 이 작은 변화를 시작으로, 딸은 '아빠가 정말 내 말을 들어주는구나.'라는 느낌을 받았고, 점차 자신감과 활력을 되찾아갔다.

　잠시후에 딸이 친구와 또 다른 여행을 준비한다고 했을 때도, 남편은 예전처럼 발끈하기보다 "네가 안전하게 잘 다녀올 수 있다면 한번 해봐라. 대신 준비 과정은 좀 아빠랑 상의하자."라고 말했다. 딸은 '아빠가 내게 다양한 미국 생활의 기회를 주시는구나.'라며 예전보다 감사한 마음을 갖게 되었다. 남편 역시 딸에게 미안한 감정을 조금씩 표현했다. "내가 그동안 바빠서 널 잘 돌보지 못했구나."라는 남편의 한마디에, 딸의 표정이 한층 밝아지는 게 보였다.

　미국에서의 1년 6개월은 단순히 '해외 생활'이 아니라, 우리 가족이 어떻게 다시 뭉칠 수 있는지를 배운 시간이었다. 어쩌면 한국에 있었다면 바쁘다는 이유로 서로를 여전히 외면했을지도 모른다. 그러나 낯선 타지에서 공감과 대화를 끌어낸 건, 다름 아닌 '코칭'이라는 도구였다.

'아빠와 인연을 끊겠다.'던 딸이 이제는 아빠에게 농담을 건넬 정도로 친밀해졌고, 남편은 딸에게 진짜 미안함을 표현하며 하루하루 가정에 조금 더 참여하는 모습을 보여주고 있다. 나 역시 '가족의 화목'이라는 오랜 꿈을 조금씩 실감하는 중이다. 물론 여전히 갈등은 있을 수 있다. 완벽한 가족은 없으니까. 하지만 이제는 서로의 진짜 감정과 바람을 나눌 수 있는 통로가 생겼다는 점이, 우리 가족에게 무엇보다 소중한 자산으로 남았다.

그때 그 여행 가방 사건이 없었다면, 우리는 영영 서로를 오해한 채 모른 척 지냈을지도 모른다. 큰 위기는 때로는 더 큰 성장으로 이어지는 발판이 되기도 한다는 사실을, 이번에 깊이 깨달았다. 돌아보면 나는 긴 시간 '행복한 가정을 꾸리고 싶다.'는 목표를 품고 앞만 보고 달려왔다. 하지만 가장 중요한 것은, 가족끼리 마음을 나누고 진짜 원하는 것을 경청하고 존중해주는 일이라는 걸 이제야 뼈저리게 알게 되었다.

이 글이 우리 가족의 회복 과정을 조금이라도 보여주었다면 좋겠다. 아버지의 부재로 시작된 내 삶이 언젠가 한계에 부딪혔듯이, 딸도 그런 상처를 안고 자라다 보니 또 다른 아픔을 겪게 되었다. 그렇지만 서로 진심으로 마주 보려는 작은 시도와, 그를 지지해줄 수 있는 '코칭'이라는 방법이 있었기에 우리는 다시 대화의 물꼬를 틀 수 있었다. 결국 가족이란, 서로를 이해하려는 노력이 끊임없이 필요하고 그 과정에서 더 단단해지는 존재라는 걸, 나는 이 미국 생활을 통해 배웠다.

독자를 위한 코칭질문과 실행 팁

1. **상대방(가족 구성원)이 드러내지 못하고 있을 감정이나 욕구는 무엇일까요? 그것을 확인하기 위해 내가 할 수 있는 대화 방식은 무엇인가요?**

   상대방의 입장에서 감정을 추측해보고, 공감하는 태도로 접근하는 것이 중요합니다. 비난이 아닌 개방적인 질문을 통해 상대가 편안하게 말할 수 있도록 유도하세요.

2. **갈등을 해결하거나 관계를 회복하기 위해, 당장 시도해볼 수 있는 '작은 행동'은 무엇인가요?**

   실천 가능한 작은 행동을 구체적으로 정하세요. 예를 들어, 사과의 말을 먼저 건네거나, 함께 시간을 보내는 등의 행동을 고려할 수 있습니다.

3. **가족에게서 인정받고 싶은 부분은 정확히 무엇이며, 그 욕구를 건강하게 표현하는 방법은 어떤 것이 있을까요?**

   자신의 욕구를 명확히 하고, 기대를 조정하는 것이 필요합니다. 감정적 표현이 아니라 구체적인 부탁이나 감사의 방식으로 전달해 보세요.

4. **화가 치밀 때, 즉시 대응하기보다 내 감정을 정리하고 대화를 시도하기 위한 '내 안의 안전장치'는 무엇인가요?**

   감정을 조절하는 나만의 방법을 찾고 적용하세요. 심호흡, 잠시 자리 비우기, 일기 쓰기 등 자신의 감정을 객관적으로 바라보는 과정이 필요합니다.

5. **가족 간 갈등이 해결되었을 때, 어떤 기분과 변화를 누리게 될까요? 그 미래 모습을 그려보면 어떤 느낌이 드나요?**

   해결된 상황을 구체적으로 상상하고, 긍정적인 변화를 시각화하세요. 이를 통해 문제 해결의 동기를 강화할 수 있습니다.

4_멈춰버린 시간, 나만의 길을 찾다

김민정 코치

다시 시작된 인연

"민정아…… 와, 진짜 오랜만이다. 여기는 어떻게 온 거야?"

우연한 만남이었다. 2년 전쯤 모 기관에 강의를 하러 갔던 날, 강의실 복도에서 귀에 익은 목소리가 들렸다. 순간적으로 반가움과 함께 '설마?' 하는 생각이 들었다. 가까이 다가가 보니 역시나 서현(가명) 언니였다. 언니는 그곳에서 HR 담당자로 일하고 있었다. 예상치 못한 재회는 반가움과 동시에 약간의 낯섦도 동반했다.

그날 우리는 급하게 인사만 나누고 각자의 일정으로 돌아갔지만, 이후 언니가 먼저 연락을 해왔다.

"오랜만에 밥이나 같이 먹자."

그 한 마디를 계기로 우리는 다시 예전처럼 자연스럽게 만나게 되었다. 시간이 지나면서 연락이 잦아졌고, 가끔 만나 차를 마시거나 밥을 먹으며 옛날이야기를 나누곤 했다. 서로의 근황을 묻고, 예전 방송국 시절 이야기에 웃음을 터뜨리기도 했다.

서현 언니와의 시간은 언제나 즐겁고 유쾌했다. 함께 이야기를 나누다 보면 복잡했던 고민도 어느새 가벼워지곤 했다. 언니의 긍정적인 에너지는 마치 전염이라도 되는 듯 나를 기분 좋게 만들었다. 그녀 역시 나와의 시간을 즐기는 듯 보였다. 자신의 직장 이야기를 할 때는 맡은 프로젝트나 팀에 대한 애정을 드러내기도 했다. 우리는 각자의 일상 속에서 바쁘게 살아가면서도 서로의 존재를 반가워하며 만남을 이어갔다.

그런데 시간이 지나면서, 나는 언니의 표정 속에서 어딘가 모르게 무거운 기운을 감지했다. 여전히 밝게 웃고 있었지만, 웃음 사이로 새어 나오는 한숨까지 막지는 못했다. 이야기의 흐름이 자연스럽게 이어지다가도, 종종 멍하니 창밖을 바라보거나 생각에 잠기는 일도 있었다. 밝고 긍정적이었던 언니의 얼굴에서 언뜻 보이는 그림자는 낯설었다.

어느 날, 조심스럽게 물었다.

"언니, 요즘 무슨 고민 있어?"

나의 질문에도 한동안 커피잔을 손에 쥔 채 가만히 있더니 한참 만에 입을 열었다.

"그냥…… 가끔 생각이 많아져. 앞으로 뭘 해야 할지, 어떻게 살아야 할지. 예전엔 정신없이 바빠서 고민할 틈도 없었는데…… 요즘 좀 한가한가 봐."

애써 웃어 보였지만, 그 미소는 오래 머물지 않았고 이내 다시 창밖을 멍하니 바라보았다.

그때는 몰랐지만, 언니의 내면에서는 이미 큰 변화가 시작되고 있었다. 나는 더 묻지 않았다. 자신이 고민을 말할 준비가 될 때까지 기다려 달라는 신호를 보내고 있는 것 같아서.

퇴사와 변화

그러던 어느 날, 언니가 퇴사한다는 이야기를 들었다.

"언니, 진짜 일 그만두는 거야?"

"응. 이제 좀 쉬려고."

나는 역시나 더 깊이 묻지 않았다. 사람마다 하고 싶은 이야기의 속도가 다르니까. 대신 그녀가 말을 꺼낼 때까지 조용히 기다리기로 했다.

그리고 한 달쯤 시간이 흘러 다시 만나게 된 날, 한층 편안해 보이는 얼굴을 보고 안심했다.

"어떻게 지냈어?"

"자유를 만끽하고 있지. 몇 년 만에 처음으로 알람 없이 자연스럽게 눈을 뜨고, 개운하게 하루를 시작하니까 정말 좋더라. 아침엔 여유롭게 커피도 마시고, 늦은 오후까지 책을 읽다가 그대로 소파에 누워 잠들기도 했어. 예전에는 시간에 쫓겨 짧게 끊어 읽었던 소설을 처음부터 끝까지 단숨에 다 읽었지 뭐야. 그리고 여행도 다녀왔어. 계획 없이 마음 가는 대로, 한적한 시골 마을을 거닐고 해안가에서 바닷바람을 맞으며 멍하니 시간을 보냈지. 쌓였던 피로와 스트레스가 싹 사라지는 기분이더라. 참, 수채화도 다시 그리기 시작했어. 처음 며칠은 붓 잡는 게 어색했는데, 점점 감각이 돌아오더라고. 며칠 전엔 여행 갔던 바닷가 풍경을 그렸는데, 얼마나 몰입했던지 끝내고 나니 해가 졌더라니까. 그 순간, 나를 다시 찾은 느낌이 들었어. 그동안 바빠서 미뤄왔던 것들을 하나하나 해나가면서, 너무 만족스러웠어. 마치 시간이 멈춘 것처럼, 오롯이 나만의 시간을 갖는다는 게 이렇게 행복할 줄 몰랐어."

언니는 한참 동안 들뜬 목소리로 이야기를 이어갔다. 표정도 밝았고, 손짓까지 섞어가며 즐거웠던 순간들을 생생하게 풀어냈다. 하지만 문득, 말끝을 흐리며 시선을 살짝 내리깔았다. 방금까지 반짝이던 눈빛이 살짝 흐려지는 듯했다.

그리고 잠시의 정적이 흘렀다.

그제야 나는 언니의 표정이 미묘하게 달라졌다는 걸 눈치챘다. 그녀는 조용히 숨을 고르고는, 한층 낮아진 목소리로 말을 이었다.

멈춘 것 같은 시간

"그런데 말이야…… 가끔 이런 생각이 들어. 갑자기 내 역할이 사라진 게 아닌가 하는…… 출근도 안 하고, 마감에 쫓기지도 않고…… 처음엔 좋았는데…… 이젠 조금 두려워."

언니는 퇴사 후 행복과 불안 사이를 오가는 듯했다. 나는 조심스럽게 물었다.

"그런 느낌이 처음 들었던 순간 기억나?"

잠시 생각하던 그녀가 천천히 말을 꺼냈다.

"음…… 퇴사하고 일주일쯤 지났나? 평일 아침에 산책하러 나갔다가 출근하는 사람들을 봤어. 근데 다들 바쁘게 움직이는 모습을 보면서 갑자기 내가 텅 빈 느낌이 들더라고. 마치 내 시계만 멈춰있는 것 같았어."

그 말끝에 그녀는 씁쓸하게 웃었다. 나는 조심스럽게 다시 물었다.

"그런 감정이 들 때 어떻게 했어?"

"뭘 해야 할지 몰라 그냥 집으로 돌아왔어. 그런데 집에 와도 달라지는 건 없더라. 예전에는 시간이 많으면 무조건 좋을 줄 알았는데, 막상 시간이 많아지니까 오히려 허전하고 어딘가 모르게 막막해."

나는 그 말에 깊이 공감했다. 많은 사람들이 퇴사 후 비슷한 감정을 겪는다. 바쁘게 일하던 사람이 갑자기 멈추면, 그 공백이 오히려 불안으로 다가오기도 한다. 사회심리학자 타즈펠(Henri Tajfel)의 사회적 정체성 이론(Social Identity Theory)[11]에 따르면, 사람들은 자신을 '개인'으로서 뿐만 아니라 '집단'의 일원으로서 정의한다. 직장은 단순한 생계 수단이 아니라, 사회적 소속감을 형성하는 중요한 집단 중 하나다. 따라서 직장을 떠나면 소속감이 약화되고, 이로 인해 심리적 공허함과 불안을 느낄 수 있다.[12]

"예전 같았으면 아침마다 부랴부랴 출근 준비를 하고 있었을 텐데, 이제는 침대에 누워서 '오늘은 또 뭐 하지?'라는 생각부터 하게 되더라고."

언니는 한숨을 내쉬며 덧붙였다.

"아침에 눈을 떠서 창밖을 보는데, 문득 그런 생각이 들더라. 나는 지금 뭘 하고 있는 걸까? 다른 사람들은 각자의 자리에서 열심히 살고

---

11 사회적 정체성 이론(Social Identity Theory)—심리학자 헨리 타즈펠(Henri Tajfel)과 존 터너(John Turner)가 1970년대에 제안한 개념으로, 개인의 자아 개념이 자신이 속한 사회적 집단의 구성원 자격에서 형성된다고 설명하는 이론이다. 이 개념은 제2차 세계대전 이후 유럽 사회에서 집단 간 차별과 갈등을 연구하는 과정에서 발전했으며, 사람들은 집단 소속감을 통해 자아를 형성하고 자기 가치를 평가한다고 본다.

12 사회심리학 연구에 따르면, 직장은 개인의 정체성 형성과 자아존중감에 중요한 역할을 한다. Robert Kahn의 조직 스트레스 이론(Organizational Stress Theory)에 따르면, 직장은 단순히 노동을 제공하는 공간이 아니라, 사회적 관계망을 형성하고 정체성을 강화하는 주요 환경이다. 직장을 떠나면 이러한 관계가 단절되면서 심리적 공허함, 우울감, 불안이 증가할 수 있다. (Kahn et al., 1964)

있는데, 나만 이렇게 멈춰 있는 게 아닐까? 시간이 많아진 만큼 더 의미 있는 일을 해야 할 것 같은데, 정작 나는 아무것도 못 하는 것 같아서 초조해졌어."

나는 조용히 듣고 있었고 그녀는 계속 말을 이어갔다.

"예전에는 너무 바빠서 시간이 없다고 투덜댔는데, 막상 시간이 많아지니까 허전해. 계획 없이 하루를 보내다 보면 갑자기 미친 듯이 불안감이 몰려와. 마치 세상은 계속 움직이고 있는데, 나만 뒤처지는 것 같은 느낌이랄까."

그녀는 아랫입술을 살짝 깨물더니 나지막이 말했다.

"어제는 SNS를 봤는데 예전 동료들이 활발하게 일하는 사진들이 올라오더라고. 팀 회의하는 모습, 새 프로젝트 시작했다는 소식, 즐겁게 회식하는 사진까지…… 그 순간 내가 그곳에 없다는 게 너무 낯설고, 마치 세상이 나만 빼놓고 돌아가는 듯한 기분이었어. 이러다 혹시 내가 점점 사회에서 밀려나는 건 아닐까? 사람들이 예전처럼 나를 필요로 하지 않으면 어떻게 하지?"

그 질문에 나는 순간 멈칫했다. 단순히 출근하지 않는 것의 문제를 넘어서, 그녀는 자신의 존재 가치에 대한 고민을 하고 있었다. 나는 그 감정을 이해하면서도, 이 불안이 단순한 끝이 아니라 새로운 시작을 위한 과정일 수 있음을 이야기해 주고 싶었다.

"언니, 만약 지금 이 시간이 그냥 멈춘 상태가 아니라, 다른 방향으로 흘러가고 있는 과정이라면?"

"다른 방향으로 흘러간다……."

내 말의 의미를 곱씹는 듯하더니 이내 웃었다.

"솔직히, 그런 생각을 안 해 본 건 아니야. 근데 말이야, 민정아."

그녀는 천천히 나를 바라보며 말을 이었다.

"나는 늘 '흐름을 타야 한다.'라고 생각하면서 살았어. 뒤처지지 않으려고, 다른 사람들과 보폭을 맞추려고 바쁘게 움직였거든. 그런데 지금 나는 멈춘 건 아닌데 그렇다고 어디로 가고 있는지도 모르겠어. 마치 강물 위에 떠 있는 나뭇잎 같아. 어디로 가는지 모른 채 흘러가기만 하는 그런 기분이야."

"흐름을 타는 게 익숙한 사람에게는, 스스로 방향을 정해야 하는 시간이 더 막막하게 느껴질 수도 있어. 그런데 언니, 혹시 지금까지 남들이 정해준 흐름 속에서만 살아오진 않았어?"

서현 언니는 내 말을 듣고 한순간 움찔했다.

"흠…… 그런 것 같기도 해."

나는 조금 더 깊이 질문을 던졌다.

"퇴사 후에 자유를 만끽할 때는 정말 좋았다고 했잖아. 근데 지금은 그 자유가 불안함으로 바뀌었고. 그 차이가 뭐라고 생각해?"

"처음에는 '이제야 나한테 시간이 주어졌구나.' 싶었어. 그래서 하루하루를 그냥 즐기면서 살았는데, 어느 순간부터 '계속 이래도 되나?'라는 생각이 들기 시작했어. 그냥 흘러가는 대로 두는 게 맞는 걸까? 아니면 뭔가 목표를 세워야 할까? 그런데…… 목표를 세운다고 해도, 그게 맞는 방향인지도 모르겠고…… 휴……."

한 템포 쉬어가려는 듯 한숨을 내쉬었다.

"예전에는 출근하면 해야 할 일이 있었고, 프로젝트가 끝나면 다음 일이 자동으로 주어졌어. 그런데 이제는 내가 스스로 정해야 하잖아.

근데…… 솔직히 모르겠어. 이제 와서 내가 진짜 원하는 게 뭔지."

많은 사람들이 새로운 시작 앞에서 그녀와 비슷한 고민을 한다. 익숙한 환경에서는 자연스럽게 해야 할 일이 정해져 있었지만, 이제는 '어떻게 살아야 하지?'라는 질문을 스스로 던지고 답을 찾아야 한다. 그리고 그 과정은 쉽지 않다.

"그럼 언니, 지금 이 시간을 어떻게 하면 좀 더 의미 있게 보낼 수 있을지 생각해 봐. 지금까지 다른 사람이 만들어놓은 흐름 속에서 살았다면 이제는 언니가 직접 새로운 방향을 정할 수 있는 기회로 생각해 보면 어때?"

그녀는 다시 나를 바라봤다.

"기회?"

"응. 예전에는 바빠서 깊이 생각할 틈도 없었잖아. 지금이야말로 언니가 진짜 원하는 게 뭔지 찾아볼 수 있는 시간 아닐까?"

언니는 내 말을 듣고 들고 있던 커피잔을 내려놓았다.

"그러고 보니 예전에는 하고 싶은 일이 있어도 시간이 없어서 못한다고 생각했는데 지금은 시간이 많아도 뭘 해야 할지 몰라서 못 하고 있네. 참, 웃긴다."

"언니, 예전에 꼭 해보고 싶었던 거 없어?"

"글쎄………… 내가 뭘 하고 싶었을까?"

그녀의 시선이 공중에 머물렀다. 마치 잊고 있던 무언가를 더듬어 찾으려는 듯.

잊고 있던 꿈, 다시 피어나다

그 순간 나는 예전에 언니가 자주 했던 말을 떠올렸다.

"언니, 웹소설 쓰고 싶다고 했던 거 기억나?"

그녀는 순간 눈을 동그랗게 뜨며 나를 바라봤다. 그 표정에서 놀람과 함께 잠시 잊고 있었던 열정이 다시 떠오르는 듯했다.

"그랬었지…… 사실 난 어릴 때부터 글 읽고 쓰는 것을 좋아했어. 방송작가 일을 시작한 것도 그래서였고. 웹소설은 자주 읽었어. 출퇴근할 때도 편하게 읽을 수 있으니까. 그러다 어떤 소설을 읽는데 '만약 내가 이 장면을 썼다면, 주인공의 선택을 다르게 했을 텐데.', '이 이야기가 이렇게 흘러갔으면 더 재미있지 않았을까?' 하는 생각이 들더라고. 그러면서 언젠가 나도 웹소설 한번 써봐야겠다고 생각만 했던 거지."

"어쩌면 지금이 바로 그때일지도 몰라. 진짜 원하는 걸 미루지 않고 시작할 수 있는 기회 말이야."

"근데 내가 이 나이에 웹소설을 쓸 수 있을까? 요즘은 작은 일에도 자꾸 마음이 약해져. 몸과 마음이 내 뜻대로 따라주지 않으니까 힘들고…… 갱년기 때문인가 싶어서 괜히 서글퍼지더라."

언니의 감정 변화는 갱년기 증상과도 맞물려 더욱 복잡해 보였다. 가끔 이유 없이 눈물이 나거나, 사소한 일에도 예민하게 반응한다고 했다. 그녀는 그런 감정 기복을 부정하려 애썼지만, 사실 그 안에서 혼란스러움을 느끼고 있었다.

나는 조심스럽게 말을 꺼냈다.

"갱년기가 꼭 부정적인 것만은 아니잖아. 오히려 삶을 돌아보게 하는 전환점일 수도 있지. 언니, 이건 단순히 퇴사 후 느끼는 공허함의 문제가 아니야. 이제 새로운 인생의 한 단계에 접어든 거야. 신체적인 변화가 온다고 해서 언니의 가치가 줄어들진 않아. 오히려 이제는 더 깊이 있는 삶을 살아갈 기회가 아닐까? 언니는 여전히 소중한 사람이야. 중요한 건, 언니가 자신을 어떻게 정의하느냐지. 우리가 가치를 느끼는 방식이 꼭 직업이나 일에만 있는 건 아니니까."

그 순간, 언니의 표정이 미묘하게 변했다. 마치 스스로도 정리되지 않았던 감정의 실타래가 조금씩 풀리는 듯했다.

"그냥…… 나이 들면서 자연스럽게 겪는 현상이라고만 생각했는데……."

언니의 목소리가 한결 가벼워졌다. 갱년기가 끝없는 내리막길이 아니라, 다시 도약하기 위한 숨 고르기의 시간일지도 모른다는 걸 깨닫기 시작한 순간이었다.

창밖을 향하던 그녀의 시선이 다시 나를 찾았다. 그리고 부드럽게 미소 지으며 말했다.

"민정이 너랑 얘기하면 항상 마음이 편해지고 생각이 정리돼."

나는 가만히 웃으며 그녀의 손을 따뜻하게 잡았다. 언니의 변화는 이제 막 시작되고 있었다.

그리고 며칠 뒤, 언니에게서 메시지가 왔다.

'나 진짜 웹소설 한번 써보려고. 덕분에 다시 시작할 용기가 생겼어. 고마워.'

나는 언니가 스스로 작은 한 걸음을 내디뎠다는 사실이 기뻤다. 그리고 정식 코칭은 아니었지만, 나의 질문을 통해 그녀의 작은 변화가 시작됐다는 사실이 무척이나 뿌듯했다.

때로는 작은 질문 하나가 삶을 바꾸는 계기가 되기도 한다. 나는 서현 언니의 변화를 보며 나 자신에게도 종종 같은 질문을 던지게 되었다.

'지금 내게 주어진 이 시간을 어떻게 하면 더 의미 있게 보낼 수 있을까?'

이 글을 읽고 있는 당신도 스스로에게 질문해보라.

어쩌면 이 작은 질문들이 당신의 삶에 의미 있는 변화를 가져다 줄지도 모르니까.

독자를 위한 코칭질문과 실행 팁

다음 셀프코칭 질문에 스스로 답하고 정리된 생각을 바탕으로 행동에 옮겨보기 바란다.

1. **지금 당신을 가장 설레게 하는 것은 무엇인가요?**
   최근 당신을 두근거리게 한 순간을 떠올려보세요. 설렘의 원인을 분석하면 당신이 진정으로 원하는 것이 무엇인지 알 수 있습니다.

2. **5년 후, 당신은 어떤 모습이고 싶나요?**
   미래의 자신을 떠올리며 원하는 모습을 구체적으로 적어보세요. 일, 관계, 건강, 라이프스타일 등을 고려하면 현실적인 목표 설정이 가능합니다.

3. **만약 시간과 돈에 구애받지 않는다면, 무엇을 하고 싶나요?**
   현실적인 제약 없이 하고 싶은 일을 적어보세요. 이를 통해 당신이 진심으로 열정을 느끼는 일이 무엇인지 깨닫고, 현실적으로 접근할 방법을 찾아보세요.

4. **언제 가장 몰입하며 시간 가는 줄 모르나요?**
   몰입했던 경험을 떠올려보세요. 어떤 활동에서 집중할 수 있었나요? 이를 통해 적성이나 흥미를 발견하고, 진로 또는 취미로 발전시킬 수 있습니다.

5. **오랫동안 미뤄왔지만 꼭 도전해보고 싶은 일은 무엇인가요?**
   도전하고 싶지만 망설였던 일이 있다면, 그 이유를 분석해보세요. 지금 당장 시작할 수 있는 작은 단계부터 실행하면 부담 없이 실천할 수 있습니다.

6. **당신의 삶에서 가장 중요한 가치는 무엇인가요?**
   삶에서 가장 중요하게 여기는 가치를 떠올려보세요. 가족, 성장, 자유, 도전 등 무엇이든 좋습니다. 가치 중심의 삶을 살면 더 의미 있는 선택을 할 수 있습니다.

7. **만약 오늘이 당신의 인생 마지막 날이라면, 무엇을 하고 싶으신가요?**
   마지막 날이라 생각하고 정말 중요한 것들을 떠올려보세요. 지금 무엇을 더 소중히 여겨야 하는지 돌아보고, 삶의 우선순위를 재정비할 수 있습니다.

8. **당신이 원하는 삶을 위해, 지금 당장 할 수 있는 작은 행동은 무엇인가요?**
   원하는 삶을 위한 실천 가능한 작은 행동을 정하세요. 작은 변화라도 시작하면, 점점 더 큰 변화를 만들어 갈 수 있습니다.

5_감정을 다스린 후 삶이 바뀌다

박현주 코치

감정과 나, 출렁이는 감정의 파도

어릴 때부터 나는 감정을 솔직하게 표현하는 사람이었다. 학창 시절, 친구들과 이야기할 때면 나의 감정은 얼굴과 말투에 고스란히 드러났고, 가족들과의 대화에서도 기쁨과 분노가 선명하게 나타났다. 나는 대범하고 열정적이지만, 동시에 작은 일에도 쉽게 감정이 움직이는 섬세한 사람이었다. 대부분의 상황에서는 웃음과 눈물이 많고 감성이 풍부한, 인간미 넘치는 사람이었다. 사람들과 쉽게 공감하며 따뜻한 분위기를 만들어가는 힘이 있었지만, 때로는 감정에 솔직한 만큼 작은 일에도 예민하게 반응하는 면이 있었다. 또한, 새로운 경험과 관계에서 쉽게 감동하고 몰입하는 반면, 기대가 충족되지 않을 때 실망도 깊었다. 감정이 나를 풍부하게 만들어주는 동시에 때로는 나를 지치게 만들기도 했다.

나의 성격의 장단점은 너무나 분명했다. 감정을 솔직하게 표현하는 덕분에 주변 사람들과 깊이 교감할 수 있었고, 내 진심이 그대로 전해지는 순간들이 많았다. 긍정적인 면에서는 다른 사람의 감정을 빠르게 읽고 공감할 수 있었고, 활발한 에너지를 주변에 전파할 수 있었지만, 때로는 감정의 기복이 커서 작은 일에도 쉽게 상처받거나 화가 나기도 했다. 좋을 때는 너무 밝고 긍정적이지만, 나쁠 때는 사소한 일에도 격하게 반응한다는 점.

가끔씩 나도 모르게, 나도 이해가 안 될 정도로 작은 일에도 쉽게 화가 났다. 화를 내고 나면 후회가 남았다. 순간적으로 감정에 휩쓸려버린 나 자신이 너무나도 원망스러웠다. '그때 좀 더 차분하게 말할걸', '조금만 더 기다려 볼 걸.' 같은 생각으로 마음이 복잡해졌다. 내 말과 행동이 상대방에게 어떤 상처를 주었을지 떠올릴수록 마음이 무거워졌다. 내 안에 남아 있는 미안함과 죄책감이, 마치 덜 닦인 얼룩처럼 계속해서 가슴 한쪽을 짓누르고 있었다.

분노라는 내 안에 그림자

나는 나의 성격을 좋아하지만, 가끔씩 불쑥 튀어나오는 격한 감정은 내 인에 감추고 싶은 그런 그림지기 되어갔다. 특히 분노라는 감정은 마치 내가 스스로를 통제하지 못하는 무능력한 사람처럼 느껴지게 했다. 분노가 폭발한 후에는 '왜 그렇게까지 화를 냈을까?'라는 후회가 몰려왔고, 그럴 때마다 나는 내 감정을 다스리지 못하는 자신을 비난했다. 분노는 단순한 감정이 아니라, 내면 깊숙이 감춰진 상처와 욕구를 비추는 거울 같았다. 마치 오랜 시간 닫혀 있던 창고의 문을 열었을 때, 쌓여 있던 먼지와 함께 오래된 기억들이 쏟아져 나오는 것처럼, 분노는 내가 외면하고 싶었던 감정들을 단숨에 드러냈다. 그 안에는 해결되지 않은 좌절, 인정받지 못한 슬픔, 그리고 채워지지 않은 기대가 켜켜이 쌓여 있었다.

　이 감정들이 점점 커져서 결국 걷잡을 수 없게 되는 것은 아닐까? 내 감정이 언젠가 나를 완전히 집어삼킬 것 같은 두려움이 들었다. 분명히 내 감정은 나의 일부인데, 나는 그것을 마치 나와 별개의 문제처럼 외면하려 했다. 하지만 피한다고 해결되는 것이 아니었다. 감정을 무시할수록, 그것은 더욱 강하게 되돌아왔다. 마치 억누를수록 거세지는 파도처럼, 사소한 상황에서도 감정이 거칠게 치솟았고, 나는 또다시 같은 감정의 소용돌이에 휘말리곤 했다. 그러면서도 감정을 다스리지 못하는 내 모습이 너무도 무력하게 느껴졌고, 그럴 때마다 나 자신을 비난했다. '나는 왜 이렇게 감정을 다루는 게 서툴까?'라는 생각이 머릿속을 떠나지 않았고, 감정을 더 깊이 이해하고 싶은 마음과 두려움이 동시에 나를 휘감았다.

딸의 눈물, 변화를 결심하다

　그러던 어느 날, 어린 딸이 놀이터에서 놀다가 위험한 행동을 했고 나는 걱정되는 마음에 단호한 목소리로 주의를 주었다. 감정이 조금씩 격해지며 내 목소리가 점점 커지는 것을 느꼈다. 그때 딸이 나를 조심스럽게 올려다보더니 망설이며 입을 열었다. 눈가에는 눈물이 맺혀 있었다.

　"엄마, 화내지 마…… 무서워."

　순간 심장이 철렁 내려앉았다. 딸이 다칠까봐 걱정되어 큰소리로 혼낸 것이 후회되었다. 나의 잘못된 감정표현 때문에 내 소중한 딸에게 두려움을 줬다는 생각에 가슴이 먹먹해졌다. 나는 자상한 엄마가 되고 싶었지, 무서운 존재가 되고 싶지 않았다. 미안함이 가슴 깊이 밀려들었고, '내가 정말 이렇게까지 아이에게 무서운 존재였단 말인가?' 라는 자책이 머릿속을 떠나지 않았다. 감정 하나 다스리지 못해 가장 소중한 사람을 상처 입히고 있었다니. 그 순간, 나는 깨달았다. 이대로는 안 된다는 것을. 내 감정표현이 내 의도와는 다르게 가족을 아프게 하고 있음을 직시했다.

나의 이런 감정을 더 잘 이해하고 다루기 위해, 그리고 더 좋은 사람이 되기 위해 여러 가지 심리학 공부를 계속해 나갔다. 단순히 감정을 통제하는 법을 배우는 것이 아니라, 감정이 어떻게 형성되고 작용하는지를 깊이 탐구하기 시작했다. 책을 읽고 강의를 들으며 감정이 단순한 반응이 아니라 내면의 신호라는 사실을 깨달았다. 그 과정에서 나는 내 감정을 억누르거나 무조건 참는 것이 해결책이 아님을 알게 되었다. 감정을 제대로 이해하고 수용하는 것이 먼저라는 것을 배웠다. 감정이 솟아오를 때마다 그 감정을 있는 그대로 받아들이는 연습을 했고, 왜 그런 감정을 느끼는지 기록하며 내 감정의 패턴을 분석하기 시작했다.

코칭과의 만남, 새로운 문을 열다

코칭을 배우면서 본격적으로 나는 감정을 더 깊이 들여다보기 시작했다. 처음에는 단순히 화를 억제하는 방법을 배우려 했지만, 코칭 과정에서 점차 나 자신을 더 깊이 이해하게 되었다. 처음에는 혼란스럽고 어렵게 느껴졌지만, 점점 감정을 다루는 방법이 보이기 시작했다. 이런 배움의 과정은 단순한 이론이 아니라, 나의 일상 속에서 작은 변화로 이어졌다. 예전처럼 감정이 격해질 때 충동적으로 반응하는 것이 아니라, 스스로에게 '이 감정이 나에게 무엇을 말해주려 하는 걸까?'라고 질문을 던지며 차분히 바라보게 되었다. 감정을 다룰 수 있는 힘이 생기면서, 나 자신을 더욱 깊이 이해하게 되었고, 그 과정에서 스스로를 조금씩 더 받아들이고 있었다.

코치가 되는 과정에서 나는 코치로서 질문을 던지는 역할을 하기도 했고, 때로는 고객이 되어 코치의 질문을 받기도 했다. 그리고 그 순간, 나는 단순한 대화가 아니라 마치 나 자신을 거울 속에서 다시 바라보는 듯한 경험을 하게 되었다.

하지만 혼자 공부하는 것만으로는 부족했다. 책과 강의에서 배운 이론은 머릿속에서는 이해되는 듯했지만, 막상 현실에서 감정을 다룰 때는 여전히 혼란스러웠다. 그래서 나는 직접 코칭의 효과를 경험해 보기로 했다. 전문 코치님과의 코칭 대화 속에서 주어진 질문들은 내 안에 깊숙이 묻어둔 감정을 하나씩 끄집어내기 시작했다. 평소에는 당연하게 흘려보냈던 감정들이 코치님의 질문 한 마디로 선명하게 떠올랐다. 마치 눈앞에서 닫혀 있던 문이 하나씩 열리는 느낌이었다.

감정을 탐색하는 과정

전문코치의 질문을 받으며 나는 내가 진짜로 원하는 것이 무엇인지, 나를 불편하게 하는 감정들이 어디에서 비롯되었는지를 깊이 탐구하게 되었다. 순간순간 올라오는 감정을 피하지 않고 마주하며, 내 안의 진짜 목소리를 듣는 법을 배웠다. 그리고 코치로서 질문을 던질 때는 다른 사람들의 감정이 움직이는 순간을 생생하게 목격하며, 감정의 힘과 그 깊이를 온전히 경험할 수 있었다.

코칭은 단순한 조언이나 해결책을 제시하는 것이 아니라, 나의 내면을 깊이 탐색하고 감정의 본질을 들여다보도록 돕는 강력한 과정이었다. 코칭이 던지는 질문 하나하나는 나의 감정을 억누르지 않고 마주하도록 이끌었고, 그 과정에서 나는 내 감정을 더 깊이 이해하고 받아들이게 되었다.

코칭을 통해 나는 감정의 진짜 의미를 깨닫는 법을 배웠다. 순간적으로 휘몰아치던 분노가 사실은 인정받고 싶은 욕구였음을, 서운함이 사랑받고 싶다는 신호였음을 알게 되었다. 그리고 그 감정을 건강한 방식으로 표현할 수 있을 때, 내 삶과 관계도 변화한다는 것을 경험했다. 이 경험은 단순한 학습이 아니었다. 그것은 내 감정의 실체를 마주하고, 나 자신과의 깊은 대화를 시작하는 여정이었다.

코칭 대화 속에서 나는 나도 몰랐던 감정의 깊이를 마주하게 되었다. 단순한 대화가 아니라, 내 안에 숨겨진 감정과 신념을 탐색하는 시간이 되었다. 어떤 질문 앞에서는 마음이 흔들리고, 때로는 예상치 못한 감정이 올라왔다. 코치님의 한 마디가 나의 오래된 상처를 건드릴 때도 있었고, 내가 외면했던 감정과 정면으로 마주해야 하는 순간들도 있었다. 하지만 그 과정에서 나는 감정을 억누르거나 피하는 것이 아니라, 그것을 이해하고 수용하는 것이 진정한 성장이 된다는 것을 배웠다.

변화에 대한 기대

코칭 대화가 어떤 변화와 효과를 일으킬지 궁금했다. 정말로 단순한 대화만으로 내가 감정을 더 잘 다룰 수 있을까? 그동안 혼자서 스스로에게 수없이 질문을 던졌지만, 그 답을 찾을 수 없었다. 그래서 전문코치와의 코칭 대화를 통해 내가 감정을 바라보는 시각이 어떻게 바뀔지, 내 삶에 어떤 변화를 가져올지 기대감이 커졌다. 혹시라도 이전과 다른 방식으로 내 감정을 다룰 수 있다면, 삶의 많은 부분이 달라지지 않을까 하는 희망이 생겼다. 그렇게 나는 코칭의 세계로 한 걸음 더 깊이 들어갔다.

그리고 곧, 나는 코칭이 단순한 대화가 아니라는 것을 깨달았다. 그것은 내 안에 깊이 묻혀 있던 감정과 내가 미처 알아차리지 못했던 내면의 소리를 듣게 해주는 과정이었다. 코치님의 질문 하나하나는 마치 어둠 속에서 길을 밝혀주는 등불처럼 나를 인도했다.

"이 감정이 당신에게 무엇을 말해주고 있나요?"

나는 내 감정을 새로운 각도로 바라보기 시작했다. 코칭 대화는 내 삶을 변화시키는 새로운 문을 열어주었다. 그리고 나는 경이로움과 감탄 속에서 내 감정과 진정으로 대화하는 법을 배우기 시작했다.

코치는 단순히 조언을 주는 사람이 아니라, 내가 스스로 답을 찾을 수 있도록 강력한 질문을 던지는 사람이었다. 코치님의 질문 하나하나는 나를 깊이 들여다보게 만들었고, 감정을 있는 그대로 인정할 때 진정한 변화가 시작된다는 사실을 깨닫게 했다. 코칭 대화를 통해 나는 내 감정을 분석하고 해석하는 것이 아니라, 그 감정을 온전히 느끼고 받아들이는 법을 배워 나갔다. 그리고 그 과정에서 나는 감정을 이해하는 것이 나 자신을 이해하는 것과 같다는 것을 실감했다.

화가 날 때, 즉각적으로 반응하지 않고 '이 감정이 나에게 주는 메시지는 뭘까?', '내가 원하는 것은 무엇인가?', '이 감정의 근원은 어디에서 온 것일까?'라는 질문을 던지기 시작했다. 그리고 코칭 대화를 통해 내 감정의 흐름을 관찰하고, 분노가 단순한 반응이 아니라 내면의 미처 해결되지 않은 감정의 표현이라는 점을 깨달았다.

'내가 왜 이 상황에서 이런 감정이 들까?'라고 스스로에게 묻는 순간, 단순한 화나 짜증을 넘어서 그 감정의 뿌리를 탐색하는 여정이 시작되었다. 처음에는 표면적인 감정만 보였지만, 점점 그 안에 숨겨진 감정들을 발견할 수 있었다. 두려움, 외로움, 인정받고 싶은 욕구, 그리고 과거의 상처까지. 나는 불편한 감정을 하나하나 들여다보며 그 감정이 내게 전하는 메시지를 해석하려 노력했다. 이를 통해 나는 단순한 반응이 아닌, 내면의 진짜 욕구를 이해하는 것이 중요하다는 사실을 깨닫게 되었다.

특히 내가 그토록 보기 두려웠던 분노라는 감정은 단순하지 않았다. 그것은 마치 뒤엉킨 실타래처럼 복잡했고, 억눌린 감정들이 한데 모여 폭발하는 듯한 감각이었다. 분노의 밑바닥에는 깊은 서운함과 외로움이 도사리고 있었다. 나는 부모님과 형제들에게 더 많은 인정을 받고 싶었고, 남편이 나를 존중해 주길 바랐으며, 딸이 나를 사랑 가득한 눈빛으로 바라봐 주길 원했다. 하지만 그 바람이 충족되지 못했을 때, 기대가 실망으로 바뀌는 순간, 내 안의 감정들은 분노로 왜곡되어 터져 나왔다.

코치님은 나에게 분노 자체가 아니라 그 밑바닥의 감정을 표현해 보라고 했다. 그러고 보니 그동안 분노 아래에 있는 다른 감정을 생각해 본 적이 없었고, 사실 알고 싶지도 않았다. 나에게 분노는 언제나 나를 방해하는 감정이었고, 밖으로 드러내면 안 되는 그래서 억누를 수밖에 없는 부정적인 감정으로만 생각해왔기 때문이다. 하지만 코치님의 심층 질문이 이어졌다.

"화가 날 때, 무엇이 가장 두려운가요?"

"진짜로 원하는 것은 무엇인가요?"

나는 천천히 내 감정을 들여다보았다. 나는 사실 사랑받고 싶었고, 이해받고 싶었으며, 관계 속에서 안전하다고 느끼고 싶었을 뿐이었다. 하지만 이를 표현하는 방법이 서툴러서 제대로 표현하지 못한 채 분노로 포장해왔던 것이다.

코칭을 통한 변화

코치님이 던지는 코칭 질문을 따라가다 보면, 마치 깊고 어두운 바닷속을 탐험하듯이 예전에는 두려워서 외면했던 나의 깊은 속마음을 마주하게 된다. 단순히 스쳐 지나갔던 감정들이 하나하나 의미를 가지고 내 삶에 메시지를 전달하는 것을 깨닫는다. 그동안 회피했던 감정들이 사실은 나를 보호하려는 신호였다는 것을 알게 되고, 그 순간 나는 감정과 싸우는 대신 그것을 이해하는 사람이 되어 간다. 처음에는 겉에 드러난 나의 의도만 보이지만, 코칭 질문에 진솔하게 답해가다 보면 나의 사고방식과 문제들, 심지어 어린 시절의 상처까지도 모든 감정과 연결이 된다는 점을 보게 된다.

나는 처음에는 당황했지만 차분히 내 감정을 따라갔다. 분노 아래에는 억울함과 좌절감, 그리고 어린 시절 부모님께 받은 인정 욕구가 깊이 뿌리내리고 있었다. 나는 어릴 때부터 약한 모습을 보이면 무시당할 것 같아 더욱 강하게 반응하곤 했다. 화를 내지 않으면 내 감정이 무시될까 두려웠고, 목소리를 높이지 않으면 내 존재가 사라질까 걱정했다. 결국, 분노는 단순한 감정의 폭발이 아니라, 내가 존재를 증명하고 인정받고자 하는 몸부림이었다.

내가 느끼는 감정, 내가 가진 생각, 내가 걸어온 모든 경험들이 나를 이루는 요소이며, 그것이 바로 나 자신을 특별하게 만드는 힘이라는 것을 알게 되었다. 나의 감정을 있는 그대로 받아들이고, 그것이 내 삶에 어떤 의미를 가지는지 깊이 들여다볼 수 있는 힘이 생겼다. 이제 나는 분노를 다스리는 법을 배우며, 감정의 언어를 바꾸고 있다. 예전에는 화가 나면 즉각적으로 반응하며 상대를 비난하거나 감정을 억누르는 방식으로 대처했다. 하지만 이제는 감정을 건강하게 표현하는 법을 배우고 있다.

또한, 감정이 올라올 때마다 그것을 단순한 반응으로 흘려보내지 않고, 그 감정이 나에게 어떤 메시지를 주고 있는지 들여다보는 습관을 기르고 있다. 이런 변화는 나뿐만 아니라 주변 사람들과의 관계에도 긍정적인 영향을 주고 있으며, 감정이 더 이상 나를 지배하는 것이 아니라, 내가 감정을 다스리는 방향으로 나아가고 있음을 실감하고 있다.

이제 나는 감정을 건강하게 표현하는 것이 곧 나 자신을 존중하는 길임을 깨달았다. 감정을 억누르거나 폭발시키는 것이 아니라, 그것을 이해하고 다루는 법을 배운 덕분에, 관계 또한 더 깊어지고, 나 자신을 더욱 단단하게 세울 수 있게 되었다.

강력한 질문

코칭을 받으며 수많은 질문을 마주했지만, 그중에서도 내 사고를 송두리째 뒤흔들고 전환을 일으킨 강력한 질문이 있었다.

"이 분노 안에 선한 의도가 있다면 그것은 무엇일까요?"

코치님의 질문에서 나는 눈물이 났다. 나는 평생 분노를 억눌러 왔다. 화를 내는 것은 미숙한 행동이며, 감정을 다스리지 못하는 어리석은 사람들이 보이는 모습이라고 생각했다. 그래서 언제나 참아야 한다고, 더 성숙한 사람이 되어야 한다고 내 자신을 다그쳤다. 하지만 그 억눌린 감정들은 사라지는 것이 아니라, 쌓이고 쌓여 나도 모르게 예상치 못한 순간 폭발하곤 했다. 그러면서도 나는 분노를 드러내는 내 모습을 부끄러워했고, 그 감정을 제대로 마주하는 것을 두려워했다.

하지만 코치님의 질문이 내 깊숙한 곳에 묻어두었던 감정을 흔들어 깨웠다. 나는 분노라는 감정을 마주할 용기가 없었던 것이 아니라, 그 감정이 나를 삼켜버릴까 두려웠던 것이었다. 하지만 어찌 보면 분노 또한 나를 지켜주고, 나의 존재의 기준을 만들어 주는 소중한 감정이었다는 것을 깨달았다.

"이 감정이 없었다면 당신은 어떤 선택을 했을까요?"

나는 잠시 생각에 잠겼다. 만약 내가 분노를 느끼지 않았다면, 내 의견을 말하지도 못하고 스스로를 방어하지도 못했을 것이다. 분노는 단순한 감정의 폭발이 아니라, 나를 앞으로 나아가게 하는 강력한 원동력이었다. 그것이 있었기에 나는 부당한 대우를 참지 않았고, 침묵하지 않았다. 분노는 내 안에 숨겨진 정의감과 자존감을 일깨우며, 나의 목소리를 내도록 만들었다. 분노가 없었다면 나는 내 의견을 지키지 못한 채 타인의 기대 속에서만 살아갔을지도 모른다. 나는 분노 덕분에 내가 무엇을 소중히 여기는지 깨달았고, 그것을 보호하기 위해 싸울 수 있는 용기를 얻게 되었다. 때로는 감정을 조절하는 것이 필요했지만, 그 감정을 통해 나의 한계를 넘어설 수 있는 힘을 얻었다. 이제 나는 분노를 무작정 억누르는 것이 아니라, 그것을 내 삶을 지키고 더 나은 방향으로 나아가기 위한 추진력으로 활용하는 법을 배우고 있다.

"그렇다면, 이 분노가 당신에게 가르쳐 준 것은 무엇인가요?"

분노는 단순한 감정 폭발이 아니라, 내가 무엇을 소중히 여기는지를 알려주는 나침반과도 같았다. 마치 거센 파도가 배의 항로를 수정하듯, 분노는 내 삶에서 무엇이 중요하고, 어디로 가야 하는지를 알려주는 신호였다. 나는 공정함을 원했고, 진심 어린 소통을 원했다. 그리고 분노는 내가 그 가치를 외면할 때마다 나를 일깨웠다. 누군가 나를 함부로 대할 때, 내 목소리가 묵살될 때, 분노는 '너도 존중받아야 할 사람이야.'라고 알려주었다.

힘든 관계에서 참고만 있었더라면 나는 내 가치를 잃었을지도 모른다. 하지만 분노는 나에게 행동하라고, 내 가치를 지키라고, 내 감정을 솔직하게 표현하라고 말해주었다. 나는 이제 분노가 나를 갉아먹는 감정이 아니라, 나를 바로 세우고 더 강한 방향으로 나아가게 하는 강력한 나침반임을 깨달았다. 그리고 분노는 내가 그 가치를 간과하고 있을 때마다 나에게 신호를 보내고 있었다. 그 깨달음 이후, 나는 분노를 무작정 억누르는 것이 아니라 그것을 이해하고 건강한 방식으로 표현하는 방법을 배우기 시작했다.

"이 감정이 당신을 어떻게 보호해 왔을까요?"

내 분노는 내가 지키고 싶은 가치에 대한 강한 애착이었음을 알게 되었다. 분노는 나의 한계를 넘어서도록 밀어붙였고, 스스로를 보호할 힘이 되어주었다. 누군가 나를 무시하거나 억울한 상황에서 침묵하지 않도록 용기를 주었다. 분노는 내가 내면 깊숙이 원하는 것을 깨닫게 해주었고, 그것을 얻기 위해 행동하게 만들었다. 만약 분노가 없었다면, 나는 수없이 타협하며 스스로를 희생하는 삶을 살았을지도 모른다. 하지만 분노는 나에게 경고의 신호를 보내며, 내가 진정으로 원하는 것에 집중하도록 도와주었다. 이제 나는 분노를 단순한 감정이 아니라, 나 자신을 지키는 강력한 방어선이자, 내 가치를 증명하는 힘으로 바라보게 되었다.

리프레임, 감정에 대한 새로운 시각

코칭 대화를 통해 나는 분노에 대해 다른 시각을 갖게 되었고, 이제는 분노뿐 아니라 다른 부정적인 감정이 나올 때 조금 더 차분하게 그 감정을 바라보고 반응할 줄 아는 사람이 되었다. 그리고 그 감정을 일으키는 내 안의 고정관념이나 신념을 검토하는 사람이 되었다. 대부분의 부정적인 감정은 상황을 제대로 인식하지 못하거나, 왜곡된 해석을 하거나, 과거의 기억에서 형성된 무의식이 결합되어 나온다는 걸 알게 되었다. 코칭을 통해 이러한 신념을 인식하고 검토하는 과정이 내 감정 반응을 더 긴강하게 변화시키는 열쇠가 되났.

감정은 때때로 우리를 불편하게 만들지만, 사실 그것은 우리를 보호하고 안내하는 내비게이션과도 같다. 분노가 치밀어 오를 때, '나는 무엇을 지키고 싶은가?'라고 질문해 볼 필요가 있다. 슬픔이 밀려올 때, '이 감정이 나에게 가르쳐 주는 것은 무엇인가?'라고 되짚어야 한다. 감정은 단순한 불쾌감이 아니라, 삶의 방향을 잡아주고 내면의 진짜 욕구를 드러내는 도구였다.

무엇보다 중요한 것은 감정을 억누르는 것이 아니라, 안전한 방식으로 표현하는 것이었다. 감정을 억제하면 결국 더 큰 폭발로 돌아오지만, 이를 건강한 방법으로 표출하면 감정을 해소하면서도 관계를 지킬 수 있다. 감정을 다스리는 것은 감정을 없애는 것이 아니라, 그 감정을 건강하게 소통하는 방법을 배우는 것이었다.

그렇게 훈련을 반복하다 보니, 나는 점점 화를 조절하는 능력이 생겼다. 예전에는 작은 일에도 쉽게 격해지고 감정에 휩쓸렸지만, 이제는 감정을 있는 그대로 바라볼 수 있는 여유가 생겼다. 분노가 치밀어 오를 때도 즉각적으로 반응하지 않고, 감정을 객관적으로 바라보며 정리하는 과정에서 오히려 내면이 차분해지고, 감정에 휘둘리지 않는 나 자신을 발견할 수 있었다. 나는 내 감정을 억누르지 않되, 건강한 방식으로 표현하는 법을 배웠다.

코칭을 통해 감정을 마주하는 법을 배운 후, 이제 나는 감정을 이해하고, 내 안에서 일어나는 변화를 온전히 받아들일 줄 아는 사람이 되어가고 있다. 과거에는 분노가 나를 지배했고, 감정의 파도가 내 삶을 휘청이게 만들었다. 작은 일에도 쉽게 무너졌고, 나 자신을 감정의 포로로 만들었다. 하지만 이제는 그 감정이 내게 어떤 메시지를 보내고 있는지 차분히 들을 수 있는 여유가 생겼다.

무엇보다도, 나는 더 이상 감정을 두려워하지 않는다. 과거에는 감정에 휩쓸려 스스로를 자책하고 불안해하고 감정에 압도 당하고, 순간적으로 휘둘려 후회하는 일이 많았다. 하지만 이제는 감정을 있는 그대로 받아들이고, 그것이 내게 주는 메시지를 해석하며 삶의 일부로 받아들이고 있다. 그 감정을 억누르거나 부정하는 것이 아니라, 그 안에 숨겨진 메시지를 읽어 내 삶을 더 깊이 이해하는 도구로 삼는다. 나는 내가 어떤 감정을 느끼든 그것을 충분히 경험할 자격이 있으며, 감정은 나를 흔드는 것이 아니라 나를 더 강하게 만드는 힘이라는 것을 깨달았다.

예전에는 마치 내 자신이 분노라는 불에 모조리 타버릴 것 같았다. 이제는 그 두려웠던 분노의 불을 잘 다스리는, 그 불을 잘 활용하는 사람이 되어가고 있다. 이제 분노는 나를 갉아먹는 불이 아니라, 내 가치를 지켜내고 더 강인한 나로 성장하게 만드는 힘이 되었다. 나는 감정을 부정하는 대신, 그것을 통해 나 자신을 더 깊이 이해하고, 삶을 더 풍요롭게 살아가는 법을 배우고 있다.

코칭이 가져온 성장

이 모든 변화의 과정에는 코칭이라는 강력한 도구가 있었다. 지난 20년간 혼자 수많은 심리학 책을 읽으며 이해하려 했지만, 이론만으로는 결코 닿을 수 없었던 깊은 변화가 코칭 대화 속에서 현실이 되었다. 단기간이었지만, 전문 코치와의 코칭 대화 속에서 코치님의 따뜻한 안내와 깊은 통찰이 나를 새로운 세계로 이끌었다.

코치님의 질문과 지지는 마치 어두운 숲을 헤매던 나에게 길을 밝혀주는 빛과 같았다. 나조차도 피하고 싶었던 내면의 상처를 정면으로 마주하게 했고, 억눌린 감정의 실체를 직면할 용기를 주었다. 내가 스스로 도저히 갈 수 없었던 내면의 가장 깊고 어두운 공간을 탐색하는 과정에서, 나는 나 자신을 이해하고 받아들이는 법을 배웠다.

이제 나는 감정을 숨기거나 억지로 괜찮은 척하는 것이 아니라, 솔직하면서도 성숙하게 다룰 줄 아는 사람이 되어가고 있다. 코칭은 단순한 상담이나 조언이 아니라, 나를 성장시키고 내면을 탐구하게 하는 가장 강력한 변화의 도구임을 온몸으로 체험하고 있었다. 코칭 대화로 내 안에 깊이 묻어두었던 나의 속마음을 살펴보니, 나는 더 이상 감정을 꾸미거나 억지로 괜찮은 척하지 않고, 감정에 더욱 솔직하면서도 건강하게 표현하는 사람이 되어가고 있다.

감정과 함께 살아가는 여정은 계속된다

물론, 지금도 나는 완벽하게 분노를 통제하는 도인이 되진 않았다. 가끔 몸이 너무 피곤하거나 스트레스가 심할 때, 예전처럼 욱하고 치솟을 때가 있다. 하지만 이제 나는 그 순간들을 예전처럼 두려워하지 않는다. 왜냐하면, 내가 그 감정을 어느 정도 다룰 수 있다는 자신감이 생겼기 때문이다.

"이 분노가 나에게 주는 메시지는 뭘까?"라는 질문부터 떠올린다. 그리고 그 메시지를 곰곰이 들여다보면, 대개는 '난 존중받고 싶다.' '난 가족을 안전하게 지키고 싶다.', '난 솔직하게 내 마음을 나누고 싶다.'와 같은 내면의 욕구와 만난다. 그 욕구가 분노라는 불꽃으로 거칠게 표출되는 대신 조금은 차분한 언어로 나오기 시작했다. 그러면 상대 역시 내 진짜 마음을 이해하고, 갈등 대신 공감이 생긴다.

이 변화가 가능한 데는 코칭의 힘이 컸다. 코칭은 단순히 조언하는 게 아니라, 내가 스스로 내 답을 찾도록 유도해주는 과정이었다. 깊이 묻어둔 감정을 하나씩 꺼내 보고 그 감정이 왜 생기는지, 내가 어떤 가치를 지키고 싶은지 발견하도록 도와주었다. 코치님이 던지는 질문에 답하다 보면, 어느 순간 마음 깊숙한 곳에서 '아, 그렇구나. 이게 내가 진짜 원하는 거였어.'라는 깨달음이 터져 나온다.

결국 감정은 내가 삶을 살아가는 데 있어 빠질 수 없는 중요한 내면의 목소리라는 것을 배웠다. 감정은 좋고 나쁜 게 아니라, 때로는 나를 보호해주고, 때로는 내 욕구를 보여주고, 때로는 관계를 더 깊이 있게 만들어주는 통로가 된다. 문제는 감정을 어떻게 표현하고 다루느냐에 달려 있음을 몸소 깨닫게 된 것이다.

앞으로도 내 감정과 씨름하는 날들은 계속될 것이다. 내 아이가 사춘기가 되면, 혹은 직장에서 또 다른 변수가 나타나면, 새로운 갈등과 분노가 생길 수도 있다. 하지만 이젠 그것을 무조건 두려워하거나 억누르기만 하진 않을 것이다. '이 감정이 나를 성장시키는 신호일 수 있다.'라고 믿게 되었기 때문이다. 화가 날 때, 한 박자 쉬어가며 나 자신에게 물을 것이다. '지금 내가 진짜 원하는 건 뭘까?', '내가 지키고 싶은 건 뭐지?'라고. 그리고 솔직하게, 그러나 상대방을 공격하지 않는 방식으로 이 마음을 표현하려고 노력할 것이다.

나는 이 글을 통해, 혹시라도 감정 때문에 고통스러워하는 누군가가 있다면 전하고 싶다. '감정은 결코 당신을 파멸시키는 적이 아니다.'라는 사실을. 오히려 감정은 가장 중요한 보호 장치이자, 당신이 진짜 원하는 것을 알려주는 안내자일 수도 있다. 만약 지금 감정의 소용돌이 속에서 지치고 힘들다면, 코칭을 비롯해 누군가와 함께 이 여정을 걸어보기를 권한다. 책이나 강의를 통해서도 충분히 도움을 받을 수 있고, 스스로 일기를 쓰고 질문을 던지는 것도 좋다. 중요한 건, 감정을 밀쳐내거나 억지로 감추지 말고, 그 안에 담긴 메시지를 진심으로 들어보는 것이다.

감정과 함께 살아가는 길은, 마치 파도가 밀려오는 바닷가에 서 있는 것과 같다. 때때로 거센 파도가 밀려와 나를 힘들게 한다. 그러나 그 파도 역시 바다가 주는 하나의 자연스러운 움직임이다. 파도를 전혀 없는 잔잔한 수면으로 만들 수는 없겠지만, 나는 이제 파도를 보고 피할 타이밍을 알거나, 때로는 부드럽게 올라타 넘는 법을 배웠다. 그리고 그 파도가 나에게 '내 안에 중요한 가치가 있음을 잊지 말라.'고 알려 준다고 믿게 되었다.

이 여정은 여전히 진행형이다. 나는 가끔 실패하고 다시 옛날로 돌아간 듯한 기분이 들 때도 있지만, 분명한 건 더 이상 '감정이 나를 지배한다.'라고 느끼지 않는다는 점이다. 이제는 내가 감정의 파도를 탈 수 있게 된 기분이다. 그리고 그 과정에서 인간적인 깊이와 성장을 얻는다면, 이 모든 건 참으로 가치 있는 도전이라고 생각한다.

이 글을 읽는 당신도, 혹시 자주 올라오는 격렬한 감정 때문에 힘들어하고 있을지 모르겠다. 유독 특정 감정에 대해서 취약하거나, 그 감정에 매몰되는 자신을 원망하며 자책할 수도 있다. 만약 그렇다면 스스로에게 질문을 던져보길 바란다.

"이 감정을 느끼게 하는 반복적인 상황은 어떤 상황인가?"
"특히 이 감정이 나에게 이토록 불편한 이유는 무엇일까?"
"나에게 이 감정은 어떤 의미인가?"

"이 감정은 내게 어떤 메시지를 주고 싶을까?"

그리고 답을 찾는 과정에서, 기꺼이 도움을 요청하고, 나처럼 코칭이든 상담이든 새로운 문을 두드려보길 권한다. 감정의 소용돌이는 결코 나를 무너뜨리는 폭풍이 아니라, 나의 가치를 지키고자 힘껏 외치는 내면의 목소리일 수도 있으니까.

나는 이제 더 이상 '감정이 과한 사람'이 아니라, '감정을 이해하고 표현할 줄 아는 사람'으로 성장하고 있다고 믿는다. 이 믿음이 흔들릴 때도 있겠지만, 적어도 그 감정 안에 내가 지키고 싶은 소중한 가치가 있음을 알았기에, 앞으로는 예전처럼 무기력하게 후회만 하지 않을 것이다. 그리고 미래에 성장한 내 딸이 "엄마, 나 요즘 이런 감정이 들어."라고 자신의 마음을 솔직하게 믿고 털어놓을 수 있는 엄마가 되기를 꿈꾼다. 그 길은 쉽지 않겠지만, 분명 가능하다. 감정이란 결코 사라지지 않는다. 대신 우리가 그 감정을 대하는 태도는 언제든 바뀔 수 있다. 그리고 그 작은 변화 하나가, 우리의 삶 전체를 바꿀 수도 있다.

6_코칭으로 성장한 엄마와 아들

이혜인 코치

이렇게 싸우기만 해도 되는 걸까?

'우리, 왜 이렇게 싸우기만 할까?'

언제부턴가 아들과 마주 앉는 순간마다 내 머릿속에는 이 질문이 맴돌았다. 주말에 같이 식사를 하다가도, 평일 저녁 숙제를 봐주다가도, 항상 이야기는 다툼으로 끝나버렸다. 내가 아이를 너무 몰아붙이거나, 아이가 내 말을 '잔소리'로 받아들이면 상황은 금세 격해졌다. 그럴 때마다 '이러려고 부모가 된 게 아닌데…… 도대체 왜 우리 사이가 이렇게 멀어져 가는 걸까?'라는 회의감이 들었다. 그러나 바쁜 일상 속에서 나는 이 질문을 덮어두고 싶었다. 아이도, 나도 조금씩 지쳐갔다.

그런데 결국 상황은 더 이상 숨길 수 없을 만큼 악화되었다. 내 언성이 높아지는 시점이 점점 빨라졌고, 아이는 점점 말수가 줄었다. 매번 갈등이 생기면 "왜 맨날 똑같은 일로 이래? 내가 몇 번이나 말해?"라며 불만을 터뜨리는 내 모습이 한심하게 느껴지면서도, 막상 아이 앞에서는 그 감정을 참을 수 없었다. 갈등이 반복될수록 서툰 말들이 쏟아지고, 상처는 누적되었다. 멈추고 싶었지만 도무지 방법을 몰랐다.

닮았기에 더 커진 불안과 기대

아이와 내가 닮았다는 사실은 처음에는 기쁨이었다. "아이가 나를 꼭 닮았네!"라며 주변에 자랑도 하고, 잔뜩 부풀어진 기대도 품었다. 나도 한때는 꿈 많고 호기심 넘치던 아이였으니, '이 아이도 꿈을 갖고 여러 가지 도전을 하면서 열정적이겠지? 분명 나보다 더 성공해서 잘 살 수 있어! 나만 잘하면 돼!' 라고 나 혼자 아이의 미래를 상상했다. 하지만 시간이 흐르면서, 나는 아이가 내 과거의 시행착오까지 그대로 답습할까 봐 두렵기 시작했다.

특히 나는 어릴 적 성과 중심적인 분위기에서 자라며 '이 정도는 해야 한다.', '남들보다 뒤처지면 안 된다.'라는 압박을 많이 받았다. 그리고 그 불안감은 고스란히 아이에게로 옮겨갔다. "너도 이제 곧 중학생이 될 텐데, 지금부터 준비해야 해.", "이 시험에서는 꼭 좋은 점수를 받아야 해." 같은 말들로 아이의 하루를 통제하려 들었다. 처음에는 그렇게 하는 게 최선이라 생각했지만, 한 번의 실패나 기대 이하의 결과만 나와도 내가 먼저 예민해졌다.

"왜 이게 안 돼?", "너는 대체 왜 그래?"라는 짜증 섞인 말이 쏟아질 때마다 아이는 점점 무표정해졌고, "응." 또는 "몰라." 같은 단답형 대답으로 일관하기 시작했다. 나는 언젠가부터 아이가 내 눈을 피한다는 사실을 깨달았다. 내가 묻는 말에 아이가 침묵으로 대응하면, 이상하게도 화가 치밀어 올랐다. '더 이상 이렇게 방치하면 안 되겠다.'라는 생각이 들면서도, 한편으로는 '혹시 내가 잘못한 건 아닐까?'라는 미묘한 불안감이 깔려 있었다.

그러던 중, 학교에서 걸려오는 전화가 점점 잦아졌다. 아이가 친구와 자꾸 다투고, 교실 분위기에도 적응을 잘 못 한다는 상담 요청이었다. "집에서 스트레스를 많이 받는 것 같다."라는 선생님의 말씀에, 내 마음이 철렁 내려앉았다. 평소처럼 아이에게 "너 요즘 왜 그러니?"라고 따지려다, 순간적으로 '아, 혹시 내가 아이에게 너무 많은 것을 강요하는 건가?'라는 생각이 스쳤다.

하지만 그동안 달리 대안을 찾지 못했던 나는 "그냥 좀 네가 제대로 해주면 되잖아!"라는 말로 아이를 몰아붙이고는 했다. 그렇게 갈등이 계속될수록, 우리 사이의 대화는 메말랐다. 화해를 하고 싶은데, 이미 쌓인 감정의 벽이 너무 높았다. 어느 날은 아이 앞에서 무심코 "이제 각자 알아서 하자."라는 말까지 해버렸다. 그 순간, 내 목소리가 낯설게 느껴졌다. 동시에 '정말 여기까지가 끝인가……'라는 절망감이 스며들었다.

코칭을 만나다 - 작은 말 한마디의 힘

그러다 우연한 기회에 '코칭'이라는 단어를 접하게 되었다. 예전에는 '코칭'이라 하면 거창하고 전문적인 무언가로만 생각했는데, 여러 자료를 읽다 보니 '상대의 가능성을 발견하고, 스스로 생각하도록 돕는 의사소통 방식'이라는 설명이 눈에 들어왔다. '아, 이건 현재 나와 아이의 문제에 직접적인 실마리가 될 수 있겠다.'라는 직감이 들었다.

그 후 나는 코칭 관련 강의를 찾아 듣고, 관련 책도 몇 권 사서 읽었다. 당장 대단한 기술을 구사하기보다, '작은 말 한마디의 변화를 실천하는 것'이 중요하다는 문장을 본 순간부터 '이거다!' 하는 확신이 생겼다. 내가 아이에게 쏟아내는 말들이 얼마나 일방적이었는지, 비난과 지시로 가득 차 있었는지 돌이켜보게 되었다.

그래서 그날부터 일부러라도 "잘 다녀와.", "고마워.", "미안해." 같은 말을 입에 담았다. 처음에는 어색했다. 내가 아이한테 "엄마가 지켜줄게."라고 말하는 순간, 나 스스로도 왠지 모르게 부끄러웠다. 그러나 동시에 작은 말 한마디가 이렇게나 부드러운 공기를 만들 수 있음을 체감했다. '이렇게 간단한 말이 정말 큰 변화를 가져올 수 있을까?'라는 반신반의도 있었지만, 적어도 아이가 내가 덜 화를 내고 있다는 것은 느낄 수 있을 것 같았다.

더 나아가, 한 권의 책에서 본 'I 메시지' 사용법을 시험해보기로 했다. 예전이라면 "너 왜 그렇게 해?", "왜 엄마 말을 안 들어?"라며 아이를 주어로 문장을 만들었다. 그런데 코칭 책에는 'I 메시지'가 '너'가 아니라 '나'를 중심으로 감정을 솔직히 표현해야 한다고 나와 있었다. 그래서 어느 날, 진심을 담아 아이에게 고백했다.

"엄마는 말이지, 너랑 닮은 네가 엄마보다 더 잘살았으면 좋겠다고 생각했어. 그 마음이 너무 앞서다 보니 자꾸 이거 해라, 저거 하지 마라 하면서 네가 잘 못 한다고 느낄 때 화를 냈던 것 같아. 그런데 이제 알았어. 그게 사실은 엄마 욕심이었다는 걸. 그래서 미안해."

대화를 마치고 나서 아이의 반응을 살폈지만, 아이는 아무 말도 없이 자기 방으로 들어가 버렸다. 문이 닫히는 순간, '내가 잘못 말을 꺼냈나?' 하는 걱정과 '역시 너무 늦은 것일까?'라는 후회가 들었다. 그런데 얼마 후, 아이가 조심스레 내게 편지를 건네주었다. "중간에 버리지 말고 끝까지 읽어봐."라고 말한 뒤 아이는 방으로 돌아갔다. 편지를 펼쳐보니, 중간중간 서툰 문장과 삐뚤빼뚤한 글씨로 가득했지만, 마지막

부분에는 "사랑해."라는 글자가 선명히 적혀 있었다.

그 한 단어를 보는 순간, 눈물이 왈칵 쏟아졌다. 다시 한번 깨달았다. 작은 말 한마디가 이렇게도 큰 울림을 줄 수 있다는 사실을. 그날 이후로 나는 아이와 대화를 할 때 '해결책을 주어야 한다.'는 강박을 내려놓고, 대신 아이의 말을 더 길게 들어주려고 노력했다.

아들이 해준 코칭질문

이렇듯 작지만 변화가 쌓이자, 아이는 서서히 마음의 문을 열기 시작했다. 학교에서 있었던 일들을 조금씩 먼저 얘기해 주기도 하고, 예전 같으면 "알아서 할게."라고 했을 상황에서도 내 의견을 묻는 경우가 늘어났다.

어느덧 아이는 중학생이 되었다. 사춘기라고는 하지만, 이전과 달리 크게 부딪히지 않고 서로의 일상을 존중해 주는 분위기가 형성되었다. 그러던 어느 날, 주말 저녁에 아이와 소파에 나란히 앉아 TV를 보고 있었다. 갑자기 아이가 TV를 끄더니, 내 쪽을 돌며 진지하게 물었다.

"엄마, 10년 후에 엄마는 어디서 어떤 일을 하고 있을 것 같아? 그리고 그 목표를 위해 얼마나 노력하고 있어?"

처음에는 뭐라 대답해야 할지 몰라, "뭐라고?" 하고 되물었다. 그러자 아이는 "그냥 궁금해서. 엄마 생각이 듣고 싶어."라고 덧붙였다. 그 순간, 머리가 하얘지는 기분이었다. 내가 평소에 아이에게 던지던 "그럼 넌 어떻게 하고 싶어?", "너는 앞으로 뭐가 되고 싶어?" 같은 코칭 질문들을 그대로 돌려받고 있었던 것이다.

나는 잠시 말을 잇지 못했다. 갑작스럽기도 했고, 어딘가 묘한 뭉클함이 차올랐다. '아, 이제 아이가 나에게도 이런 질문을 던질 만큼 성장했구나.'라는 생각이 들었다. 동시에 '나는 정말 내가 원하는 삶을 향해 가고 있나?'라는 자문도 하게 되었다. 아이와의 이런 대화를 상상해 본 적이 없었기에, 순간 어떻게 반응해야 좋을지 몰라 오히려 부끄러웠다.

하지만 이내, 아이와 진솔한 대화를 시작했다.

"사실 엄마는 해보고 싶은 일이 많은데, 아직 구체적으로 계획을 세우지 못했어. 그런데 네 질문을 들으니까 나도 생각을 정리해볼 필요가 있겠다는 생각이 드네."

아이는 고개를 끄덕이며, "그럼 엄마가 하고 싶은 일 중 가장 재미있을 것 같은 게 뭔지, 왜 그게 좋은지부터 적어보는 건 어때?" 하고 제안했다.

그 순간, 아이와 내가 서로 '코치'가 되어 주는 느낌을 받았다. 단순히 부모–자녀를 넘어, 각자의 미래를 진지하게 고민하고 지원해 주는 관계가 된 것이다. 예전 같으면 상상도 못 했을 일이었다.

관계 개선을 위한 세 가지 방법

사실 이런 변화를 가능케 한 것은 거창한 이론이나 멋진 기술이 아니었다. '코칭'이라는 말은 그저 우리 가족이 다른 방식으로 소통하도록 돕는 안내서였을 뿐이다. 가장 핵심이 된 건 작은 습관의 변화였고, 그중에서도 다음 세 가지가 결정적이었다.

1. 작은 말 한마디의 힘

"잘 다녀와.", "고마워.", "미안해.", "사랑해."

이 말들은 너무나 흔해서 오히려 놓치기 쉬운 표현이다. 하지만 가족 관계에서 이런 말 한마디가 주는 울림은 생각보다 크다. 겉으로는 무표정해 보이는 아이도, 부모가 먼저 "미안해."라고 사과하면 당황하면서도 마음이 열리기 시작한다. 사랑을 직접 표현하는 게 어색하다면, 고마움이나 미안함을 솔직하게 전하는 것부터 해보자.

2. I 메시지 사용하기

예전의 나는 "왜 그게 안 돼?", "넌 도대체 왜 그래?"라는 식으로 아이를 주어로 문장을 만들었다. 문제는 이런 표현이 아이에게 '비난'으로 들릴 수 있다는 점이다. 반면 "나는 이렇게 느껴.", "나는 이렇게 생각했어."라는 식의 I 메시지는 상대를 비난하기보다 내 마음을 솔직히 꺼내 놓는다. 상대방도 내 감정을 이해하게 되고, 나 역시 그 순간 내 감정을 객관화할 수 있게 된다. 자연스럽게 갈등을 부드럽게 풀어 갈 수 있는 출발점이 된다.

3. 해결책 대신 질문하기

부모 입장에서는 늘 아이의 문제를 '빨리 해결해 줘야 한다.'는 압박감이 있다. 그래서 "그냥 이렇게 해."라며 지시하기 일쑤다. 하지만 코칭에서 강조하듯, "네가 원하는 건 뭐야?", "지금 우리가 할 수 있는 게 뭘까?", "어떤 선택지가 있을까?" 같은 질문은 아이 스스로 답을 찾는 힘을 길러준다. 이것이 쌓이면서 아이는 점점 자기 문제를 자율적으로 해결하는 법을 배운다.

마음의 벽을 허문 한마디 "사랑해."

돌이켜 보면, 아이가 편지에 적어준 단 한마디 "사랑해."가 우리 가족의 판도를 바꾼 시작점이었다. 물론 그 한 번의 감동으로 모든 갈등이 사라진 건 아니다. 지금도 일상에서는 크고 작은 갈등이 생긴다. 하지만 적어도 이제는 '싸움'이 아니라 '대화'로 풀어갈 줄 알게 되었다.

정말 중요한 건, 코칭이라는 게 거창한 수업을 듣고 숙련된 전문가가 되어야만 할 수 있는 일이 아니라는 사실이다. 부모도, 아이도, 모두에게 해당된다. 꾸준한 대화와 작은 말 한마디의 따뜻함이 곧 코칭의 핵심이다. 한 번의 시도로는 충분하지 않을 수 있다. 그러나 한 마디씩, 한 번씩 시도하다 보면 관계가 서서히 달라진다.

나는 어느새, 아이에게 "엄마는 어디까지 해낼 수 있을까?"라는 질문을 받으며 내 미래를 고민하게 되었다. 예전엔 상상도 못 하던 일이지만, 이제는 우리 가족에게 자연스러운 풍경이 되었다. 아이 역시 스스로 해답을 찾고 실행해 나가는 모습을 보일 때가 많다. 그렇게 서로가 서로의 코치가 되어 함께 성장하고 있다.

이 글을 읽는 여러분도 혹시 가족 간에 해결하지 못한 갈등을 안고 있지 않은가? 혹은 아이와의 관계가 어느 순간 멀어진 것 같아 막막하지 않은가? 그렇다면 오늘부터 당장 작은 시도를 해보길 바란다. "잘 다녀와.", "고마워.", "미안해." 이 세 마디부터 꾸준히 건네보자. 그리고 상대를 비난하기보다는 '내 마음'을 솔직하게 표현하고, 해결책을 강요하기보다는 '상대가 원하는 것'을 물어보자.

처음에는 어색할 수 있다. 상대가 시큰둥하거나 무표정일 수도 있다. 하지만 사람 마음이란 따뜻함을 느끼는 데 그리 오래 걸리지 않는다. 작은 변화가 계속 쌓이면, 언젠가 그 변화가 눈에 보이게 된다. 그리고 그때, 우리는 가족 간 대화에서 '서로를 이해하고 존중한다.'라는 깊은 감정을 느낄 수 있게 된다.

나는 그 경험을 통해 비로소 '부모와 자녀가 함께 성장한다.'라는 말의 의미를 알게 되었다. 혼자만의 애씀으로는 한계가 있지만, 진솔한 대화와 존중, 그리고 꾸준한 '작은 행동'이 결국에는 큰 변화를 만들어 낸다. 아이를 통해 나 역시 변해가는 과정이 즐겁다.

그렇게 만들어진 관계는, 이미 어긋났다고 생각했던 상황에서도 새로운 희망을 선사한다. 한 번의 따뜻한 말, 한 번의 진심 어린 질문, 한 번의 진정성 있는 사과가 쌓여서 만들어지는 변화는 생각보다 강력하다.

오늘 이 글을 읽은 당신도, 이 작은 실천들을 하나씩 시도해 보길 바란다. 처음엔 어색해노 괜찮나. 중요한 건 멈추지 않고 계속 나아가는 것이다. 그 끝에서, 가족과의 관계가 다시 꽃피는 순간을 분명 마주하게 될 테니까. 그리고 그 순간, 아마도 당신도 나처럼 깨닫게 될 것이다.

'아, 이게 바로 함께 성장한다는 거구나.'

그 어느 때보다 함께하는 시간이 소중해진 시대다. 눈앞에 있는 소중한 사람에게 작은 말 한마디를 건네보자. "사랑해."라는 단어가 아직 어색하다면, "오늘도 수고했어."라는 말로 시작해도 좋다. 그 작은 한 걸음이, 당신의 가족 관계에 놀라운 반전을 가져올지도 모른다.

독자를 위한 코칭질문과 실행 팁

1. 지금 내 관계(가족 또는 자녀, 혹은 지인)에서, 가장 이루고 싶은 모습은 무엇인가요?

2. 내 삶에서 가장 중요한 가치는 무엇이며, 그 가치는 가족 관계에서 어떻게 반영할 수 있을까요?

3. 지금 나와 상대(자녀, 배우자 등)의 갈등이나 어려움이 드러나는 순간은 언제인가요?

4. 이 문제에 대해서 나는 어떻게 바라보나요?

5. 상대방은 어떻게 바라보고 있을 것 같나요?

6. 만약 기적처럼 어느 날 아침 모든 갈등이 자연스럽게 해결되었다면, 어떤 장면이 가장 먼저 떠오르나요?

7. 상대(자녀, 배우자 등)가 지금 나에게 진심으로 바라는 것은 무엇이라고 생각하나요?

8. 갈등이나 어려움이 생겼을 때 '비난 대신 질문'을 한다면 어떤 말을 할 수 있을까요?

9. 내가 오늘부터 실천할 수 있는 '작은 말 한마디의 변화'는 무엇인가요?

10. 1년 후, 내가 지금 실천을 이어간 노력 덕분에 관계가 한층 더 좋아졌다면, 그때 내 일상은 어떤 모습일까요?

7_아 놔, 김 이사 그 자식!

임근희 코치

갱년기에 접어든 나는 감정 조절이 점점 더 어려워졌다. 어느 날 저녁, 식탁에 앉은 남편이 다짜고짜 불만을 터뜨렸다.

"아 놔, 김 이사 그 자식, 정말 짜증 나!"

그의 날카로운 목소리가 예민해진 내 마음을 건드렸다. 가슴이 갑자기 답답해졌다. 나도 모르게 소리를 높였다.

"여보! 직장 하루 이틀 다녀요? 제발 집에 와서 회사 일로 신경질 좀 내지 마! 나도 힘들다고!"

남편의 표정은 굳어버렸고, 우리는 또다시 차갑게 등을 돌린 채 저녁을 마쳤다. 그 이후 15일 동안 냉전이 이어졌다. 이런 대화는 툭하면 반복되었다. 우리 사이엔 긴 침묵의 벽이 생겼다. 우리는 서로의 마음을 이해하지 못한 채 각자 마음의 상처만 키워가고 있었다.

퇴근 후 저녁 식사를 준비하며 나는 국을 데우며 남편을 기다리고 있었다. 문이 거칠게 열리며 들어오는 남편의 얼굴이 벌써 심상치 않았다. 그는 가방을 바닥에 툭 던지며 투덜거렸다.

"아놔, 김 이사 그 자식, 정말 짜증 나! 어떻게 사람 말을 그렇게 무시하지?"

나는 순간적으로 긴장했다. 또 시작이구나 싶어 불안한 마음에 나도 모르게 목소리가 높아졌다.

"직장 하루 이틀 다녀요? 제발 신경질 좀 내지 마!"

"당신이 뭘 알아! 매일 회사 다니는 게 얼마나 힘든지 알기나 해?"

남편은 식탁에 앉자마자 밥을 먹으려다 숟가락을 다시 내려놓았다. 우리의 저녁은 종종 이렇게 불편한 분위기에서 시작되곤 했다. 식탁을 사이에 두고 마주 앉아 있지만, 각자의 마음은 다른 곳을 보고 있었다. 말은 많았지만, 진짜 마음은 전혀 닿지 않았다. 우리의 대화는 서로를 향한 날카로운 공격과 방어로 가득 차 있었고, 점점 멀어지는 마음은 어느새 침묵의 벽을 만들어버렸다.

이런 싸움이 언제부터 반복된 건지 기억조차 나지 않았다.

"엄마, 아빠는 말만 하면 맨날 싸워?"

오랜만에 집에 내려온 대학생 아들의 이 한마디는 내 마음을 깊이 찔렀다. 나는 서둘러 "전라도 말투가 원래 좀 그러잖아, 너도 잘 알잖아."라며 어색하게 웃었지만, 사실 내 마음에는 깊은 부끄러움과 당혹감이 가득했다. 우리는 왜 서로를 공격하고 상처 주는 대화에 익숙해졌을까.

남편은 성급하고 직설적인 성격이고, 나는 천천히 생각하고 결정하는 편이었다. 작은 의견 차이에도 서로의 말을 끊고 목소리를 높이는 일이 잦아졌다.

코칭과의 만남

어느 날 우연히 참석한 교회의 특별 강연에서 코칭 전문가의 이야기를 들었다.

"많은 부부들이 싸우는 이유는 상대의 말을 끝까지 듣지 않고 자신의 주장을 관철하려고 하기 때문입니다. 코칭의 기본은 상대의 이야기를 끝까지 경청하고, 그 이야기가 어디에서 오는지 깊이 있는 질문을 던져 상대 스스로가 자신의 답을 찾게 돕는 것입니다."

그는 이렇게 덧붙였다.

"상대의 말에 진정으로 관심을 갖고 '왜?'보다는 '무엇 때문에 그런 마음이 들었는지'를 물어보세요. 그러면 상대도 자신을 돌아보며 마음을 열게 됩니다. 결국 코칭은 부부 관계를 다시 사랑으로 회복시키는 가장 좋은 방법입니다."

강연 후, 나는 더 깊은 이해를 얻기 위해 전문 코치를 직접 찾아가 상담을 받았다. 전문 코치는 내 이야기를 천천히 경청하며 내 안에 감춰져 있던 감성과 진짜 고민을 끌어냈다. 그 따뜻하고 사려 깊은 질문들은 내 마음을 편안하게 해주었고, 코칭 대화의 놀라운 힘을 실감할 수 있었다. 우리 부부에게 정말 필요한 것은 바로 이러한 진심 어린 경청과 질문이었다는 것을 깨달았다.

변화를 위한 작은 시도

저녁 식사 후, 거실 소파에 앉아 텔레비전을 보고 있는 남편의 뒷모습을 바라보며 나는 잠시 망설였다. 가슴이 두근거렸고 입이 쉽게 떨어지지 않았다. '이제 와서 갑자기 잘될까?' 하는 불안감과 '이대로 계속 지낼 순 없다.'라는 절박한 마음이 복잡하게 교차했다. 짧은 호흡을 크게 한 번 들이쉬고, 조심스럽게 남편 옆에 앉아 작은 목소리로 말을 걸었다.

"오늘 회사에서 많이 힘들었지? 아까 김 이사 이야기하면서 표정이 많이 안 좋던데, 무슨 일이 있었는지 이야기해 줄 수 있어?"

남편은 처음엔 당황한 듯 나를 바라보았지만, 곧 조심스럽게 입을 열었다.

"김 이사가 자꾸 내 의견을 무시하니까 너무 자존심 상하고 답답해."

남편의 솔직한 이야기를 들으며 나는 조용히 공감했다.

"그랬구나, 정말 속상했겠네. 그때 어떤 생각이 가장 많이 들었어?"

그 질문에 남편은 깊이 숨을 쉬며 생각하더니 말했다.

"내 의견이 가치 없다고 느껴지니까 자존심이 많이 상했지."

그 순간 우리는 서로의 눈을 바라봤고, 오랜만에 진심으로 통하는 대화를 하고 있음을 느꼈다. 남편의 어깨에서 긴장이 풀리는 것을 보며 나 또한 가슴속이 편안해졌다.

서서히 다가온 변화

처음 변화를 실감했던 날이 기억난다. 어느 주말 오후였다. 남편이 또다시 불만 섞인 목소리로 집안청소를 언급했다.

"집안이 왜 이리 어수선해? 좀 제대로 정리하면 안 돼?"

순간 마음이 상해 반응하려던 찰나, 나는 강연에서 들었던 내용을 떠올렸다.

"집안이 어수선해서 불편했구나. 신경 쓰이게 해서 미안해. 무엇이 가장 거슬려요?"

남편은 놀란 듯 잠시 멈추었다가 말했다.

"거실이 어지럽혀져 있으면 내가 쉬지를 못하겠어."

처음으로 남편의 입장에서 집안을 바라보게 되었다. 나 역시 그의 말을 듣고 난 후, "그렇구나! 주말인데 같이 정리할까?"라고 부드럽게 제안했다.

"결국에 같이 하자는 말이구만."

남편은 웃으며 청소기를 들고 나왔다. 우리는 오랜만에 웃으면서 함께 청소를 했다. 그날 이후로 우리 사이에는 작은 변화가 시작되었다.

코칭식 질문과 경청을 꾸준히 실천하자 남편도 변하기 시작했다.

"당신은 어떤 부분이 가장 힘들어?"

남편이 내게 물었다. 나는 처음엔 놀랐지만 이내 마음을 열고 답했다.

"내가 천천히 생각하는 게 틀린 건 아닌데, 당신이 자꾸 재촉하면 부부관계가 불안하고 힘들어. 그리고 가끔 서운했어."

남편은 잠시 생각하다 고개를 끄덕였다.

"미안해. 앞으로는 좀 더 여유를 줄게."

그의 진심 어린 사과에 내 마음도 따뜻해졌다.

코칭대화로 다시 찾은 사랑의 온기

얼마 전 아들의 생일이었다. 예전 같았으면 선물을 고르는 과정에서 벌써 언성이 높아졌을 텐데, 이번엔 달랐다. 남편은 나를 조심스레 바라보며 평소답지 않게 부드러운 목소리로 물었다.

"이번 아들 생일 선물 말이야, 당신 생각은 어때? 천천히 정해도 괜찮으니까 부담 갖지 마."

그의 조심스러운 눈빛과 배려 섞인 말투가 전해지자, 내 마음속 깊이 묻어 두었던 서운함과 긴장이 한순간에 녹아내리는 것 같았다. 남편의 배려 섞인 말에 나는 순간 눈물이 핑 돌았다. 나도 다정하게 응답했다.

"고마워. 아들이 요즘 뭘 좋아하는지 같이 좀 더 생각해볼까?"

우리는 여유롭게 쇼핑을 하고, 함께 저녁 준비를 하며 웃음꽃이 피었다. 아들은 우리의 달라진 모습을 보며 "엄마, 아빠 요즘 대화하는 모습이 많이 달라졌네요. 두 분이 전에는 작은 일로도 크게 싸우고 며칠씩 말도 하지 않으셔서, 솔직히 집에 내려오는 게 부담스럽고 힘들었어요. 저러다 정말 이혼하는 거 아닌가 걱정도 많이 했었는데, 이제는 집에 내려오면 두 분이 웃으면서 대화하는 모습을 보게 되니까 마음이 너무 편하고 좋아요."라며 환하게 웃었다. 아들의 이 한마디에 가슴이 뭉클했다. 그동안 우리가 아이들에게 얼마나 큰 상처를 주었는지 다시 한번 깊이 반성하게 되었다. 이 작은 일상의 변화가 우리 가족에게 얼마나 큰 행복을 가져다주었는지 새삼 느낄 수 있었.

얼마 전 부부 동반 교회 모임에서 다 같이 저녁 식사를 하고 있을 때였다. 식탁을 둘러싸고 서로의 근황과 삶의 이야기를 나누던 중 한 집사님이 밝은 표정으로 우리 부부를 향해 말을 건넸다.

"집사님 부부는 나이가 들어서도 어떻게 그렇게 부부 금실이 좋아요? 볼 때마다 서로를 배려하고 존중하는 모습이 정말 부러워요."

그 말을 듣고 주변에 있던 다른 부부들도 우리를 향해 미소를 지으며 공감의 고개를 끄덕였다. 이제 주변 사람들도 우리 부부가 달라졌다며 칭찬한다. 과거를 떠올리면 우리에게는 상상할 수 없던 일이었다. 서로의 마음을 후벼 파는 언어와 말투가 이제는 서로의 감정을 배려하는 대화를 위해 끊임없이 노력하는 부부가 되었다.

상대방의 감정을 배려하는 대화를 위해 우리는 끊임없이 노력하고 있다. 예전에는 서로의 말을 듣지 않고 각자 자기 이야기만 하느라 바빴지만, 지금은 상대방의 말을 끝까지 듣고 감정을 헤아리며 대화를 나눈다. 물론 앞으로도 완벽하진 않겠지만, 서로의 마음을 진심으로 듣고 질문하며 사랑의 온기를 키워갈 것이다.

우리 부부처럼 싸움이 반복되는 부부가 있다면, 오늘부터 서로의 말을 끝까지 듣고 작은 질문을 던져보라고 권하고 싶다. 실제로 작은 질문을 실천한 독자 중 한 사람은 배우자와 갈등이 생겼을 때 즉각적인 비난 대신 "지금 당신의 마음은 어떤 상태야? 내가 어떻게 해주면 좋겠어?"라고 물었다고 한다. 그 작은 질문 하나 덕분에 상대방도 자신의 마음을 열고 진지한 대화를 나눌 수 있었으며, 결과적으로 부부 관계가 회복되는 놀라운 경험을 했다고 전했다.

우리 부부처럼 갈등으로 힘들어하는 이들에게 말하고 싶다.

"서로의 말을 끝까지 듣고 작은 질문을 던져보라."

독자를 위한 코칭질문과 실행 팁

부부간의 갈등을 겪고 있는 당신을 위한 셀프코칭 질문 5가지

1. 지금 내 감정은 어디에서부터 시작된 걸까?

2. 상대방의 말을 끝까지 경청하고 있었는가?

3. 지금의 갈등 상황에서 상대방은 어떤 감정을 느끼고 있을까?

4. 나는 상대방에게 어떤 질문을 던지고 있는가? 그 질문이 상대의 마음을 열고 있을까?

5. 우리가 진정으로 원하는 것은 무엇인가? 이 갈등을 통해 함께 얻고 싶은 목표는 무엇인가?

8_재입사부터 임원 승진까지, '센 언니'의 강점

최강석 코치

불만 너머에 숨은 욕구

3월 초, 풀리는 듯싶던 날씨가 쌀쌀해지면서 찬바람이 불었다. 아내는 아파트 1층 입구의 비밀번호를 누르면서 "아우, 날씨가 이렇게 춥고 난리야."라고 말했다. 아내의 말 속에서 아내의 욕구가 들렸다.

"가벼운 봄옷을 빨리 입고 싶은 거야?"라고 내가 확인하자, 아내는 속마음을 어떻게 알았냐고 물었다. 그간, 열심히 코칭 훈련을, 특히 경청 훈련을 열심히 한 덕분이었다. 경청 훈련을 통해 상대방의 욕구를 파악하려 애쓰니, 불만 섞인 표현 이면에 숨어 있는 그녀의 바람이 들렸던 것이다.

사람들은 자신이 원하는 것을 말하기보다는 불평이나 불만 형태로 표현을 하곤 한다. 특히, 우리나라 사람들이 서양사람들에 비해 더욱 그런 것으로 보인다. 내가 만난 미국이나 유럽 등 서구 사람들은 자신이 원하는 것을 솔직하게 말하였다. "What do you want?"라고 물으면 "I want……."라고 그리 어렵지 않게 말한다. 반면에 우리나라 사람들은 그렇지 못한 사람들이 더 많았다. 자신이 원하는 것을 잘 모르거나, '~가 싫다.'거나 '~이 힘들다.', '~이 없으면 좋겠다.'와 같이 부정적인 표현을 사용하는 사람들이 많다.

이것은 양육방식과 문화적 차이에서 만들어지는 것으로 판단된다. 우리는 서구에 비해 관계중심적, 집단적 성향이 강하다. 윗사람이나 연장자는 아랫사람의 표현을 억누르는 편이다. 자연히 집단 내 연장자 앞에서 자신의 욕구와 표현을 억누르게 훈련되었다. 그래서 우리나라 사람을 코칭하는 것이 서구사람을 코칭하는 것보다 어렵게 느껴질 때가 많다. 따라서 언어표현 이면의 감정과 욕구, 의도를 경청하는 것은 쉽지 않지만 매우 중요한 능력이다.

게슈탈트 심리로 이해하는 숨은 욕구

게슈탈트 심리 이론은 사람의 마음과 행동을 전체적인 흐름에서 이해하는 관점이다. 사람이 어떤 욕구를 느끼면 그것을 해결하려 애쓰지만, 만약 해결되지 않으면 그 욕구는 마음속에 계속 남아 불편한 감정을 만든다. 예를 들어 자꾸 짜증이 난다면, 단순히 기분이 나쁜 것이 아니라 누군가에게 인정받고 싶다거나 쉬고 싶다는 욕구가 숨어 있을 수 있다.

게슈탈트 심리에서는 지금 이 순간의 경험을 있는 그대로 느끼는 것이 중요하다고 본다. 이런 감정을 억누르지 말고, "나는 지금 무엇을 느끼는가?", "나는 지금 무엇을 원하는가?"와 같은 질문을 통해 자신의 감정과 욕구를 알아차리는 과정을 강조한다. 몸의 감각이나 감정을 천천히 관찰하는 것도 큰 도움이 된다.

또한, 이 이론에서는 '접촉과 철수'라는 개념도 중요하다. 사람이 어떤 욕구를 느끼면 그 욕구를 해결하기 위해 주변과 관계를 맺고, 욕구가 충족되면 다시 물러나는 자연스러운 흐름을 갖는다. 하지만 과거의 상처나 사회적 눈치 때문에 자기 욕구를 외면하는 습관이 생기면, 오랫동안 해결되지 않은 감정이 남아 자신도 모르게 삶을 무겁게 만든다.

결국, 내면의 욕구를 알아차린다는 것은 진짜 나와 마주하는 일이다. 게슈탈트 심리는 우리가 무심코 눌러두었던 마음을 꺼내어, 더 자유롭고 건강한 모습으로 살아갈 수 있도록 돕는 이론이다. 이런 시각에서 보면, 일상에서 느끼는 사소한 짜증이나 불편감도 '해결되지 않은 내면의 욕구'일 수 있음을 알게 된다. 여기에 코칭 대화를 결합하면, 상대방의 숨은 마음을 드러나게 하고 해결의 실마리를 찾을 수 있는 기회가 생긴다.

'센 언니' 스타일의 아내

결혼 초, 나는 아내의 말과 행동에 상처를 받거나 화가 나는 경우가 많았다. 아내는 주도적이고 직설적인 여자다. 흔히 말하는 '센 언니' 스타일이라고 할 수 있다. 뒤끝이 없다는 장점이 있지만, 날아오는 돌직구는 아프다. 그녀는 빠르게 판단하고 빠르고 분명하게 거절한다. 카리스마 넘치는 양반댁 안방마님이나, 콧대 높은 왕족이 이번 생에 서민으로 태어난 것은 아닐까 하는 생각이 든다.

경청훈련과 내 내면의 감정처리, 의식훈련을 통해 직설적이고 주도적인 그녀의 언행 앞에서도 평정을 유지하며, 그녀의 감정과 욕구와 의도를 들을 수 있게 되었다. 이런 코칭 훈련과정이 없었다면, 결혼생활은 얼마 가지 못했을 것이다. '저 사람의 말과 행동 속에 숨어 있는 욕구, 의도, 강점은 뭘까?'라는 마음 자세로 경청을 하게 되면, 상대방의 말 너머에 있는 감정과 욕구, 의도를 알아차릴 수 있게 된다.

코칭으로 아내를 돕기

그러던 어느 날, 아내의 약한 모습을 보게 되었다. 다니던 회사의 임원과 함께 회사를 나왔다가 뜻대로 일이 잘 안 되어 정리를 하게 되었다. 백수로 몇 달을 지내다가 다시 기존 회사에 재입사 기회가 왔고, 면접 전날이 되었다.

아내는 많이 불안해하며 '다시 들어갈 수 있을까?'라고 힘없이 말을 하였다. 그렇게 자신 없고 풀 죽은 모습은 처음이었다. 마치 센 언니가 아닌, 길을 잃은 아이처럼 보였다.

그날 밤, 나는 아내에게 코칭으로 도와줘도 될지 물었고, 아내는 동의를 했다. 코칭대화 초반에는 현재 상황에 대한 인식을 돕는 코칭을 통해 어떤 감정들이 복합적으로 느껴지는지, 각 세부감정 이면의 욕구는 무엇인지, 어떤 의도를 가지고 있는지를 중점적으로 살펴볼 수 있도록 했다. 이어서, 기대하는 바람직한 모습을 도출했다. 다음으로 순수의식기술과 시간선기법, NLP 기법으로 부정적인 감정들을 하나 하나 처리해 나갔다. 아내는 눈물과 함께 부정적 감정을 흘려냈다. 나는 아내를 꼭 안아주었다. 부정적인 감정들을 모두 처리한 후 시간선 위에서 스위시 기법과 미래창조기법을 적용했다. 이 작업들을 마치자 아내는 훨씬 밝아진 모습으로 자신감 있는 모습을 상당히 되찾았다.

재입사 후 달라진 풍경

다음 날 아내는 예전 회사에서 면접을 다시 보게 되었고, 무사히 재입사에 성공했다. 재입사 후에는 특유의 추진력과 리더십을 발휘하며 탁월한 업무수행 능력을 보여줬다. 물론 모든 일들이 그렇듯, 순탄하게만 흘러가지는 않았다.

어느 날, 아내를 태워서 함께 퇴근하는 길이었다. 차에 올라타자 잠시 후 "오늘 속 터져서 죽는 줄 알았어."라며 아내 특유의 짜증 섞인 불만의 목소리가 나왔다. 내가 "무슨 일인데?"라고 묻자, "아, 글쎄 5분이면 결정할 일인데, 오전 내내 회의만 하느라 시간을 다 버렸지 뭐야."라고 푸념했다.

아내의 불평 어린 말에는 어떤 욕구가 감춰져 있었을까? 아내가 바라는 것을 한마디로 정리하면 '빠른 결정'이라고 할 수 있겠다. 아내의 평소 패턴을 보았을 때 이것은 그녀의 강점과 관련된 욕구라고 볼 수 있었다. 아내는 빠른 판단과 결정능력이 강점이다. 물론 실수하기도 하지만 말이다.

"그러니까, 상무님이 빨리 판단하고 결정했으면 좋았을 텐데, 그렇지 못해서 답답했다는 거지?"라는 나의 공감표현과 질문에 아내는 그렇다고 답했다.

"내가 보기에는 당신이 빠르게 판단하고 결정하는 능력이 상무님보다 뛰어나기 때문에 그런 것 같네. 만약 당신이 상무님보다 판단하고 결정하는 능력이 떨어졌다면, 답답하지 않았을 것 같은데, 어떻게 생각해?"

나의 재구성(reframing)을 활용한 반영과 확인질문에 아내는 수긍

하는 모습을 보였다.

"내 생각에 당신은 탁월한 판단능력과 빠른 의사결정능력이 강점이야. 그건 임원으로서 꼭 필요한 능력이지. 내가 보기에는 당신은 타고난 임원감이야. 당신이 임원이 안되면 누가 임원이 되나?"

나의 말에 "그런가?"라는 말과 함께 아내의 얼굴이 밝아졌다. 짜증 섞인 얼굴은 어디로 갔는지 찾아볼 수 없었다.

당신이 열 받는 이유

그로부터 몇 년 뒤 아내는 실제로 그 회사에서 임원 자리에 올랐다. 지방 2년제 대학 출신으로 글로벌 기업의 이사가 된 드문 경우였다. 부하직원들 중에는 해외유학을 다녀온 사람들도 많았지만, 아내의 상황판단, 의사결정, 조직화, 조직 커뮤니케이션, 업무체계수립, 업무추진 및 점검 능력 등 리더로서 필요한 역량은 타의 추종을 불허할 만큼 탁월했고, 아내는 그 능력을 충분히 발휘했다.

사람들이 어떤 사람이나 상황을 보고 답답해하거나 화가 난다면, 자신의 강점이 작동하고 있을 때가 많다. 누군가가 맞춤법이 틀린 문서를 보고 화를 낸다면, 그는 맞춤법에 대한 강점이 있을 가능성이 높다. "왜 저렇게 게으른 거야?"라며 자녀의 부지런하지 못한 모습을 보고 화가 나는 사람은 근면한 강점을 가지고 있을 가능성이 높다. 물론 답답함과 화의 원인이 강점 때문만은 아니지만, 자신의 강점을 살펴볼 수 있는 좋은 기회다.

당신은 어떤 사람이나 상황을 볼 때 화가 나는가? 그 상황에서 자신의 강점이 작용하고 있을 수 있다. 화나는 상황이 생겼다면, '나의 강점을 발견할 수 있는 좋은 기회를 주셔서 감사합니다.'라고 생각하고, 관련된 자신의 강점을 발견해보자. 문제라고 여겼던 모습은 사실 자신이 가진 강점의 그림자인 경우가 많다. 이것은 고객들을 코칭하면서 자주 발견하는 부분이다.

후배 코치들을 지도하면서 그들이 열 받았던 상황을 위와 같이 분석 및 재구조화 해보고, "내가 잘나서 열 받았었네."라고 말해보라고 한다. 그러면 대부분 찡그렸던 얼굴은 사라지고, 웃으며 수긍의 고갯짓을 한다. 또한, "기대하지 말고 기여하자."라는 말도 해보게 한다. 내가 강점으로 가지고 있는 측면을 그렇지 못한 상대에게서 찾고 기대할 때, 갈등의 불씨가 된다. 상대가 나의 강점을 발휘해주기를 바라지 말고, 내가 나의 강점으로 할 수 있는 부분을 찾는 것이 오히려 더 건강하고 생산적인 것이다. 단, 상대의 의사를 묻지 않고 직접 해결해버리는 것은 문제를 키울 수 있다.

꼼꼼한 엄마, 자유분방한 딸

정리정돈을 잘하는 엄마가 사교적이고 자유분방한 딸의 방에 들어가서 답답함과 화를 느낀다면, 무엇을 보고 그랬을까? 정리되지 않은 방을 본 것이 그 이유다. 그래서, 엄마가 딸에게 "방 꼬라지가 이게 뭐냐. 정리 좀 하고 살아라."라고 훈계를 하면, 딸이 "어머니 말씀이 지당하십니다. 제가 부족한 부분을 일깨워주셔서 감사합니다. 제가 바로 정리하겠습니다."라고 말할까? 대부분의 딸들은 화를 내며 내가 알아서 할 테니 들어오지 말라고 할 것이다.

답답한 마음으로 딸이 외출한 사이에 엄마가 딸의 방에 들어가 지저분한 것을 치우고 정리를 했다면 어떨까? 딸이 돌아와서 고맙다고 할까? 많은 경우 오히려 화를 낼 가능성이 높다. "왜 들어왔냐.", "엄마가 치우면 물건이 어디 있는지 못 찾는다, 나도 내 룰이 있다, 왜 시키지도 않은 일을 하냐." 등의 말을 하면서 말이다.

만약 당신이 이런 엄마의 입장이라면 셀프코칭을 해보자. 셀프코칭은 반드시 글로 자신의 의식을 적으면서 해야 효과적이다. 예를 들면 다음과 같이 진행될 수 있겠다.

상황과 감정: '방 꼬라지를 보니 답답하고 화가 난다.'

욕구 발견: '내가 기대하는 것은 뭐지?', '정리정돈을 잘하는 것'

강점 발견: '그것은 누가 잘하는 것인가?', '내가 잘하는 것'

염려 발견: '내가 염려하는 것은 무엇인가?', '내가 언제까지 아이의 뒷바라지를 해야 하나', 아이가 앞으로도 스스로 자기 앞가림을 못하는 것은 아닌가 하는 염려가 있다.

의도 발견: '아이가 정리정돈을 잘하고 자기 앞가림을 잘하면 어떤 좋은 파급효과가 있을까?', '사회인으로서 자기 몫을 해내는 사람이 되는 것', '그렇게 원하는 것이 이루어진다면 무엇을 느끼게 될까?', '아이를 잘 키웠다는 보람, 엄마로서 소임을 다했다는 뿌듯함, 홀가분함…….', '그렇게 되면 자신에게는 또 어떤 좋은 점이 있을 수 있을까?', '아이에 대한 걱정을 내려놓고, 내 자신에 보다 충실하게 살 수 있다.'

코칭과 경청의 힘

1단계 경청은 상대의 말을 잘 듣는 것이다. 2단계 경청은 상대의 말을 잘 듣고 적절한 반영을 하는 것이다. 여기서 적절한 반영이란 상대방의 말 중에서 키워드를 따라 하거나, 상대의 말을 요약하여 확인하는 것이다. 3단계 경청은 상대의 말뿐만 아니라 말의 어조와 행동을 함께 관찰하고, 상대의 감정과 그 이면의 욕구, 의도를 발견하고 반영하는 것이다. 4단계 경청은 그 너머에 숨겨진 상대의 강점과 가능성까지 발견하고 함께 나누는 것이다. 이것은 나의 기준이므로 코치마다 다른 견해를 가질 수 있다.

이러한 과정이 잘 이뤄지면, 상대방은 불편한 감정 이면에 감춰진 자신의 욕구와 의도를 알아차리고, 자신이 가진 강점과 가능성을 보다 명확히 인식하게 된다. 이렇게 되면 불편한 감정이 발생한 문제상황이 자신을 돌아보고 성장할 수 있는 기회로 바뀌는 것이다. 부정적 감정에 휩싸인 사람도 '아, 그래서 내가 이렇게 화가 났구나.'라고 깨닫는 순간, 새로운 시선을 얻게 된다. 부정적인 에너지도 에너지다. 사람의 부정적인 에너지가 이런 전환과정을 통해 긍정적이고 생산적인 에너지로 바뀔 수 있다. 내가 잘나서 열 받은 것이다. 나의 강점을 세상에 기대하지 말고, 나의 강점으로 세상에 기여할 수 있는 부분을 찾아보자. 해결의 열쇠는 자기 안에 있다.

독자를 위한 코칭질문과 실행 팁

1. 평소 사람들의 어떤 행동이나 상황 때문에 답답하거나 화가 나는가?

2. 그 상황에서 자신이 원하는 것은 무엇인가?

3. 그 부정적인 감정은 자신의 어떤 강점과 관련이 있을까?

4. 상대 혹은 상황에게 기대하기보다, 내가 기여할 수 있는 부분은 무엇인가?

5. 만약 이 문제가 잘 해결된다면, 내게는 어떤 좋은 점이 있을까?

6. 자신이 마주한 이 상황이나 갈등을 통해 배우거나 성장할 수 있는 점은 무엇일까?

7. 어떤 작은 행동 하나라도 당장 실천할 수 있는 것은 무엇일까?

9_침묵 속에 갇힌 마음, 그 문을 여는 작은 한 마디

황연정 코치

긴 침묵을 깨뜨린 울음

당신 옆에 '조용한 사람'이 있는가? 아니면 당신 자신이 스스로를 '조용한 사람'이라고 여기는가? 그 사람이, 혹은 당신이 정말 타고나길 말수가 적고 감정 표현이 없는 걸까? 혹은, 말할 수 없는 시간을 너무 오래 보내다 보니 언제부턴가 입을 닫는 게 익숙해진 건 아닐까?

우리는 때때로 침묵을 그저 무관심이나 차분함으로 오해한다. 하지만 그 침묵의 이면에는 오래된 두려움과 억압이 도사릴 수도 있다. '아무 말도 하지 않는다.'라는 사실이 반드시 '아무런 생각도 없다.'라는 걸 의미하지 않는다. 오히려 하고 싶은 말들이 마음속에서 꽉 차 있는데, 어쩔 수 없어 꾹꾹 누르고 있을지도 모른다.

나는 어린 시절 내내 엄마를 '말수가 적은 사람'이라고 생각했다. 엄마는 속상한 일이 있어도, 기쁜 일이 있어도, 심지어 아빠에게 서운한 일이 있어도 좀처럼 속내를 드러내지 않았다. 표정도 큰 변화가 없었고, 감정을 표현하지 않으니 나는 엄마가 원래 그런 성격을 타고났다고 단정 지었다.

하지만 어른이 된 뒤, 그리고 '코칭'이라는 것을 공부하게 된 뒤에야 비로소 나는 깨달았다. 엄마는 원래 조용한 사람이 아니었다. 엄마는 평생 '조용할 수밖에 없었던' 사람이었다. 엄마는 자신의 이야기를 하고 싶어도, 할 수 없는 상황 속에서 살아왔고, 그 결과 말하는 법을 잊어버린 사람이었다.

여느 날과 다를 바 없는 어느 날이었다. 엄마는 아빠가 정해준 식사 시간에 맞춰 미처 밥을 차리지 못했고, 아빠는 짜증을 내기 시작했다. 항상 그래왔듯이, 엄마는 고개를 숙이고 아무 말이 없었다.

"니 요즘 대체 와 그라는데? 함 말해봐라. 이래 살다가 내가 미쳐버리겠다."

아빠는 한껏 짜증이 섞인 말투로 엄마에게 생전 하지 않았던 질문을 던졌다. 엄마의 상태를 물어보다니! 물론 답답함이 임계점을 넘어서서 그러시긴 하셨지만, 그럼에도 아주 놀라운 일이었다.

엄마도 순간 고개를 들어 아빠를 쳐다봤다. 엄마는 무언가 이야기를 할 듯 입술을 달싹달싹 걸렸다. 그렇지만 어떤 말도 입 밖으로 나오지 않았다.

"그래, 이야기 좀 해봐라. 와 그라는데?"

그리고 다음 순간, 정말로 폭발하듯 엄마에게서 말이 아닌 울부짖음이 터져 나왔다. 그 울음은 단순한 눈물이 아니었다. 어쩌면 평생 목구멍 깊숙이 눌려 있던, 표현되지 못했던 외침 같았다.

"으아아아아아아!"

엄마는 의자에서 몸을 가누지 못할 정도로 크게 울부짖었다.

"말을 하라고! 와 울고 쳐 자빠졌노!"

아빠는 그런 엄마를 처음 본 듯 놀란 얼굴이었다. 나는 그제야 알았다. 엄마는 말을 못 하는 사람이 아니라, 말하는 법을 잊어버린 사람이었다는 걸.

입으로 말을 안 했을 뿐, 몸은 말하고 있었다

엄마의 침묵 뒤에는 아빠의 '경상도 유교남'이라는 배경이 있었다. '삼종지도', '남자는 바깥일, 여자는 집안일', '여자는 순종해야 한다.'라는 식의 가르침이 우리 집을 지배하고 있었다. 아빠는 퇴직 전에도 가부장적인 태도가 강했지만, 퇴직 후에는 더욱 엄격해졌다. 경제력이 예전만 못해진 것에 대한 불안과 자존심 때문이었을까, 아빠는 사소한 부분까지 통제하려 들었고, 엄마는 집에서조차 자유롭지 못했다.

"엄마, 요즘 어때요?" 하고 물으면, 엄마는 대답 대신 가슴을 움켜쥐곤 했다.

"체한 것 같지는 않은데, 숨이 막히는 것 같다."

"왜 이리 몸이 무거운지 모르겠다."

병원에 가서 검사를 받아봐도 큰 이상은 없다고 했다. 의사는 스트레스성이라고, 몸에 나타나는 신체 증상일 뿐이라고 말했다. 하지만 그 말을 들은 엄마는 되려 아무런 질문도 하지 않았다. '아프다는 말조차 하지 못하는' 삶이 오래되어, 이미 본인도 어디부터 어떻게 말해야 할지 모르는 듯 보였다.

내가 코칭을 배우기 시작한 뒤, 엄마의 모습을 다시 보니 모든 것이 새삼스럽게 보였다. 말이 없던 엄마의 이면에는 얼마나 수많은 감정과 이야기들이 갇혀 있었을까? 단순히 '조용한 사람'이라고 치부하기엔 그 침묵은 너무나 묵직하고 아팠다. 자신의 감정을 표현하는 대신, 엄마는 몸으로 호소하고 있었다. 소화불량, 머리 무거움, 이유 없는 우울감…… 그것들은 엄마가 말 대신 몸으로 해온 대화였다.

나는 아빠에게 '엄마와 대화를 해보라.'라고 권유했다. 하지만 아빠는 "그딴 걸 왜 물어봐! 밥만 제때 하면 되는데, 그것도 못하고…….라는 식이었다. '왜 엄마가 갑자기 이렇게 변한 것 같냐, 왜 표정이 어둡냐.'라고 진심으로 궁금해하기보다는 단순히 자신의 편의를 해결하지 않는 엄마에게 화를 내는 모습이었다. 그렇게 몇 달이 지나고, 엄마의 생기는 더욱 사라져가는 것 같았다. 누워 지내는 시간이 늘었고, 말수는 예전보다 더 줄어들었다.

결국 아빠도 뭔가 심상치 않음을 느끼긴 했는지, 그렇게 평생 물을 것 같지 않았던 질문을 했다.

"니, 대체 와 그라는데?"

아빠의 그 한마디는 엄마가 평생 기다려온 질문 같았다. 그리고 그 순간 엄마가 폭발하듯 쏟아낸 것이 바로 울부짖음이었다.

"으아아아아아아—!"

아빠는 "뭐 하는 거고?" 하며 당황했다. 하지만 그 울음 뒤에 이어질 말은 나오지 않았다. 엄마는 말 대신 울음으로 모든 감정을 쏟아내고 있었다.

작은 말 한 마디, 그리고 거절의 힘

그 울부짖음의 순간 이후에도, 엄마가 금세 말수가 많아지거나 감정을 자유롭게 표현하게 된 것은 아니었다. 오히려 그 울음 이후로 엄마는 더 조용해진 듯했다. 하지만 이전과 다른 점이 있었다면, 엄마가 비로소 '자신의 감정을 바라보기' 시작했다는 것이다.

나는 엄마 옆에서 그 과정을 지켜보며, 조금씩 코칭에서 배운 걸 시도해보기로 했다. 관계전문코치로 일하는 내게는 칼 로저스(Carl R. Rogers)의 인간중심이론이 든든한 기반이다. 로저스가 말했듯이, 누구나 자기 안에 무한한 성장 가능성을 품고 있다고 믿는다.(로저스, 1961) 엄마와 대화를 할 때도, 엄마가 스스로를 온전히 받아들이고 편안하게 감정을 드러낼 수 있도록 무조건적 긍정적 존중(unconditional positive regard), 공감(empathy), 그리고 진정성(congruence)**을 지키려고 노력했다.

엄마가 어떤 반응을 하든 간에, 나는 늘 같은 말들을 건넸다.
"엄마, 아무 것도 안 해도 돼. 그냥 있어 주는 것만으로도 고마워."
"엄마가 집안일 안 해도 우린 엄마를 사랑해."
엄마도 좋아하는 걸 해봐."
처음엔 엄마가 들은 척도 하시 않았다. 어써면 이 말들이 엄마에겐 너무 낯설었을 것이다. '나는 해야 할 의무만 있고, 권리는 없는 사람'이라고 오랫동안 스스로를 규정해 왔으니까. 하지만 1년, 2년 시간이 흐르면서 엄마는 서서히, 정말 서서히 내 말에 반응하기 시작했다.

어느 날, 엄마가 내게 말했다.
"이제 그만해라. 되지도 않는 말 계속한다."
처음 듣는 거절이었다. 엄마가 내 말을 '귀찮다.'라고 표현한 것도 처음이었다. 나는 그 순간 기뻤다. 낯설지만, 엄마가 드디어 '불편함'을 표현하고 있다는 사실이 큰 진전처럼 느껴졌기 때문이다.

시간이 더 지나자, 엄마는 가족들 앞에서도 "그건 좀.(싫은 것 같아.)"라고 말하기 시작했다. 예전 같으면 가족 중 누군가가 한 말에 무조건 "그래, 그래." 하며 넘어갔을 것이다. 하지만 이제는 "난 그렇게 보고 싶진 않다."라든지 "그건 좀 아닌 것 같다."라는 말을 하게 되었다. 물론 엄마가 여전히 조용한 편이라는 점은 변함없지만, 그 침묵은 '아무 말도 못 하는 억압적 침묵'이 아니라 '필요할 때는 의견을 말하되, 굳이 말을 보태지 않아도 괜찮은' 침묵이었다.

그리고 마침내, 엄마는 형제들에게 이렇게 말했다.

"이제 나한테 그렇게 대하지 마라."

엄마가 자신의 경계를 분명히 밝힌 것이다. 그 순간 나는 울컥했다. 드디어 엄마가 '자기 자신을 지키는 사람'이 된 듯했으니까.

엄마는 부정에 대한 표현은 하고 있지만, 여전히 긍정을 표현하지 못하고 계셨다. 뭐가 싫은지는 말씀하셔도 뭐가 좋은지는 말씀하지 못하시고 계셨다.

엄마가 조금씩 말문을 열기 시작하자, 나는 다른 코칭 기법도 시도해봤다. 바로 존재를 세우는 긍정확언(affirmation)**이다. "나는 소중한 존재야.", "내 감정을 표현해도 괜찮아."처럼 스스로에게 따뜻한 말을 건네보도록 권유했다.(Hay, 1984) 물론 엄마는 원치 않으셨다. '이게 정말 도움이 될까?' 저항이 생기고 그 말이 전혀 믿기지 않는다고 하셨다. 이런 엄마도 인정하고 받아들이며 내가 대신 엄마의 입이 되어 해드렸다. 와닿지 않는 문장이라도 계속 듣다 보면 마음 한구석에 작은 씨앗이 심어진다고 나는 믿었기 때문이다.

실제로 내가 해드렸던 말 중에 엄마의 가슴에 와닿았던 말이 "엄마가"였다.

"나는 엄마가 너무 소중해. 너무 귀해. 이제는 엄마가 하고 싶은 거 다 하고 살아! 그럴 자격 충분히 있어."를 지속적으로 전했다. 그리고 어느새 엄마가 자신의 말에서 이 말들이 나오기 시작했다.

"내가 요즘 편안해. 하고 싶은 거 하면서 사니까 참 좋네. 예전엔 하기 싫은 거 억지로 하면서 살아왔던 것 같아."

"엄마, 지금 엄마가 뭐라고 했는지 알아요?"

첫 거절의 기쁨에 이어 찾아온 두 번째 기쁨이었다. 엄마의 말에서 주어가 나타난 것이다.

'내가'. 드디어 엄마가 자신을 받아들이는 마음이 싹트기 시작함을 느낄 수 있었다.

엄마를 한때 단순히 '조용한 사람'이라고만 여겼지만, 이제 엄마는 자신의 의견을 말하고, 좋고 싫음을 표현할 수 있는 사람으로 변해갔다.

자신의 말을 찾아가는 길, 엄마와 함께 내딛다

엄마의 변화는 엄마 혼자만의 일이 아니었다. 나 또한 함께 성장했다. 나는 엄마를 지켜보면서, 내 감정을 숨기지 않는 연습을 시작했다. 내가 먼저 나를 사랑하지 않으면, 엄마도 자신을 사랑하기 어렵겠다는 생각이 들었기 때문이다.

그렇게 나도 다른 사람들 앞에서 작은 의견이라도, 내 감정이라면 소중하다는 걸 깨닫고 표현해 보았다. 처음에는 나도 두려웠다. 거절할 수 있을까? 솔직하게 말해버리면 상대를 실망시키지는 않을까? 하지만 그 순간들을 지날 때마다, "이제 나한테 그렇게 대하지 마라."라고 말하던 엄마의 모습이 떠올랐다. 엄마가 그 한마디를 꺼냈을 때 얼마나 큰 용기가 필요했을지 생각하면, 나 또한 조금씩 내 목소리를 낼 수 있었다.

엄마는 내게 삶에 대해 많은 것을 가르쳐주었다. 그중 가장 큰 가르침은 이것이었다.

'말하지 못하는 것은 단순한 침묵이 아니다'

그것은 오랜 세월 쌓여온 두려움과 억압의 결과이며, 단 한 번에 사라지지 않는다.

그러나 우리는 다시, 말하는 법을 배울 수 있다. 엄마가 걸어온 길이 그걸 증명해 주었다.

엄마는 말이 없는 사람이 아니었다. 엄마는 평생 말할 수 없었던 것이다. 엄마는 조용히 숨죽이는 사람이 아니었다. 엄마는 표현의 권리를 박탈당한 사람이었다. 나는 몰랐다. 엄마의 침묵이 얼마나 무겁고 긴 이야기였는지. 이제야 조금씩 알 것 같다.

엄마의 침묵 한 조각 한 조각은, 결국 나 자신을 돌아보게 하는 거울이었다. '나는 정말로 하고 싶은 말을 마음에만 묻어두고 있지 않은가?', '나도 누군가에게 말하지 못해 몸으로 소리치고 있지는 않은가?'

괜찮아, 말해도 돼—나 자신에게 내리는 오케이

이제, 이 글을 읽는 당신에게 다시 묻고 싶다. 당신은 지금, 하고 싶은 말을 마음속에만 담아두고 있지 않은가? 표현해야 할 감정이 있는데, '어차피 말해봐야 소용없다.'라고 미리 포기하고 있지 않은가? 혹시 누군가가 "그딴 걸 왜 물어봐!"라고 말할까 봐, 침묵하는 게 더 편하다고 느끼고 있진 않은가?

그렇지만 기억해줬으면 한다. 우리가 내뱉는 작은 한마디가 삶을 바꿔놓을 수도 있다는 사실을. 처음엔 나도, 그리고 엄마도 서툴고 두려웠다. 하지만 그 작은 변화의 씨앗이 자라 결국에는 "이제 나한테 그렇게 대하지 마라."라는 말까지 하게 되었다.

우리가 그랬듯, 당신도 어떤 방식으로든 첫걸음을 뗄 수 있다. 조용히 웅크리고 있던 마음에 작지만 따뜻한 바람을 불어넣는 일일지도 모른다. 어쩌면 그 '한마디'는 너무 짧아서 하찮아 보일 수도 있다. 하지만 그 한마디가 쌓이면, 어느 순간 당신도 깨닫게 될 것이다. 내 목소리가 나를 숨 쉬게 하고, 나를 살아있게 만든다는 사실을.

지금 당신 마음속에 '언젠가, 그리고 누군가에게 꼭 하고 싶었던 이야기'가 있다면 이제 조금씩 꺼내 볼 순 없을까? 막상 이야기를 꺼내고 나면, 그동안 짓눌려 있던 감정들이 가벼워질 수도 있다. 그리고 스스로에게 말하게 될지도 모른다.

"나는 원래부터 이렇게 말할 수 있는 사람이었구나."

엄마는 지금도 조용한 편이지만, 이제는 자신의 의견을 분명하게 말할 줄 안다. "나는 그렇게 생각 안 한다."라고 할 때, 엄마의 눈빛이 반짝이는 걸 본다. 그건 '내가 나 스스로를 인정하고 있다.'는 증거일 것이다.

나도 한때는 정작 해야 할 말을 마음속에만 가둬두곤 했다. 하지만 엄마의 울부짖음과, 그 뒤로 이어진 작은 변화들을 보며 깨달았다. 침묵은 결코 능사가 아니라는 것을. 오히려 내 마음을 외면하는 일이, 얼마나 나를 무너뜨리는지 알게 되었다.

이 글을 마치며 다시 한번 묻고 싶다.

'지금 내가 하고 싶은 말은 무엇일까?'

그 한마디를 놓치지 않고, 당신의 삶 한가운데 있는 사람들과 나눌 수 있기를 바란다. 가끔은 거절의 말도, 서운함의 표현도, 내가 살아 있음을 드러내는 소중한 의사소통임을 잊지 않았으면 좋겠다.

언젠가 당신도, "괜찮아, 말해도 돼."라고 스스로에게 허락할 날이 오리라 믿는다. 그날, 침묵 너머에 펼쳐진 넓은 세계가 얼마나 아름답고 숨 막히는지 직접 보게 될 것이다.

그 세계는 이미 당신 안에 있다. 아직 말해지지 않은 이야기가 가득한, 누군가에게 들려주고 싶은 나만의 목소리가 숨어 있는 곳.

그러니, 이제 그 이야기를 꺼내 볼 때가 아닐까?

참고문헌

- 로저스, C. R. (1961). 『진정한 사람되기(On Becoming a Person)』. Boston: Houghton Mifflin.
- Hay, L. L. (1984). You Can Heal Your Life. Carlsbad, CA: Hay House.

독자를 위한 코칭질문과 실행 팁

1. 지금 내 마음속에는 어떤 감정이 가장 크게 자리 잡고 있을까?

지금 내 마음속에서 가장 크게 자리 잡고 있는 감정을 찾아봅니다. 기쁨, 슬픔, 분노, 불안 등 구체적인 감정 단어로 표현하는 것이 중요합니다.

2. 나는 내 감정을 제대로 받아들이고 있는가?

이 감정을 인정하지 않으려 하거나 억누르고 있지는 않은지 돌아봅니다. '이런 감정을 느껴도 괜찮아.'라고 스스로에게 허락해주는 연습을 해봅니다.

3. 나는 나의 감정을 표현하고 있는가?

일상 속에서 사소한 것이라도, 내 의견이나 감정을 말하는 연습을 해 봅니다. 내 감정을 표현했을 때 상대방이 어떻게 반응했는지 관찰해보며, 작은 성공 경험을 쌓아갑니다.

4. 나는 나 자신을 어떻게 대하고 있는가?

내가 나 자신에게 하는 말들을 돌아봅니다. 혹시 스스로를 비난하는 말이 많지는 않은가요? '나는 소중한 존재야.', '내 감정은 표현해도 괜찮아.' 같은 말을 하루에 한 번씩이라도 소리 내어 스스로에게 건네봅니다.

5. 오늘 내가 할 수 있는 작은 변화는 무엇일까?

오늘 혹은 이번 주에 '내가 내 목소리를 낸 순간'이 있었다면, 가까운 사람에게 그 이야기를 들려주거나, 스스로에게 칭찬하는 시간을 가져봅시다. 작은 성공을 스스로 인정하는 습관이, 더 큰 변화를 만드는 발판이 될 것입니다.

작은 행동 실천 10가지

1. 하루 한 줄 일기 쓰기
내 감정이나 생각을 간단히 기록해봅시다. 글로 써내는 과정에서 내면의 목소리를 좀 더 명확히 파악할 수 있습니다.

2. 거울 보고 말하기
아침에 거울을 보며 "오늘도 괜찮아, 잘할 수 있어." 같은 간단한 응원의 말을 해봅시다. 스스로에게 긍정적 메시지를 전하는 습관을 기릅니다.

3. 좋아하는 것 한 가지 해보기
좋아하는 음식, 음악, 취미 등 사소한 것이라도 매일 한 가지씩 해봅시다. 즐거움을 맛보는 것만으로도 감정이 환기됩니다.

4. 작은 요구 사항 말하기
식사 메뉴나 모임 일정, 데이트 코스 등 사소한 상황에서 내 의견을 분명히 말해봅시다. '이건 별거 아니니까······.' 하고 넘기는 대신 연습 기회로 삼아봅니다.

5. 숨 고르기 호흡법
감정이 격해지거나, 무언가 말하고 싶은데 주저하게 될 때 천천히 5초 들이마시고 5초 내쉬는 동작을 3~5회 반복해봅니다.. 긴장이 완화되면 조금씩 말하기가 쉬워집니다.

6. 감정 스티커 붙이기
'행복', '슬픔', '분노', '불안' 등 감정을 나타내는 단어를 스티커처럼 만들어, 하루 중 느끼는 감정에 맞춰 붙여봅니다. 감정을 시각화하면 표현하는 계기도 생깁니다.

7. 칭찬 나누기
주변 사람에게 '고마웠던 점'이나 '좋았던 점'을 구체적으로 말해봅시다. 말하는 연습이 되면서 긍정적인 분위기가 전파됩니다.

8. 내 감정 색칠하기
그림 도구를 활용해 지금 내 기분을 색으로 표현해봅니다. 말로 표현하기 어렵다면, 색과 형태로 감정을 드러내는 것도 괜찮습니다.

9. 하루 한 번 목소리로 안부 전하기
문자나 메신저가 아니라 전화나 직접 대면으로 안부를 전합니다. 작은 것 같아도 목소리를 내는 연습이 되고, 감정도 함께 담을 수 있습니다.

10. 내일을 위한 '한 마디' 정하기
자기 전, 오늘 하루를 돌아보고 스스로에게 '내일은 조금 더 말해볼 거야.' 또는 '조금 실수해도 괜찮아.'와 같은 문장을 건네 봅니다. 그 한 마디가 내일의 변화를 만들어낼 작은 씨앗이 될 수 있습니다.

1. **여러 번 무너져도 괜찮아, 다시 시작하는 '나만의 설계도' – 고옥희 코치**
   따돌림·가정 문제로 방황하던 대학생이 코칭을 통해 자신의 '인생설계도'를 그리며 방향과 행동력을 회복하는 과정.

2. **코칭과 함께하는 애도, 상실이 희망으로 피어나다 – 권경희 코치**
   남편의 갑작스러운 죽음으로 큰 상실을 겪은 후배가, 코칭과 작지만 확실한 일상 행동을 통해 서서히 회복하는 애도 이야기.

3. **교실을 춤추게 한 코칭, 변화를 부른 행복의 울림 – 권경희 코치**
   문제 행동이 난무하던 학급에서 상담과 코칭을 활용, 아이들의 마음을 열고 교실 분위기를 바꾸어낸 교사 사례.

4. **단 한 번의 실패가 당신을 가두지 않도록 – 김민정 코치**
   발표 트라우마로 위축된 사람이 '발표의 진짜 목적'을 찾아내면서, 과거 실패를 성장의 일부로 받아들이는 장면.

5. **감정코칭으로 변화와 성장을 이끄는 이야기 – 박현주 코치**
   감정은 억눌러야 하는 것이 아니라, 스스로의 신념과 욕구를 발견하는 열쇠라는 점을 깨닫고 커리어 전환에 성공한 사례.

3부 고객의 변화, 세상을 바꾸는 코칭대화

6. 고객의 발견, 성장 모멘텀을 스스로 발견하다 - 이혜인 코치
'나는 뭘 잘하는지 모르겠다.'라던 학생이 코칭을 통해 강점을 발견하고, 자신감을 되찾아 진로와 취업에 성공한 이야기.

7. 나이, 장벽이 될 것인가? - 임근희 코치
40대 중반에 이직을 준비하며 좌절을 겪던 여성이 코칭으로 VIA 강점을 구체화하고, 경력형 이력서를 보강해 최종 합격에 이른 과정.

8. 코칭질문으로 시작되는 삶의 변화 - 최강석 코치
팀장부터 예비 교사까지, 다양한 이들이 '질문'을 통해 관점을 전환하고 자신만의 답을 찾아가는 여러 사례를 엮은 글.

9. 닫힌 문 너머의 아이, 그 문을 두드리는 엄마 - 황연정 코치
사춘기 자녀와 단절된 엄마가 코칭 과정에서 자신을 돌보고 내면아이를 치유함으로써, 아이와의 관계 회복에 첫발을 내딛는 사례.

1_여러 번 무너져도 괜찮아, 다시 시작하는 '나만의 설계도'

고옥희 코치

잿빛 방, 무너질 듯한 불안

"사람들이 두려워요. 무너지면 안 된다고 늘 생각하지만, 막상 그렇게 다짐만 하다 보니 어느 순간 힘이 빠져요."

이 한 문장에, 최근 나와 마주한 어느 대학생의 모든 감정이 담겨 있었다.

잿빛 방 안에서 눈을 뜨는 순간부터 모든 게 막막해지는 기분, 거울을 보는 게 싫어서 외면하는 자신, 누군가에게 마음을 열었다가 상처받을 것을 염려해 움츠러드는 태도……. 그는 말했다.

"운동할 때만 잠시 괜찮아요. 다른 땐 뭘 해도 즐겁지가 않아요."

그의 눈동자에는 언제 무너질지 모르는 아슬아슬한 다리 위에서 하루하루를 건너는 사람의 불안이 비치고 있었다.

사람들은 흔히 말한다.

"젊을수록 가능성이 무궁무진하잖아."

그러나 현실은 다르다. 몇 번의 작은 실패나 주변의 무심한 말 한마디가 누군가에게는 큰 트라우마가 되기도 한다. 스스로 날개를 꺾어버리는 삶을 살다가, 문득 "이대로는 안 되겠다." 하고 발버둥 치기도 한다. 그리고 그 발버둥이 끝내 헛되면, 또 좌절의 늪에 빠지기도 한다. 이 악순환을 끊을 수 있는 방법은 없을까.

내가 코치로서 그 해답을 제시할 수 있을지 확신할 순 없다. 다만, 내가 만난 이 학생처럼 삶의 방향을 잃고 헤매지만 다시 일어나려는 사람들에게 길잡이가 될 수 있는 '지도'는 소개해줄 수 있다. 이 글을 읽는 독자 중에도, 혹시나 자신이 잃어버린 길을 찾아 헤매고 있는 사람이 있다면 조금이라도 도움이 되길 바란다. 그리고 이 이야기는 시작부터 조금 무겁지만, 끝까지 듣다 보면 분명 희망이 싹트는 경험을 할 수 있을 거라 믿는다.

중학교 시절, 깊어진 상처

중학교 시절, 체중이 많이 나간다는 이유로 친구들에게 놀림과 따돌림을 당했다는 어느 대학생의 이야기로 이 글은 시작된다. 사실 청소년기에 받은 '외모 비하'와 '따돌림'은 그 사람의 평생을 따라다니는 상처가 될 확률이 높다. 이 학생 또한 그 여파로 사람들의 시선이 두려워 거울 보는 것조차 피하게 되었다고 했다. 그렇게 외모에 대한 자신감이 무너지니, 인간관계도 점점 닫혀갔다.

설상가상으로 가족에게도 마음을 열지 못했다. 어머니와 함께 있어도, '혹시 내가 함께 있다가 어머니까지 피해를 볼까 봐.' 하는 이상한 두려움에 사로잡혀 있었다고 한다. 그의 표현을 빌리면, "엄마가 나 때문에 욕먹을까 봐, 혹은 창피를 당할까 봐서요."

실제로 어떤 일이 일어날지는 알 수 없었지만, 상처받았던 기억이 쌓이면 일어나지도 않은 일을 미리 상상하며 더 두려워하기도 한다. 여기에 더해 가정형편까지 어려워졌다. 아버지가 아프셔서 요양원에 들어가셨고, 어머니는 아이 앞에서 "내가 능력이 없어서 미안하다."라는 말을 하며 눈물을 흘렸다고 한다. 그 순간 이 학생은 마음을 굳게 먹었다고 했다. '돈을 많이 벌어서, 엄마가 그런 말을 했던 걸 후회하게 만들겠다.'라는 결심이었다. 그래서 일단 빠르고 안정적인 취업에 유리하다는 생각으로 간호학과를 선택했다.

그러나 대학생활은 예상보다 훨씬 벅찼다. 전공 공부가 무거웠고, 다른 학생들처럼 학점부터 실습, 그리고 교우관계까지 챙기려니 지치기 일쑤였다. 거기에다가 조금만 실패하거나 거절을 당해도, 과거의 왕따 경험이 다시 떠올랐다. '역시 사람들이 나를 싫어하는 거야.'라는 식의 자기비하와 의심이 깊어졌.

'언제든지 다 떠나가 버릴 사람들이야. 결국 아무도 날 안 믿을 거야.'

군 복무, 회복의 전환점

하지만 이 이야기는 또 다른 면을 가지고 있다. 그에게도 '회복의 전환점'이 있었다. 바로 군 복무 시절이었다. 이대로 무너질 수 없다고 결심한 그는 훈련소에서부터 열심히 운동하기 시작했고, 자대 배치 후에도 운동 습관을 꾸준히 이어갔다. 걱정과는 달리 군대안에서는 그를 괴롭히는 사람은 없고, 오히려 "열심히 한다."라며 칭찬해주는 이들이 많았다. 그중에서도 보급관님이 한 번 그를 안아주면서 "고생이 많다, 잘 이겨낼 거야."라고 했을 때, 그는 마치 아버지와 같은 따뜻한 시선을 느꼈다고 한다.

군대에서 운동을 하면서 '성취감'과 '칭찬'을 동시에 느꼈다. 그것이 대인관계에서의 불안을 조금씩 치유해주었고, 점차 자신감이 생겼다. 전역을 하고 복학했을 때, 그는 어느 정도 자신에 대한 긍정적인 감각을 갖고 있었다. 그런데 막상 학교생활을 시작하니, 과제와 시험에 치이고, 대인관계에서도 문제가 생겼다. 작은 실패와 갈등이 반복되자, 옛날의 불안감과 두려움이 올라왔다. '무너지면 안 되는데……' 하는 압박이 그를 더욱 옥죄었다. 예전 경험을 떠올리며 더 두려워지고, 한편으로는 화도 났다.

"화가 나면 저도 제 공격성에 놀라요. 마구 폭발하고 싶어질 때가 있어요."

결국 이 모순적이고 고통스러운 상황 속에서, 그는 코칭을 결심했다.

코칭이란 건, 코치가 '답'을 알려주는 과정이 아니다. 끊임없이 질문을 해주는 과정에서 본인의 내면에 숨어 있던 자원(회복력)을 재발견하게 된다. 그게 바로 코칭의 핵심이다.

내가 그와 대화를 시작했을 때, "뭐든지 털어놓으세요."라고 하자, 그는 잠시 망설였다. 그리고는 힘들어 보였다.

"누군가와 이런 이야기 나는 게 거의 처음이라서, 너무 혼란스러워요."

그런 그에게 끊임없이 질문을 했고, 용기를 내서, 자신의 이야기를 꺼냈다.

그런 가운데 한 가지가 반복해서 나타났다.

"나는 무너지면 안 되거든요. 무너지는 순간, 정말 끝장일 것 같아요."

그러면서 지금의 자신을 그림으로 표현해본다면, "어깨에 무거운 짐을 지고 지팡이에 기대어 높은 산을 올라가는 모습"이 떠오른다고 했다. 한 발 한 발 고행하듯이 걸어가는데, 도중에 어딘가에 부딪혀 무너지기라도 하면, 주위 사람들이 자신을 비웃고 외면할 것 같다는 거다.

내가 물었다.
"그 산을 다 넘어갔다면, 무엇이 기다리고 있을까요?"
그는 잠시 생각에 잠겼다. 그리고 조심스레 이야기를 풀었다.
"아마도 제가 간호사로 일하고, 쉬는 날엔 운동도 하고 그림도 그리고……. 엄마와 여행을 다니기도 하겠죠. 그때는 사람들이 저에게 '멋있다, 당당해 보인다.'라고 말해주는 것 같아요."

그것을 떠올리자, 그 학생의 표정이 조금 밝아졌다. 분명 행복한 상상이었다. 하지만 다시 현실로 돌아오면, '그렇게 되기까지 내가 감당해야 할 무게가 너무 무겁다.'라는 걱정이 고개를 들었다. 그리고 '무너지면 안 돼.'라는 명제가 주는 긴장감이 더욱 커졌다.

흥미로운 건, 이 학생은 이미 여러 번 무너져본 사람이었다는 사실이다. 중학생 때 왕따를 당했던 시절, 그리고 대인관계를 두려워하다 시체처럼 지냈던 시절, 군대에서 도움을 받으며 회복했던 시절까지……. 세상은 한 번의 무너짐이 끝장이 아니라는 걸 이미 보여줬지만, 그는 그 경험에서 '일어설 수 있다.'라는 자신감을 완전히 흡수하지 못했다.

인생설계, 삶의 지도

그래서 우리는 함께 그의 '인생설계'를 다시 해보기로 했다. 나는 그에게 말했다.
"우리 인생도 집을 짓는 것과 비슷해요. 집에 설계도가 없으면 지금 어느 과정을 밟고 있는지, 어디까지 왔고 뭘 해야 하는지 전혀 모르죠. 그러다가 집이 기울거나 무너지기도 해요. 그런데 집보다 소중한 우리의 인생에는 왜 설계도가 없는 걸까요?"

이 말을 건네자 그는 살짝 뜨끔해 하는 듯 보였다. 생각해보니, 학교에서는 이런 걸 잘 안 가르쳐준다. 대학에 가면 자연스럽게 미래가 펼쳐질 줄 알았는데, 막상 뚜렷한 목표 없이 '무조건 열심히 해야지.'라는 추상적인 모토만 품고 살다 보니, 한계에 부딪힌 것이다.

사실 나도 그랬다. 내 서른 중반은 '이렇게 살다가 내 인생이 어디로 굴러가는 걸까.' 하고 회의에 빠져 있던 시기였다. 그런데 우연히 〈성공하는 사람들의 7가지 습관〉을 접했고, 거기에 있는 목표·비전·사명 작성 방법을 따라 하면서 나만의 설계도를 그려보기 시작했다. 그러자 조금씩 자신감이 붙었다.

'내가 정말 하고 싶은 건 이거구나. 난 이런 가치를 중요하게 여기는 사람이구나.'

막연했던 생각들이 글로 표현되고, 차근차근 정리되니 한결 마음이 가벼워졌다.

그래서 인생설계를 전문적으로 공부했고, '인생설계사 마스터 프랙티셔너' 자격도 땄다. 무엇보다, '나처럼 방황하는 사람들에게 이 방법을 전해주면 좋겠다.'라는 마음이 들어서, 모교 교수님과 협력해 간호학과 학생들을 대상으로 인생설계 프로그램을 시작했다. 원하는 학생이 있으면 언제든 안내하고, 함께 설계도를 짜보는 것이다.

그 결과 만난 사람이 바로 이 학생이었다. 그는 과거의 트라우마를 딛고, 군 생활로 성장했던 경험을 재발견함과 동시에, 자신의 진짜 모습을 설계도에 담아내는 중이다. 아직 완성은 아니다. 당연하다. 인생설계는 단기간에 뚝딱 만들어지는 것이 아니다. 대신, 그 과정을 통해 그는 조금씩 "무너지면 안 돼."라는 말 대신 "나는 더 나은 방향으로 전진할 수 있어."라는 말로 패러다임을 전환하고 있다.

여기서 독자들에게도 묻고 싶다. 혹시 지금 목표가 없어서, 아니면 목표가 있는데 제대로 된 설계 없이 그냥 막연히 달리고만 있어서 막막함을 느끼는 사람은 없을까? 그렇다면 꼭 인생설계를 해보라고 권하고 싶다. 처음부터 대단하고 거창하게 시작할 필요가 없다. 종이와 펜만 있으면 된다. '인생설계 로드맵'을 간단히 소개하면 다음의 다섯 단계를 거치게 된다.

① 과거 돌아보기 ② 내가 좋아하는 것, 잘하는 것 찾기 ③ 목표(비전) 구체화 ④ 목표 달성까지의 세부 단계 수립 ⑤ 주기적 점검 및 수정

'지금 나는 무엇을 좋아하고, 무엇을 싫어하는가?', '이루고 싶은 꿈이나 목표는 구체적으로 무엇인가?', '그 목표를 이루기 위해선 어떤 단계를 밟아야 할까?'를 써 내려가다 보면, 깜짝 놀랄 만큼의 깨달음이 찾아오기도 한다.

옛사람들은 길을 잃으면 북두칠성을 보고 방향을 찾았다고 한다. 인생에서 길을 잃었을 때, 주변을 둘러봐도 아무 별도 보이지 않는다면, 내 안에 스스로 별을 그려봐야 한다. 그 별은 바로 '내가 진짜 원하는 삶'에 관한 단서들이 될 것이다. 집을 짓는 데 설계도가 필요하듯, 인생에도 설계도가 필요하다는 말은 그래서 설득력이 있다.

이 대학생은 앞으로도 여러 가지 장애물을 만나겠지만, 적어도 이제는 자신만의 나침반을 들고 항해를 시작했다. '무너지면 안 돼.'라는

두려움 대신, '나는 간호사로서 사람들을 치유하고, 내 삶도 풍요롭게 가꾸어가겠다.'라는 긍정적인 비전이 생겼다. 그리고 그 과정에서 넘어지면 어때, 한 번 쉬었다가 다시 일어서면 되는 걸. 그렇게 재정비하는 힘을 얻기 위해서 인생설계를 하는 것이니까.

물론 의지 하나로 당장의 모든 문제가 해결되는 건 아니다. 하지만 생각해보자. 아무것도 시도하지 않으면 아무 변화도 일어나지 않는다. 이미 이 글을 읽고 있는 독자라면, 아마도 마음속 어딘가에 간절함이나 갈망을 품고 있을 것이다. 그리고 그 갈망이 인생설계를 시작하도록 등을 떠민다면, 그건 충분히 의미 있는 일이다.

나 역시 서른 중반에 고민했었다. '이게 맞는 길인지, 나는 정말 뭘 원하는지.' 그리고 한 권의 책, 목표·비전·사명을 적어보는 작은 실천이 내 인생을 바꾸었다. 이후 코칭을 배우고, 인생설계사로서 여러 사람들을 만나면서 느낀 건, 우리 모두 안에 '회복력'이 숨어있다는 사실이다. 다만, 그 회복력을 끌어내기 위해서는 방향성이 필요한데, 그 역할을 해주는 것이 바로 '인생설계도'다.

누군가는 여전히 망설일 수도 있다.

"그래도 뭔가 대단한 게 있어야 하지 않을까?"

내 대답은 "아니오."다. 펜과 종이, 그리고 내 진짜 목소리. 그거면 충분하다. 그 학생도, 처음에는 자기 이야기를 꺼내는 것조차 힘들어했다. 지금도 때때로 겁이 나고, 예전에 당한 상처들이 떠오른다고 한다. 하지만 그럴 때마다 '그래, 내가 왜 간호사가 되고 싶었지? 나에게 의미 있는 것은 뭘까?' 하고 자신이 쓴 설계도(혹은 노트)에 돌아가 본다.

그렇게 몇 달째, 그는 한 걸음씩 나아가고 있다. 가끔은 예전처럼 꽁꽁 웅크렸다가, 다시금 가슴을 펴고 걸어 나오는 걸 되풀이한다. 그 모습이 안쓰럽기도 하지만, 한편으로는 대견하다. 어차피 인생이란 완벽할 수 없다. 우리가 원하는 대로 흘러가지 않을 때도 많다. 그렇지만 분명한 건, 목적지가 전혀 없는 항해보다, 대략적인 나침반이라도 있는 항해가 훨씬 안전하고 설레는 법이라는 점이다.

유연하게 수정하는 인생설계

이제 이 글을 마무리 지으면서, 독자들에게 마지막으로 당부하고 싶다. 만약 당신의 마음속에, 이 대학생 이야기처럼 두려움과 불안이 잔뜩 도사리고 있다면, 그것이 오히려 기회가 될 수 있다는 걸 잊지 말자. 두려움이란 건, 중요한 무언가가 있다는 신호이기도 하다. '난 이걸 실패하면 안 돼.'라는 생각이 든다는 건, 사실은 '난 이걸 정말 간절히 원해.'라는 말의 다른 표현일 수 있다.

그러니 이제는 "무너지면 안 돼."라는 말 대신, "어쩌면 무너질 수도 있지만, 그래도 난 다시 일어설 거야."라는 말을 해보면 어떨까. 그리고 '다시 일어서는' 과정을 구체화하는 설계도를 그려보자. 그 설계도를 내 삶에 적용하면서, 현실적인 계획을 세우고, 작게라도 한 발씩 옮겨보자. 분명히 변화가 시작될 것이다.

나 역시 응원한다. 이 글을 읽는 모든 이가 자기만의 별을 찾아, 스스로 설계도를 만들어가길 바란다. 그리고 언제든 힘들면, 그 별을 다시 바라보면 좋겠다. 길을 잃었을 때 북두칠성을 봤던 옛사람들처럼. "집보다 더 중요한 것이 우리의 인생 아닌가?" 이 한마디를 기억해준다면, 분명 언젠가는 자신만의 걸작 같은 삶의 집을 완성할 수 있으리라 믿는다.

마지막으로, 함께 걸어가는 모든 사람들에게 이 말을 전한다.

"우리 모두는 잠재력을 지닌 코치이고, 또 코칭받는 사람이다."

내 안의 잠재력을 발휘하기 위해서는 때로 다른 사람의 손길이 필요하고, 또 다른 사람의 인생을 돕기 위해서는 내가 먼저 나를 알아야 한다. 그러니 나부터 인생설계를 시작하자. 그 길에서 만난다면, 두려움 대신 서로의 희망을 나누며, 언젠가 이런 이야기를 해줄 수도 있을 것이다.

"나도 그때 인생설계를 해보고, 다행히 길을 찾았어. 이제는 나도 누군가를 도와주고 싶어."

그렇게 선순환이 이어지면, 분명 우리 모두의 세상은 지금보다 좀 더 따뜻해질 것이다.

하지만, 여기서 한 가지 더 생각해볼 점이 있다. 인생설계도는 '한 번 그린 뒤 그대로 가는' 정적(靜的)인 것이 아니다. 상황과 환경, 나 자신의 변화에 따라 유연하게 수정되고 보완되어야 한다. 마치 집을 짓다가 벽의 위치를 옮기고 싶어질 수도 있듯이, 살아가면서 가치관이나 여건이 달라지면 인생설계 역시 새롭게 고쳐 써야 한다. 중요한 건, 그 설계도가 우리에게 '지금 어디에 있고, 어디로 가야 하는지.' 안내해주는 나침반 구실을 해준다는 점이다.

이 학생도 앞으로 여러 번 설계도를 수정해갈 것이다. 어느 날은 "간호학과를 선택한 것에 대한 확신이 생겼어요!" 하다가도, 또 어느 날은 "좀 다른 분야에 관심이 생겼어요."라고 털어놓을 수 있다. 그때마다 나는 말할 것이다.

"그래도 괜찮아요. 우리가 한 번 그린 설계도는 당신 인생의 모든 것을 제한하는 족쇄가 아니라, 오히려 더 자유롭고 풍요로운 선택을 하도록 돕는 지도이니까요."

이처럼, 인생설계란 우리에게 '방향성'을 제시하는 동시에, '행동'을 끌어내는 원동력이 된다.

독자를 위한 코칭질문과 실행 팁

스스로에게 질문해 보자.

예전의 힘든 경험을 통해 배운 점이나, 극복했던 순간을 기억해 보면 어떤 교훈이 있었나요?

- 평소 '나는 어떤 사람이다.'라고 스스로 정의하고 있나요? 그 정의를 조금 더 긍정적으로 바꾼다면 어떻게 달라질까요?

- 내 인생의 '설계도'를 그리게 된다면, 10년 후 나는 어떤 모습으로, 무엇을 하고 있을까요?

- 그 모습에 도달하기 위해 지금부터 6개월 안에 실천할 수 있는 구체적인 행동 세 가지는 무엇인가요?

2_코칭과 함께하는 애도, 상실이 희망으로 피어나다

권경희 코치

상실의 파도 속에서 – 갑작스러운 이별과 깊어지는 슬픔

얼마 전, 오래전부터 친하게 지내던 후배에게 전화를 걸었다. 시집을 새로 냈기에 직접 전해주고 싶은 마음에서였다. 그런데 듣게 된 소식은 내 가슴을 철렁 내려앉게 만들었다.

"선배님…… 죄송한데, 사실 남편이 말기 암 선고를 받고 지금 호스피스 병원에 있어요."

사실 10년 전만 해도 그 후배는 나와 한 학교에 근무하며 늘 밝고 긍정적인 성격으로, 주변에 웃음을 전해주던 사람이었다. 교직 생활에 서툴고 어려움이 있을 때마다 나를 찾았고, 나는 흔쾌히 조언을 아끼지 않았다. 반쯤은 멘토 관계나 다름없었기에, 그런 후배에게서 돌아온 비극적인 소식에 나는 할 말을 잃고 말았다.

"그게 무슨 말이에요? 언제부터 그렇게 된 거예요?"

사실 나보다도 스스로가 더 괴롭고 힘든 상황에 놓인 후배를 생각하니 마음이 아팠다. 나는 직접 만나 기운이라도 북돋워 주고 싶었지만, 내 일정과 후배의 사정이 맞지 않아 한동안 발만 동동 구르다 결국 우편으로 시집을 보내주었다.

그리고 일주일 뒤, 새로운 문자가 왔다. 남편이 결국 하늘나라로 떠났다는 이야기였다. 순간, '어떻게 이렇게 갑자기…….'라는 생각에 충격을 금할 수가 없었다. 결국 장례식장으로 달려갔고, 거기서 마주한 후배는 눈물로 범벅이 된 얼굴을 하고 있었다. 그 후배가 늘 애지중지하던 아들도 아직 스무 살, 얼마나 안타까울까 싶어 마음이 아팠다. 5년 전 대장암이 발병했다 재발했고, 결국 몸 구석구석으로 퍼져버렸다는 이야기는 듣기에도 숨이 막혔다.

아무리 생각해도, 인생이 때때로 너무 가혹하지 않나 싶었다. 그 밝던 후배가 이제는 홀로 남아 아들을 돌봐야 하는 처지라니. 학교 복직을 앞두고도 심신이 무너져 있어 쉽사리 마음의 준비를 하지 못하는 모습을 보니, 나라도 나서서 도움이 되어야겠다 싶었다. 마침 나도 학교를 퇴임하고 시간이 넉넉해진 시점이었다. 그렇게 나의 '코칭'이 시작되었다.

장례식장에 가 보니, 후배는 의지에 앉아 있으면서도 초점 없는 눈으로 허공을 바라보고 있었다. 고통에 몸부림치던 남편의 마지막 모습이 아직도 눈에 선하다고, 혼자 집에 돌아가면 공허함과 외로움이 몰려온다고 했다. 그런데 가장 서글픈 건 '아직 남편이 정말로 떠났다는 게 믿어지지 않는다.'라는 것이라고 이야기했다.

"선배님, 마치 어제까지 같이 밥을 먹던 사람이 오늘 갑자기 사라졌다는 걸 받아들이기 어려워요. 남편은 늘 나를 응원해 주고 아들과 함께 즐거운 추억을 만들어줬거든요. 주말마다 전국을 자전거로 돌아다니면서 함께 웃고 떠들던 기억이 자꾸 떠올라요. 그럴 때마다 이게 현실인가 싶고, 다시 혼자 남았다는 공포감이 밀려들어요."

말을 하던 후배는 중간중간 목이 메어 말을 잇지 못했다. 눈물이 얼굴을 타고 흘러내리지만, 스스로 닦을 겨를도 없이 금세 새로운 눈물이 뒤따라 나왔다. 그 모습에 나 역시 울음을 참기 어려웠고, 할 말을 잃었다. 슬픔을 충분히 느끼고 표현하는 시간이 꼭 필요하다고 생각했기에, 나는 후배 곁을 지키고 손을 잡아주는 것으로 내 마음을 표현했다. 또, 나 역시 몇 해 전에 겪었던 우울증과 불면증의 기억이 떠올랐다. 사람은 누구나 언제든 이런 상실의 순간을 맞닥뜨릴 수 있고, 그런 순간에는 오롯이 '함께 울어주는 존재'가 절실하다는 것을 다시금 깨달았다.

'내가 지금 해줄 수 있는 건 아무것도 없어.'

어쩌면 이 생각이 제일 컸다. 아무리 말을 해봐야, 돌아간 남편을 살려낼 수는 없는 노릇. 후배가 내게 기대어 울 수 있다면, 그 울음이 조금이라도 나은 미래로 이어지는 다리가 될 거라고 믿었다.

슬픔을 마주하며 – 함께 울고, 함께 버티는 시간

며칠 후, 후배에게 조심스레 제안을 건넸다.

"괜찮다면, 내 코칭을 받아볼래요? 조금이라도 힘이 될 수 있지 않을까 싶어요."

후배는 평소에 나를 의지하는 편이라, 이 제안을 흔쾌히 받아들였다.

처음에는 극심한 상실을 받아들이고, 마음껏 울도록 하는 '애도' 과정에 집중했다. 한동안 만날 때마다 후배는 남편과의 추억을 쏟아내듯 이야기했다.

"남편이 너무나도 다정하고 따뜻한 사람이었어요. 힘들어할 때 곁에서 말없이 손을 잡아주고, 늘 제가 하고 싶은 걸 지지해줬어요. 그 기억이 너무 선명해서, 요즘은 눈만 감아도 남편 목소리가 들리는 것 같아요."

후배가 기억을 떠올릴 때마다, 얼굴에는 복잡한 감정이 뒤섞였다. 깊은 상실감, 그래도 함께했던 행복의 반짝임, 그 두 가지가 함께 어우러져 후배의 눈빛을 흔들어놓았다. 나는 조용히 옆에 앉아 "그래요. 정말 좋은 분이셨군요. 마음껏 슬퍼해도 돼요. 그렇게 슬픔을 충분히 느낄수록, 마음속 어딘가에서 회복을 위한 힘이 움트기 시작할 거예요."라고 말해주었다.

함께 눈물을 흘리기도 하고, 때로는 남편의 장점을 이야기하며 웃음 지었다가 또다시 울컥하기도 했다. 그 모든 감정이 자연스러운 애도의 과정이라고 설명해주자, 후배는 자신이 '너무 약해진 게 아닐까.' 하는 불안에서 조금은 벗어날 수 있다고 했다.

그렇게 몇 번 만남을 이어가다 보니, 봄바람이 불기 시작할 무렵에는 후배의 얼굴색이 약간 밝아졌다. 그러나 여전히 예기치 못한 순간에 눈물을 쏟기도 하고, 멍하니 앉아 있거나 자신을 탓하는 말을 내뱉기도 했다.

어느 날 후배가 털어놓았다.

"식욕이 너무 없어 체력이 떨어진 것 같아요. 가만히 서 있어도 금방 힘들고, 복직이 코앞인데 과연 제대로 출근을 할 수 있을지 모르겠어요. 학교에 가면 동료 교사들을 어떻게 대해야 할지도 모르겠고, 남편 없이 혼자 남아 있다는 게 또 실감 날까 봐 겁나요."

그 말에는 상실뿐 아니라 미래에 대한 두려움까지 뒤섞여 있었다. 남편을 잃었다는 충격이 채 가시기도 전에 일터로 복귀해야 하고, 아들을 돌봐야 하는 현실이 무겁게 어깨를 짓누르고 있었다. 나는 후배의 손을 잡고 "지금 가장 필요한 건, 몸과 마음에 쌓인 피로를 조금씩 풀어내는 일이예요. 상실은 쉽게 사라지지 않지만, 우리가 아주 작게라도 '회복'을 시도해볼 순 있잖아요." 하고 말했다.

다시 살아가기 – 관계 속에서 피어나는 희망

슬픔과 무기력감을 호소하는 후배에게, 나는 우선 걷기 운동을 추천했다.

"슬픔과 우울은 마음 문제처럼 보이지만, 때로는 몸부터 움직여야 그 울적함이 조금씩 풀어지기 시작해요. 잠시라도 다른 감각에 집중할 수 있게 되거든요."

후배는 망설였지만, 결국 집 근처 동산으로 함께 나가보기로 했다.

"누군가 같이 걸어주니까 조금 마음이 놓여요."

처음엔 거의 억지로 발을 떼는 듯했지만, 이내 햇볕을 받으며 한두 번 숨을 고르고 난 뒤, 후배는 천천히 자기 이야기를 꺼냈다. "이 길을 남편이랑 같이 걸었으면 참 좋았을 텐데……." 하며 눈가가 촉촉해지기도 했다.

며칠간 걷기를 이어가자 후배는 "어제 잠을 좀 더 잘 잔 것 같아요. 신기하네요."라는 말을 내놓았다. 다른 사람에게는 사소해 보일 수 있지만, 후배에게는 그것조차도 큰 변화였다. 조금 더 진전된 코칭으로 넘어가도 괜찮겠다는 생각이 들었고, 나는 종교적인 활동이나 취미를 활용해보는 건 어떠냐고 제안했다.

"남편과 함께 성당에 자주 다녔다고 했잖아요. 좋은 말씀을 필사하면서 한 번 마음을 차분히 다듬어보면 어떨까요? 아무리 작은 활동이라도 마음이 차오르는 데 도움이 될 거예요."

후배는 흔쾌히 동의했다. "필사하는 동안 남편도 제 곁에서 보는 것 같고, 예전 우리 집 분위기가 떠올라서 차분해져요."라고 했다. 내가 "오늘은 좀 어땠어요?"라고 물으면, 후배는 자신의 필사 노트를 펼쳐 보이면서 "그래도 이런 거라도 하니까, 머릿속이 조금 가벼워진 기분이에요."라고 답했다.

한편, 후배는 사별자 모임이 끝난 뒤부터 "마치 아기가 된 기분"이라고 토로했다.

"누군가에게 계속 의지하고 싶고, 집에 혼자 있으면 불안이 엄습해요. 모임에서 만난 사람들이라도 계속 볼 수 있으면 좋겠는데, 그럴 수 없으니 더 무기력해지는 느낌이에요."

이 말을 듣고, 나는 좀 더 '적극적이고 사람들과 어울릴 수 있는 활동'이 필요하겠다고 생각했다. 내가 스트레스를 해소했던 방법 중 하나인 탁구를 권해보았다.

"탁구는 혼자 못 치잖아요. 다른 사람과 함께 움직여야 하니까, 외로움에서 조금 벗어날 수 있을 거예요. 게다가 탁구 경기를 하다 보면 어이없는 실수로 웃게 되는 순간이 오거든요."

"제가 그런 걸 할 수 있을까요……."라며 스스로를 낮추던 후배도 막상 탁구장에 가 보니, 코트에서 '뻥' 소리를 내며 튕겨 나가는 공을 보고 흥미가 생기는 듯했다. 익숙해지기 전에는 실수도 많았지만, "어,

이거 재밌는데요!" 하는 환한 얼굴을 볼 수 있었다. 그 표정을 본 순간, 나도 함께 웃게 되었다.

탁구를 치는 날이 점점 늘어나자, 후배의 표정도 확실히 달라졌다.

"저, 어제는 복식 게임도 했어요! 비록 결과는 졌지만, 그동안 이렇게 집중하면서 몸을 움직인 적이 언제였나 싶더라고요. 오랜만에 가슴이 두근거렸어요."

후배는 땀으로 흠뻑 젖은 운동복을 들고서 "이제 점점 재미를 느끼겠다."라고 말했다. 이 과정에서 후배는 몸과 마음이 모두 가벼워진 듯한 느낌을 경험했다.

육체적인 활력을 찾으면서, 후배는 비로소 아들과의 관계에 신경 쓸 여유가 생겼다.

"아들이 재수를 하고 있는데, 제가 남편을 간호하느라 제대로 보살펴주지 못했어요. 그러다 보니 아들도 힘들었을 것 같고, 나까지 우울하니 더 신경 쓸 수가 없었죠."

후배는 얼굴을 붉히며 아들에게 미안하다고 말했다.

"지금이라도 괜찮아요. 밥 한 끼든 따뜻한 말 한 마디든, 뭘 해도 좋으니 우선 다가가 보는 게 어때요?"

내가 권유하자, 후배는 서투르지만 한 걸음씩 아들에게 다가갔다.

"오늘 공부는 조금 할 만했니?", "엄마랑 밥 한 번 같이 먹자." 같은 소소한 대화부터 시작했다. 후배는 "이전엔 제 마음에 여유가 없어서 이런 간단한 말 한마디도 챙기질 못했어요."라며 스스로를 자책하기도 했다.

하지만 시간이 지나며, 후배의 작은 관심과 변화는 아들에게도 긍정적인 영향을 미쳤다. 결국 아들은 실내디자인 학과에 최종 합격했다.

"아들이 너무 좋아하더라고요. 내가 웃음을 되찾는 걸 보면서 본인도 용기를 얻었다고 해요. 서로가 서로에게 힘이 됐던 거겠죠."

후배가 기쁨에 울먹이며 전한 소식은, 나 역시 뭉클하게 만들었다.

내일을 향해 - 슬픔과 함께 살아가는 법

그렇게 서서히 에너지를 회복한 후배는, 다시 학교에 복직할 수 있었다. 그리고 또 얼마 후에는 새로운 학교로 전근까지 가게 되었다. 물론 아직 남편을 잃은 상실감이 하루아침에 사라진 것은 아니다.

"가끔 아무 예고 없이 남편 생각이 나면 눈물이 왈칵 쏟아져요."라고 할 때도 있고, "새로운 환경에서 잘 지낼 수 있을지 모르겠어요."라며 막연한 불안을 드러낼 때도 있다.

하지만 이제 후배는 알게 되었다. 슬픔은 억누른다고 사라지는 게 아니라, 때론 마음껏 울고, 몸을 움직이며, 자신이 할 수 있는 작은 일을 하나씩 실행함으로써 조금씩 옅어질 수 있다는 사실을. 그리고 혼자가 아니라는 믿음이, 그 작은 변화들을 지탱해 주고 있다는 사실도 말이다.

나는 앞으로도 때로는 코치로, 때로는 친구로, 후배 곁을 지키려 한다. 후배가 어느 순간 또다시 눈물을 쏟으면, 함께 울어줄 준비가 되어 있다. 그리고 여전히 탁구장에 가서 땀을 흘릴 수도 있고, 필사 노트를 펼쳐놓고 서로 근황을 교환할 수도 있을 것이다. 상실과 슬픔은 누구에게나 찾아올 수 있지만, 이를 함께 나눌 사람 역시 곁에 있다는 사실을 잊지 말았으면 좋겠다.

　이 글을 읽는 분들께도 전하고 싶다. 혹시 지금 비슷한 상실과 애도의 시간을 겪고 계신다면, 스스로를 탓하지 말고 조용히 마음을 나눌 사람을 찾아보시라고. 가벼운 걷기, 누구에게나 가능한 작은 활동, 혹은 마음을 담은 한 문장의 기록이라도 좋다. 그 작은 행동 하나하나가 다시 일어서는 길로 이어지는 시작점이 될 것이다.

독자를 위한 코칭질문과 실행 팁

1. 나의 슬픔(혹은 상실)은 정확히 어떤 대상(사람, 관계, 추억 등)을 향하고 있나요?

자신의 감정을 명확하게 인식하는 것이 중요합니다. 구체적인 대상을 떠올리고, 그 대상을 상실했을 때 느꼈던 감정을 솔직하게 표현하세요.

2. 슬픔을 충분히 느끼고 난 뒤, 내 몸이나 마음에서 어떤 변화가 감지되나요?

감정을 억누르지 말고 온전히 경험한 후 몸과 마음의 변화를 관찰하세요. 신체적 반응(긴장이 풀림, 눈물이 남, 가슴이 편안해짐)과 정서적 변화를 비교해 보세요.

3. 상실을 경험하고 있는 지금, 내 삶에서 여전히 의미 있다고 느껴지는 사람이나 활동은 무엇인가요?

상실 속에서도 여전히 가치 있는 것에 집중해 보세요. 이를 통해 삶의 균형을 되찾고 긍정적인 요소를 발견할 수 있습니다.

4. 혼자가 되어버린 두려움이 몰려올 때, 잠시나마 의지할 수 있는 안전지대(장소, 사람, 활동)는 어디인가요?

자신을 보호해 줄 수 있는 환경이나 관계를 떠올려 보세요. 물리적인 공간뿐 아니라 감정적으로 위로받을 수 있는 요소도 포함하세요.

5. 앞으로 새롭게 맞이할 내일을 위해, 지금 이 순간 나에게 해주고 싶은 따뜻한 한 마디는 무엇인가요?

자기 자신을 위로하고 다독이는 말을 생각해 보세요. 희망을 담은 문장이나 스스로에게 주는 격려의 메시지를 작성해 보세요.

3_교실을 춤추게 한 코칭, 변화를 부른 행복의 울림

권경희 코치

무너진 교실, 그리고 현실의 벽

동학년 회의를 마치고 수업을 하러 교실에 들어서자 곧바로 고함과 비명이 터져 나왔다. 책상은 엎어져 있고 아이들은 저마다 흥분해 있었다. "선생님, 누군가 가위를 던졌어요!"라는 다급한 목소리를 듣는 순간, 곧바로 아이들 사이를 헤쳐 나갔다. 다친 아이가 있는지부터 확인해야 했다. 순식간에 일어난 일이지만, 그 파장은 교실 전반을 불안정하게 흔들었다. '대체 왜 교실이 이렇게까지 무너졌을까?' 머릿속에 온갖 질문이 떠올랐다. 단순히 아이들 몇몇 문제 행동일까, 아니면 근본적인 무언가가 잘못된 걸까? 새로운 출발이어야 할 학년 초부터 마주한 이 사태에, 나는 결코 쉽지 않은 싸움을 직감했다. 2010년 4학년 담임을 맡았을 때이다.

나는 어려서부터 아이들이 참 좋았다. 어른들에 비해 서툴지만 순수한 마음, 어떤 말을 해도 진심으로 믿어주는 솔직함에 늘 마음이 끌렸다. 그래서 '아이들과 함께하며, 그들에게 어떤 긍정적인 영향을 줄 수 있는 직업이 뭐가 있을까?'고민했고, 결국 초등학교 선생님이 되기로 결심했다. 1989년, 오랫동안 바라온 꿈을 이룬 첫해에 나는 6학년 담임을 맡게 되었다. 그 시절 6학년 담임은 교직 경력이 꽤 쌓인 교사들이 주로 맡던 터라, 초임 교사였던 나로서는 쉽지 않은 상황이었다. 하지만 13살 차이밖에 나지 않는 아이들과 금세 친구처럼 가까워졌다. 우리가 함께 만들어낸 교실은 늘 웃음꽃으로 가득했다. 방과 후에도 쉽게 헤어지지 않고 프로젝트나 체육 활동을 하며 함께 시간을 보냈다. 이렇게 즐겁게 교직 생활을 시작한 내가, 훗날 이렇게까지 극단적 위기에 맞닥뜨릴 줄은 꿈에도 몰랐다.

교사 생활 20여 년 차가 된 2010년, 상대적으로 형편이 어려운 지역으로 발령을 받았다. 경제적으로나 가정 환경적으로 여러 문제가 맞물린 아이들이 상당히 많았다. 부모로부터 충분한 돌봄을 받지 못해 정서적으로 거칠고, 금방 분노를 폭발시키는 경우도 잦았다. 한 번 불길이 붙으면 말리기조차 힘든 상황이 자주 벌어지곤 했다. 처음에는 내가 알고 있던 교육적 상식으로 접근하려 했다. 그러니 아이들의 행동은 기존 방식으로는 좀처럼 잡히지 않았다. 부모와 상담을 요청해도 '일하느라 바쁘다.'라는 이유로 만나기조차 어려웠다. 눈앞에서 종종 위험한 폭력 사태가 벌어졌고, 도무지 이런 상황을 어떻게 처리해야 할지 막막했다. 동료 중에는 이 어려움을 견디다 못해 교직을 그만두는 이도 나왔다. '나 역시 이 길을 포기해야 하나?'라는 생각이 머릿속을 스쳤지만, 그래도 이 일을 시작한 이유를 되새기며 다시 마음을 잡았다.

변화의 열쇠를 찾다: 코칭과 새로운 시도

나는 더 이상 기존의 방법만으로는 한계가 있다고 판단했다. 그래서 전문 상담 공부를 하기 시작했다. 심리학과 아동발달, 비폭력 대화법, 코칭 기법 등을 익히느라 책을 놓지 않았다. 낮에는 학교에서 문제 상황을 맞닥뜨리며 직접 적용해보았다. 가장 처음 시도한 것은 '칭찬과 보상'이었다. 말 한 마디라도 "오늘 너 많이 힘들었지?"라고 물어보고, 조금만 잘해도 작게나마 간식을 주고 칭찬했다. 그동안 '인정받지 못했다.'라고 느끼던 아이들은 작더라도 진심 어린 관심에 반응하기 시작했다. 또 가정 방문을 통해 아이들의 가정환경을 파악하면서, 아이들에게 정말 필요한 것은 '사랑받는 경험'이라는 것을 깨달았다. 그러자 교실에서의 대화 방식도 달라졌다. "왜 그랬어?"라고 추궁하기보다 "어떤 마음이 들었어?"라고 묻기 시작한 것이다. 그렇게 아이들과 조금씩 공감대를 형성해나가면서, 최악의 위기가 서서히 잦아들기 시작했다.

아이들과 함께 만든 변화

2018년, 나는 새로운 학교로 부임했다. 곧 남편을 따라 미국으로 떠날 예정이었기에 학급 담임을 맡지 않고 교과만 담당했다. 그런데 어느 날, 교장 선생님의 면담 요청이 있었다. 1학년 6반 임시 담임을 맡아달라는 이야기였다. 그 반은 말 그대로 '개구쟁이들의 천국'이라 불릴 정도로 질서가 없었고, 학부모들의 민원도 끊이지 않았다. 처음엔 정말 망설여졌다. 미국행을 위해 워낙 준비해야 할 일도 많았고, 저학년 지도 경험이 많지 않은 데다, 아이들의 상태가 심상치 않다는 이야기를 주변에서 계속 들었기 때문이다. 하지만 '그래도 내가 할 수 있는 최선을 다해보자.'라는 마음으로 결국 담임을 수락했다.

다음 날 아침, 잔뜩 긴장한 채로 교실에 들어섰는데, 잠깐은 호기심으로 조용하던 아이들이 점심시간이 되자마자 제 멋대로 뛰어다니고 소리를 질렀다. 의자를 밀치고 숟가락을 들고 뛰기도 했다. 나는 아무리 말려도 통하지 않아 머릿속이 하얗게 됐다.

이 지경이라면, 가장 문제가 심각해 보이는 아이부터 집중 관리해야겠다고 생각했다. 그 아이가 바로 우진이었다. 우진이는 60대 아버지와 단둘이 사는 아이로, 엄마의 부재가 마음속 깊이 자리 잡고 있었다. 반항적이면서도 한편으로는 눈빛이 초롱초롱해 아직 순수함을 간직하고 있었다. 나는 매일 우진이에게 '데이트'를 신청했다. 혼자 있을 때 불안해하는 우진이에게, 마치 엄마처럼 다정한 말투를 쓰며 챙겨주었다. 처음에는 곁을 주지 않던 우진이도 조금씩 웃기 시작했다. 그리고 어느 정도 친밀해지자 코칭 대화를 해보았다.

"우진아, 친구들과 더 잘 지내기 위해 뭘 더 해보고 싶어?"라고 물으니, 스스로 "친구와 놀고 싶을 때 방해하지 말고 같이 놀자고 좋은 말로 얘기하고 싶어요."라고 했다.

"그럼 어떻게 얘기해야 할까?" 우진이는 "친구야, 나도 같이 놀고 싶어. 나도 끼워줘."라고 말하겠다고 했다. 작지만 구체적인 행동 계획이었다. 우진이가 마음을 다잡으니, 옆의 다른 아이들도 점점 차분해졌다. 2주 만에 교실 분위기가 완전히 달라졌다. 나는 그 흐름을 놓치지 않고 수업에도 게임과 활동을 결합해, 아이들이 흥미를 느끼도록 이끌었다. 학부모 민원에 시달리던 반은 점차 웃음과 배움이 공존하는 공간으로 바뀌었다.

다시 돌아온 학교, 그리고 교사로서의 성장

　미국 생활로 인한 휴직을 마치고 2020년에 다시 같은 학교로 돌아왔을 때, 이미 나는 '학급 경영의 전문가'라는 별칭으로 불리고 있었다. 학년이 새로 바뀌면 동료 교사들은 학급 운영의 어려움을 나에게 털어놓곤 했다.
　"아이들이 제 말을 안 들어요.", "학부모가 매번 불만만 제기해요." 등등.
　그럴 때마다 나는 정답을 바로 말해주기보다, "선생님은 교직을 왜 하기로 하셨나요?", "학부모가 가장 원하는 건 무엇이라 생각하세요?" 같은 코칭 질문을 던졌다. 그러면 동료 선생님은 스스로 아이와 학부모의 입장에서 다시 생각해 보았고, 문제를 해결할 실마리를 찾아내곤 했다. 그 과정에서 선생님들도 자신의 교육 철학을 되짚고, 아이들에게 한 걸음 더 다가갈 수 있는 용기를 얻는다고 했다.

행복한 교실, 그리고 미래를 향한 믿음

　지나온 시간을 돌아보면, 나를 가장 성장시킨 것은 '위기' 그 자체였다. 아이들과 부딪히면서, 맨 처음 품었던 '아이들을 정말 사랑한다.'라는 마음을 다시금 확인할 수 있었다. 그리고 문제 상황을 해결하기 위해 배운 상담 기법과 코칭, 비폭력 대화법이 교실을 평화롭게 변화시키는 데 얼마나 강력한 도구인지 몸소 체득했다. 이제 나는 이 노하우를 혼자만 간직하기보다, 여러 선생님들과 기꺼이 나누고 있다. 교내 연수나 외부 강연에서 사례를 소개할 때마다, 다른 교사들 역시 작은 시도에서 큰 결과가 생길 수 있다는 것을 깨닫게 된다고 말한다. 행복한 교실의 출발점은 결국 '행복한 선생님'이다. 선생님이 자기 일에 열정과 사명감을 갖고, 진심으로 아이들의 마음에 다가설 때, 아이들도 눈부신 변화를 보여준다. 아침에 교문을 지날 때마다, 저 멀리서 "선생님, 안녕하세요!" 하고 달려오는 아이들을 보면 마음이 뜨거워진다. 교실 한편에서 피어나는 미소와 웃음이 바로 우리 미래의 씨앗이기 때문이다. 한 아이의 긍정적인 변화가 교실 전체를 흔들고, 나아가 학교 전체를 바꾸며, 궁극적으로 우리 사회의 미래까지 가꾸어갈 것이라는 믿음을 놓지 않고 싶다. 내가 포기하지 않는 한, 그리고 아이들도 포기하지 않는 한, 교실은 언제든 다시 살아날 수 있다.

독자를 위한 코칭질문과 실행 팁

1. **내가 교직을 선택했던 초심은 무엇이었을까요?**
   교직을 선택했던 당시의 감정과 동기를 떠올려 보세요. 어떤 계기로 교사가 되고 싶었으며, 그때 가졌던 기대와 가치는 무엇이었는지 정리해보면 초심을 되새길 수 있습니다.

2. **아이들의 문제 행동 뒤에 숨겨진 진짜 마음은 무엇일까요?**
   문제 행동을 단순히 규율 위반이 아니라 아이의 표현 방식으로 바라보세요. 아이가 느낀 감정과 처한 상황을 분석하고 공감하는 과정이 중요합니다.

3. **학교생활에서 스스로 행복을 느끼기 위해 오늘부터 할 수 있는 작은 실천은 무엇인가요?**
   사소한 행동이 행복을 좌우할 수 있습니다. 학생과 긍정적인 대화 나누기, 감사 표현하기, 쉬는 시간 활용법을 개선하는 등의 방법을 구체적으로 생각해 보세요.

4. **학부모가 진정으로 원하는 것은 무엇이고, 그들과의 소통 방식을 어떻게 바꿀 수 있을까요?**
   학부모의 기대와 우려를 이해하려면 직접적인 대화를 시도해보세요. 상담 방식, 소통 채널, 피드백 주기를 조정하는 것도 효과적일 수 있습니다.

5. **내가 꿈꾸는 교실의 미래 모습은 어떤 그림이고, 지금 그 미래와 얼마나 가까워졌을까요?**
   이상적인 교실의 모습을 구체적으로 그려보세요. 학생과 교사의 관계, 수업 방식, 학습 환경 등을 떠올리며 현재와 비교하고 실천할 방법을 고민해 보세요.

4_단 한 번의 실패가 당신을 가두지 않도록

김민정 코치

무대 위의 남자, 두려움과 마주하다

"어…… 그러니까, 이 부분에서…… 음…… 우리 회사의 핵심 가치가…… 중요한 이유는…… 어……."

상원(가명)은 손에 든 리모컨을 꽉 쥔 채 힘겹게 말을 내뱉었다. 그는 손에 땀이 차오르는 것을 느끼며 웅성대는 청중들을 바라보았다. 순간 청중은 조용해졌고, 몇몇은 그의 시선을 피했다. 상원은 순간적으로 숨이 턱 막히는 기분이 들었다. 그의 목소리는 떨렸고, 청중들의 표정은 점점 더 굳어졌다. 몇몇은 고개를 돌리며 스마트폰 화면을 들여다보았고, 몇몇은 지루함에 하품을 하거나 의자에 몸을 비스듬히 기대며 고개를 젖히는 모습을 보였다.

그 순간, 상원의 머릿속에는 단 한 가지 생각만 맴돌았다.

'분명 뭔가 잘못되고 있어.'

슬라이드가 두 장 한꺼번에 넘어간 것도, 그로 인해 내용이 엇갈리고 있다는 것도 뒤늦게야 깨달았다. 이마를 타고 땀이 흘렀고 겨우 말을 이어갔지만, 자신조차도 무슨 말을 하고 있는지 알 수 없었다. 발표가 끝났을 때, 청중은 무거운 침묵 속에서 그를 바라보고 있었다. 누구도 박수를 치지 않았고, 아무도 다가오지 않았다.

그날 이후, 상원은 자신에게 '실패자'라는 낙인을 찍었다. 발표가 끝난 뒤의 침묵, 무표정한 청중의 얼굴, 자신을 외면하던 동료들의 모습이 계속 머릿속을 맴돌았다. 그의 마음은 매번 그 순간으로 되돌아가, '나는 무대에 설 자격이 없다.'라는 결론에 스스로를 가두고 있었다. 그리고 2년이 지나도록 그날의 실패는 여전히 그의 마음속 깊은 곳에 자리 잡고 있었다. 그때부터 그는 다시는 무대에 서지 않겠다고 다짐했고, 말을 아끼는 습관까지 생겼다.

그러나 직장 생활은 그를 가만히 내버려 두지 않았다. 시간이 지나면서 그는 점점 더 중요한 프로젝트에 배정되었고, 결국 또다시 발표의 순간이 찾아왔다. 신입사원들에게 회사를 소개하고, 비전과 가치를 전달하는 중요한 발표를 맡게 된 것이다.

상원은 마음 깊이 자리한 두려움을 애써 외면했지만, 발표하는 날이 가까워질수록 숨이 막힐 듯한 압박감이 엄습했다. 잠을 설치는 날이 많아졌고, 머릿속에서는 '이번에도 망치면 어쩌지?'라는 생각이 멈추질 않았다.

그는 몇 날 며칠을 고민한 끝에 결국 나를 찾아왔다.

벼랑 끝에서의 고백, "이번에도 망치면 끝이에요."

사실, 상원과 나의 첫 인연은 2년 전 그 일이 있기 한참 전으로 거슬러 올라간다. 우리는 모 대학 평생교육원의 스피치 프로그램에서 강사와 수강생으로 처음 만났다. 당시 그는 그 어떤 교육생보다도 열정적이었고, 항상 밝은 에너지를 뿜어내며 강의실을 활기차게 만들었다. 수업이 시작되면 누구보다 먼저 손을 들었고, 적극적으로 의견을 제시하며 다른 수강생들의 참여를 유도했다. 발표 연습에서도 거침없는 태도로 자신감을 보였고, 작은 실수는 웃으며 넘길 정도로 긍정적이었다. 그의 활기찬 태도는 주변 사람들에게도 영향을 주었고, 강의실에서는 늘 그의 웃음소리가 울려 퍼졌다. 그랬던 그가 이번에 중요한 발표를 앞두고 다시 한번 나를 찾아온 것이다.

그가 내게 찾아온 순간, 나는 그의 어깨가 유난히 무겁게 처져 있는 것을 보았다. 마치 깊은 물 속에서 허우적거리는 듯한 표정이었다. 그는 문을 조심스럽게 닫고, 한숨을 내쉬며 자리에 앉았다. 그의 손은 무언가를 꼭 쥐려는 듯 주먹을 불끈 쥐고 있었다.

"강사님, 이번 발표는 정말 중요해요."

그의 목소리는 낮고 미세하게 떨렸다.

"그때의 실패가 계속 떠올라요. 이번에도 망친다면, 이제 정말 회복할 자신이 없어요."

그의 목소리에는 절박함이 묻어 있었다.

나는 그가 지난 발표의 트라우마에서 벗어나지 못했음을 알 수 있었다. 그는 발표를 망친 이후, 자신을 점점 더 움츠러들게 만들었다고 고백했다.

"사실, 발표뿐만이 아니에요. 회의에서도 제 의견을 내기가 어려워졌어요. 다들 아는 걸 저만 모르는 것 같고, 제가 무언가를 말하면 틀릴까 봐 겁이 나요. 그래서 자꾸 입을 다물게 돼요. 점점 더 제 의견을 내지 않으면서, 아예 나서지 않으려는 습관이 생겼어요. 말하지 않으면 실수할 일도 없으니까요. 그런데 가만히 있어도 불안해요. 팀원들이 저를 어떻게 볼지 계속 신경 쓰이거든요. 한 번 실수했다고, 다들 저를 무능력하게 보는 건 아닐까 걱정돼요. 가끔은 제 의견을 내고 싶을 때도 있지만, '괜히 말해서 분위기를 망치면 어쩌지?' 하는 생각이 먼저 들어요."

그의 말을 듣고, 나는 그의 두려움이 발표 자체가 아니라 그의 자존감과 연결되어 있다는 것을 알았다. 이 발표는 단순히 말을 잘하기 위한 연습이 아니라, 그가 자신의 가치를 되찾는 과정이 되어야 했다.

내면의 두려움과 마주하다

나는 그의 불안감을 이해하며, 그가 지금 겪고 있는 혼란을 풀어내기 위해 첫 번째 질문을 던졌다.

"이번 발표에서 상원 씨가 진심으로 이루고 싶은 것은 뭔가요?"

상원은 깊은 침묵에 빠졌다. 그는 고개를 숙이고, 손가락으로 테이블 가장자리를 두드리며 생각에 잠겼다. 시간이 흘러서야 입을 열었다.

"그게…… 잘 모르겠어요. 그냥 이번 발표가 잘 끝났으면 좋겠다는 생각뿐이에요."

다시 한번 그에게 질문을 던졌다.

"잘 끝났다는 게 어떤 의미인가요? 상원 씨가 생각하는 '잘 끝난 발표'는 어떤 걸까요?"

상원은 잠시 멈칫하다가 말했다.

"사람들이 집중해서 들어주는 거요. 제 발표가 끝났을 때 질문이 나오고, 그들의 관심을 끌었다는 게 느껴진다면 좋겠어요."

그 순간, 나는 그의 눈빛에서 변화를 발견했다. 발표의 목적을 깨닫는 순간이었다.

"상원 씨는 발표를 통해 단순히 정보를 전달하는 것이 아니라, 청중이 적극적으로 반응하고 소통하는 순간을 원하는 거라고 생각되는데 맞나요?"

상원은 곰곰이 생각하더니 천천히 고개를 끄덕였다.

"네, 맞아요. 발표가 끝났을 때, 사람들이 제게 다가와 이야기를 나누고, 발표 내용을 공유하고 싶어 하는 모습을 보면 성공했다는 느낌이 들 것 같아요. 그리고 그들이 제 발표를 통해 무언가를 얻었다고 느끼면 더 좋을 것 같아요."

그의 말 속에서 나는 더 깊은 의미를 찾을 수 있었다. 단순한 발표의 성공이 아니라, 청중과의 연결을 원하고 있었다. 나는 다시 물었다.

"그렇다면, 신입사원들이 상원 씨의 발표를 듣고 뭘 느꼈으면 좋겠어요?"

그는 한동안 고민하다가 입을 열었다.

"그들이 이 조직에서 자신이 맡은 역할이 중요하다고 느끼길 바라요. 단순히 월급을 받으러 회사에 다니는 게 아니라, 회사의 일원으로서 의미 있는 일을 하고 있다는 확신을 가졌으면 해요."

나는 고개를 끄덕이며 그의 말을 더 깊이 파고들었다.

"상원 씨가 신입사원이라면 어떤 발표에 마음이 움직일까요?"

그는 과거를 떠올렸다.

"제가 입사 초기에 실수를 자주 했어요. 한 번은 중요한 보고서를 엉망으로 만들어서 야근까지 했죠. 그때 선배가 와서 '괜찮아, 나도 그랬어.'라고 말해줬는데 그 위로 덕분에 저는 다시 일어설 수 있었어요. 그래서 이번 발표를 통해 신입사원들에게도 그런 경험을 전해주고 싶어요. 그들이 처음 업무를 맡으며 느끼는 불안과 실수에 대한 두려움을 덜어주고, 실수를 통해 배우고 성장할 수 있다는 걸 깨닫게 해주고 싶어요."

상원은 자신의 진짜 목적을 찾았다. 그는 발표를 통해 신입사원들에게 '실수해도 괜찮다.'라는 메시지를 전달하고 싶었던 것이다.

"신입사원들이 그런 느낌을 갖도록 하기 위해 상원 씨가 해야 할 일은 무엇일까요?"

"음…… 단순히 회사 비전을 수치로 설명할 게 아니라, 공감할 수 있는 방식으로 전달해야 할 것 같아요. 신입사원들도 저처럼 두려워할 수 있으니까 제가 겪었던 경험을 진솔하게 공유하는 것도 도움이 되겠네요."

그의 말 속에서 변화의 조짐이 보였다. 그는 단순히 발표를 잘 마치는 것에서 벗어나, 어떻게 하면 신입사원들이 자신의 발표를 통해 동기부여를 받을 수 있을지 고민하기 시작했다. 그가 한 층 더 나아갈 수 있도록 다시 한번 질문을 던졌다.

"신입사원들은 상원 씨를 어떻게 보고 있을까요?"

"솔직히…… 신입사원들은 저를 그냥 회사 직원 중 한 명으로만 생각할 것 같아요. 특별한 역할을 한다고 느낄 것 같지는 않아요."

"그렇다면, 신입사원들이 상원 씨를 어떤 사람으로 기억했으면 좋겠어요?"

"음…… 그들이 어려운 순간에 제게 조언을 구할 수 있는 선배였으면 좋겠어요. 그들이 실수했을 때 위로해 주고, 용기를 줄 수 있는 사람이요."

"좋아요. 이제 우리는 발표의 본질을 찾았어요. 단순한 정보 전달이 아니라, 상원 씨가 경험한 성장의 이야기를 들려주는 것이죠. 이를 통해 신입사원들이 자신감을 얻고, 회사의 비전을 더 잘 이해할 수 있도록 돕는 것이 이번 발표의 진정한 목적이에요. 그리고 무엇보다, 상원 씨가 선한 영향력을 끼치는 존재로 기억되는 과정이기도 해요."

그 순간, 상원의 표정이 한층 편안해졌다. 이제 그는 자신의 역할이 단순한 정보 전달자가 아니라 신입사원들에게 용기를 주는 존재라는 것을 깨달았다. 그가 하는 이야기가 누군가에게 힘이 되고, 방향을 제시할 수 있다면, 그 자체로 의미 있는 일이었다. 그리고 그것이야말로 그가 무대 위에서 진정으로 빛날 수 있는 방법이었다.

두려움을 뛰어넘는 한 걸음

나는 그의 말을 듣고, 발표를 준비하는 방식 자체를 바꾸기로 했다.

"우리는 단순히 발표 기술을 연습하는 것이 아니라, 이번 발표를 통해 상원씨가 원하는 변화와 의미를 전달하는 데 집중할 거예요."

그렇게 발표 내용을 다시 설계하기 시작했다.

기존의 딱딱한 발표 형식에서 벗어나, 이야기 형식을 가미한 스토리텔링 방식으로 바꾸었다. 그의 개인적인 경험과 신입사원들에게 전하고 싶은 메시지를 한 문장으로 요약하도록 했다.

처음엔 긴장한 기색이 역력했다. 목소리가 떨리고, 말이 자꾸 끊겼다. 하지만 점차 반복되는 연습을 통해 서서히 자신의 리듬을 찾기 시작했다. 나는 그에게 실전과 유사한 환경에서 연습하도록 권했다. 우리는 몇 차례 빈 강의실을 빌려 신입사원이 실제로 있는 것처럼 연습을 진행했고, 그는 점점 무대에 대한 부담감을 줄여갔다.

또 발표의 흐름을 보다 자연스럽게 만들기 위해 청중과 상호작용하는 연습도 병행했다. 청중이 끄덕일 수 있는 포인트를 설정하고, 중요한 메시지를 전달할 때 잠시 멈추며 강조하는 방법을 익혀나갔다. 때로는 연습 중간에 멈춰 피드백을 나누었고, 그는 스스로 자신의 강점과 개선할 점을 발견하며 점점 더 발전해 나갔다.

그의 목소리에 힘이 생기기 시작했고, 긴장이 줄어들면서 말투도 자연스러워졌다. 점차 발표를 즐기기 시작했고, 그것이 단순한 업무 수행이 아니라 자신이 전달하는 메시지의 의미를 공유하는 과정이라는 것을 이해하게 되었다. 자신의 발표를 통해 신입사원들도 실패를 두려워하지 않고 성장의 기회로 받아들이길 진심으로 바랐다. 그리고 마침내 발표를 마무리했다.

두려움을 딛고 성장의 무대에 서다

며칠 뒤, 상원은 다시 나를 찾아왔다. 그는 문을 열며 활짝 웃었다.
"강사님, 저 성공했어요!"
상원은 흥분된 표정으로 이야기를 이어갔다.
"발표하는 동안 저도 모르게 긴장이 사라지고, 제 이야기를 진심으로 전달하고 있다는 느낌이 들었어요. 그리고 신입사원들이 정말 집중해서 듣더라고요. 발표가 끝난 후에도 질문이 많았고, 몇몇은 저에게 개인적으로 조언을 구하기까지 했어요."
"그 순간, 기분이 어땠어요?"
"그동안 발표를 두려워했던 제가, 오히려 무대 위에서 즐기고 있더라고요. 그 순간 깨달았어요. 저는 이미 많은 것을 배우고 성장해 왔다는 걸요. 그리고 실수와 실패가, 두려운 것이 아니라 배움의 과정이라는 걸 알게 되었어요."
그는 잠시 말을 멈추고 환하게 웃었다.
"앞으로도 발표할 기회가 있다면, 두려움이 아니라 기대감을 가지고 무대에 설 수 있을 것 같아요."
사실 그가 발표를 두려워했던 이유는 단순히 사람들 앞에 서는 것이 무서워서가 아니라, '나는 발표를 못 하는 사람'이라는 고정된 신념 때문이었다. 하지만 이번 발표를 준비하면서 그는 새로운 관점을 가지게 되었다. 처음에는 여전히 긴장했고, 발표를 망칠지도 모른다는 불안감이 컸지만 연습을 거듭하면서 점차 '발표는 연습과 경험을 통해 나아질 수 있는 과정'이라는 사실을 깨닫기 시작했다.

심리학적으로 이는 성장 마인드셋(Growth Mindset)[13]이라고 불린다. 심리학자 캐럴 드웩(Carol Dweck)은 "능력은 타고난 것이 아니라, 노력과 학습을 통해 성장할 수 있다."라고 믿는 사람일수록 더 나은 성과를 낸다고 설명했다. 상원 역시 '나는 발표를 잘 못 해.'라는 고정 마인드셋(Fixed Mindset)[14]에서 벗어나, '발표는 경험과 연습을 통해 개선할 수 있다.'라는 성장 마인드셋을 받아들이게 되었다. 그는 이제 발표를 단순한 기술적 과제가 아니라, 자신이 성장할 수 있는 과정으로 바라보게 된 것이다. 그리고 무엇보다 중요한 것은, 실패가 무조건 두려운 것이 아니라, 실패 속에서도 배울 게 있다는 사실을 스스로 깨닫게 되었다는 점이었다.

나는 상원의 변화를 보며 고개를 끄덕였다.

"맞아요. 중요한 것은 완벽한 발표가 아니라, 사람들과 진심으로 소통하는 거예요. 그리고 상원 씨는 이미 그걸 해냈어요. 앞으로도 자신만의 목소리로 많은 사람들에게 좋은 영향 줄 수 있기를 기대할

---

[13] 미국의 심리학자 캐럴 드웩(Carol Dweck)이 연구한 이론으로, 개인의 지능과 능력이 선천적으로 고정된 것이 아니라, 노력과 학습을 통해 충분히 발전할 수 있다고 보는 사고방식이다. 드웩은 1970년대부터 인간의 동기와 학습 태도에 대한 연구를 진행했으며, 2006년 저서 Mindset: The New Psychology of Success에서 '성장 마인드셋'과 '고정 마인드셋(Fixed Mindset)'을 제시하며 이 개념을 체계화했다. 성장 마인드셋을 가진 사람들은 실패를 학습과 성장의 과정으로 여기며, 새로운 도전에 대한 두려움보다 배움에 대한 기대를 갖는다.

[14] 고정 마인드셋(Fixed Mindset) - 심리학자 캐럴 드웩(Carol Dweck)이 제시한 개념으로, 능력은 타고난 것이며 변하지 않는다고 믿는 사고방식을 의미한다. 이러한 신념을 가진 사람들은 실패를 자신이 부족하다는 증거로 받아들이며, 새로운 도전을 피하는 경향이 있다.

게요."

"이게 다 강사님 덕분이에요. 저 혼자였다면 아마 여전히 발표가 두려웠을텐데……. 하지만 이제는 자신 있어요. 앞으로도 계속 성장할 수 있을 거라는 확신이 들어요. 정말 감사합니다."

그는 이제 더 이상 과거의 실패에 머물러 있지 않다. 자신만의 속도로 성장하며, 한 걸음씩 앞으로 나아가고 있다.

그리고 나는 그 여정을 함께하며, 새로운 응원을 준비한다.

독자를 위한 코칭질문과 실행 팁

다음 셀프코칭 질문에 스스로 답하고 정리된 생각을 바탕으로 행동에 옮겨보기 바란다.

1. 지금 당신이 가장 두려운 것은 무엇인가요?
현재 느끼는 두려움과 불안을 구체적으로 적어보세요. 단순한 감정이 아니라, 어떤 상황이 두려움을 유발하는지 현실적인 요소까지 고려해보세요. 두려움을 마주하는 것만으로도 해결의 실마리를 찾을 수 있습니다.

2. 과거의 어떤 경험이 지금의 두려움에 영향을 주고 있나요?
이전의 실패나 부정적인 경험이 현재의 두려움과 연결되어 있는지 떠올려 보세요. 비슷한 감정을 느꼈던 적이 있었는지, 그때 어떤 일이 있었는지 기록해보세요. 두려움의 근본적인 원인을 찾는 데 도움이 됩니다.

3. 당신이 두려워하는 최악의 시나리오는 무엇인가요? 그리고 그것이 실제로 일어날 가능성은 얼마나 될까요?
가장 두려운 상황을 구체적으로 상상해보세요. 그리고 그 일이 실제로 발생할 가능성이 높은지 객관적으로 분석해보세요. 막연한 공포가 아니라 현실적인 가능성을 따져보면, 두려움을 더 이성적으로 바라볼 수 있습니다.

4. 두려움이 현실이 되었을 때, 실제로 잃게 되는 것은 무엇인가요?
두려움이 현실이 되었을 때 감당해야 할 손실을 객관적으로 적어보세요. 그리고 그것이 정말로 당신의 삶에 큰 영향을 미칠 것인지 따져보세요. 종종 우리가 생각하는 '최악의 결과'는 실제로는 감당할 수 있는 범위 안에 있을 수도 있습니다.

5. 이 두려움이 사라진다면, 어떤 일이 가능해질까요?
두려움이 없다면 어떤 행동을 하고 싶으신가요? 이를 구체적으로 상상하며 적어보세요. 두려움이 당신을 막고 있는 것이 무엇인지 인식하면, 그것을 극복할 동기와 방향을 찾을 수 있습니다.

6. 이 두려움을 극복하면 얻게 될 가장 큰 변화는 무엇인가요?
두려움을 극복한 후의 자신을 상상해보세요. 지금의 불안과 비교했을 때, 용기를 내면 어떤 변화가 일어날지 구체적으로 적어보세요. 변화의 가치를 실감하면 도전에 대한 동기가 강해집니다.

7. 이 두려움을 극복하기 위해 지금 당장 할 수 있는 작은 행동은 무엇인가요?
두려움을 극복하기 위해 거창한 변화가 필요하지 않습니다. 지금 바로 할 수 있는 아주 작은 행동을 하나 정하고 실행해보세요. 행동이 두려움을 줄이는 가장 강력한 방법입니다.

5_감정코칭으로 변화와 성장을 이끄는 이야기

박현주 코치

전문코칭이 삶을 변화시키는 이유

전문코치는 단순한 상담자나 조언자가 아니다. 심리상담자는 주로 과거의 상처와 트라우마를 다루며, 고객이 자신의 감정을 이해하고 치유할 수 있도록 돕는 역할을 한다. 반면, 전문코치는 현재와 미래를 중심으로 고객이 원하는 방향으로 성장하고 변화할 수 있도록 지원한다. 심리상담이 감정적인 치유와 정서적 안정을 목표로 한다면, 코칭은 개인의 가능성을 극대화하고 목표를 명확하게 설정하여 실질적인 행동 변화를 끌어내는 과정이다.

또한, 심리상담은 주로 문제 해결과 치유에 초점을 맞추는 반면, 코칭은 고객이 자신의 강점을 인식하고 이를 활용하여 더 나은 삶을 설계할 수 있도록 돕는다. 코칭에서는 열린 질문과 프레임 전환을 통해 고객이 기존의 사고방식을 넘어서고, 스스로 해답을 찾도록 유도한다. 이러한 과정에서 고객은 자신이 설정했던 한계를 뛰어넘고, 주체적으로 삶을 이끌어가는 능력을 키울 수 있다. 결국, 전문코치는 고객이 자신의 잠재력을 극대화하고 지속적인 성장을 이루도록 촉진하는 변화의 가속 장치 역할을 한다.

　전문코치는 고객이 자신의 내면을 깊이 들여다보고, 스스로 해답을 찾을 수 있도록 돕는 촉진자이자 변화의 가속 장치이다. 코칭이 강력한 도구인 이유는 그것이 단순한 문제 해결을 넘어 개인의 신념 체계와 행동 패턴을 근본적으로 변화시키기 때문이다. 특히 감정, 신념, 행동 패턴은 무의식적으로 형성된 경우가 많아, 이를 변화시키려면 의식적인 인식과 반복적인 실천이 필요하다.

　코칭은 단순한 동기 부여가 아니라, 신경과학적으로도 증명된 사고 패턴의 변화 과정(Neuroplasticity)을 활용하여 지속적인 변화를 가능하게 한다. 고객은 코칭을 통해 자신이 가진 제한적인 믿음과 습관을 재구성하고, 더 넓은 가능성을 수용할 수 있도록 돕는다. 또한, 코칭 과정에서 코치는 강력한 질문과 프레임 전환 기법을 활용하여 고객이 자신의 문제를 새로운 시각에서 바라볼 수 있도록 유도한다. 이러한 과정은 고객이 자신의 내면을 더욱 깊이 탐색하고, 자신이 설정한 한계를 뛰어넘도록 돕는다.

　코칭 대화는 단순한 문제 해결을 넘어, 고객이 자신의 깊은 내면을 탐색하고 기존의 사고방식을 넘어서는 강력한 계기가 된다. 코칭의 핵심은 단순한 조언이 아닌, 고객 스스로 깨달음을 얻고 능동적인 선택을 하도록 이끄는 데 있다. 이는 신경과학적으로도 증명된 바 있으며, 사람은 자신의 내면에서 도출한 결론일수록 실행 가능성이 높아진다.

　변화를 원하는 사람들이 많지만 실제로 변화를 만드는 일은 쉽지 않다. 이는 인간의 뇌가 변화를 위협으로 인식하도록 설계되어 있기 때문이다. 신경과학적으로 볼 때, 우리의 뇌는 익숙한 것을 선호하며,

기존의 행동 패턴과 신념을 유지하는 것이 안전하다고 판단한다. 새로운 시도를 할 때 활성화되는 편도체(Amygdala)는 불안과 두려움을 일으켜 변화를 주저하게 만든다.

또한, 변화는 기존의 정체성과 가치관을 흔드는 과정이기도 하다. 우리가 특정한 신념을 오랫동안 유지해왔다면, 그 신념을 바꾸는 것은 단순한 행동 수정이 아니라, 자기 개념(Self-concept)의 변화를 수반해야 한다. 따라서 변화가 지속되려면, 단순한 목표 설정을 넘어 내면의 신념과 감정까지 다루어야 한다.

코칭이 효과적인 이유는 바로 여기에 있다. 코칭은 단순한 행동 변화를 요구하는 것이 아니라, 고객이 변화 과정에서 직면하는 감정과 신념을 탐색하고, 이를 통해 근본적인 자기 이해를 확장하도록 돕는다. 코칭은 인간의 사고방식을 재구성하는 과정이며, 기존의 신념 체계를 점검하고 새롭게 정의하는 기회를 제공한다. 이를 통해 고객은 자신이 설정했던 한계를 뛰어넘고, 스스로 성장하는 내적 동기를 발견하게 된다.

또한, 코칭은 신경과학적으로도 효과가 입증된 접근법이다. 새로운 행동을 습득하고 실행하는 과정에서 신경 가소성(Neuroplasticity)이 작용하여, 사고 패턴이 점진적으로 변화한다. 코치는 열린 질문, 프레임 전환, 비유적 사고와 같은 강력한 기법을 활용해 고객이 기존의 사고 틀에서 벗어나도록 유도하고 행동 패턴을 인식하고, 능동적으로 변화시킬 수 있도록 돕는다.

이를 통해 새로운 관점을 발견하고, 자신이 설정한 한계를 넘어서며, 실질적인 행동 변화를 만들어낸다. 코치는 고객의 감정을 깊이 탐색하고 이를 성장의 촉진제로 활용할 수 있도록 도와주며, 단순한 동기 부여를 넘어 지속 가능한 변화로 이어지도록 한다. 이 과정에서 고객은 변화를 위협으로 느끼는 것이 아니라, 성장과 확장의 기회로 받아들이게 된다.

코칭을 통해 변화는 더 이상 두려운 장애물이 아니라, 자신을 더욱 성장시키고 확장하는 과정이 된다. 코칭은 단순한 행동 수정이 아니라, 내면의 신념과 가치관을 재구성하여 고객이 자신이 가진 가능성을 최대한 발휘할 수 있도록 돕는다. 고객은 코칭을 통해 자신의 내면에 자리 잡고 있던 불확실성과 두려움을 극복하고, 진정으로 원하는 삶을 정의하는 힘을 얻게 된다. 이를 통해 고객은 스스로를 한정 짓던 틀에서 벗어나, 더욱 주체적인 삶을 살아갈 수 있는 능력을 갖추게 된다. 변화는 더 이상 단순한 목표 달성이 아니라, 지속적인 자기 혁신과 성장의 과정이 된다.

많은 사람들은 자신이 진정으로 원하는 것이 무엇인지 깊이 탐색해보지 않은 채, 타인의 기대와 사회적 기준에 맞춰 살아간다. 우리는 어릴 때부터 가족, 학교, 사회로부터 '이렇게 살아야 한다.'는 규범과 기대를 학습하며 자란다. 그 과정에서 자신의 내면의 목소리를 듣기보다는, 외부의 기준에 부합하는 삶을 선택하는 경우가 많다. 하지만 이러한 삶은 어느 순간 공허함과 불만족을 초래할 수 있다. 자신이 원하는 것이 아닌, 타인의 기대에 맞춰 살아가다 보면 결국 진정한 행복과 의미를 찾기가 어렵다.

하지만 코칭을 통해 자신의 가치관과 욕구를 명확하게 이해하면, 삶의 방향이 완전히 달라진다. 코칭은 고객이 자신에게 가장 중요한 것이 무엇인지 깨닫고, 이를 중심으로 삶을 재설계하는 과정이다. 전문코치는 강력한 질문과 다양한 접근법을 활용해 고객이 자신의 내면 깊숙한 곳에 자리한 진짜 욕구를 발견하도록 돕는다. 단순한 동기 부여를 넘어, 코칭은 고객이 기존의 한계를 인식하고 이를 극복할 수 있도록 지원하며, 새로운 관점을 통해 더 넓은 가능성을 보게 한다. 이러한 과정은 고객이 자신의 신념을 다시 정의하고, 보다 주체적인 삶을 살아갈 수 있도록 하는 근본적인 변화로 이어진다.

코칭을 통해 새로운 삶을 찾은 고객

(1) 고객의 초기 상태 – 직장에서의 번아웃과 혼란

나는 대기업에서 7년째 일하며 극심한 스트레스와 번아웃을 겪고 있는 한 고객을 만났다. 그녀는 입사 초기에는 업무에 대한 열정이 넘쳤다. 도전적인 프로젝트에 몰입하고, 성과를 인정받으며 빠르게 승진했다. 하지만 시간이 지나면서 업무 강도는 더욱 높아졌고, 매일같이 쏟아지는 보고서와 끝없는 회의 속에서 그녀는 점점 지쳐갔다.

출근길마다 심장이 답답하고 무거웠다. 책상 앞에 앉아도 일이 손에 잡히지 않았고, 퇴근 후에도 머릿속에서 해결해야 할 일들이 떠나지 않았다. 이메일 알림이 울릴 때마다 가슴이 철렁 내려앉았고, 아무리 쉬어도 피로가 풀리지 않았다. 주말에는 몸을 겨우 끌고 나가 친구들을 만나지만, 마음속은 공허했다. 거울을 볼 때마다 그녀는 '나는 누구지? 이렇게 사는 게 맞을까?'라는 질문이 떠올랐다.

성공을 위해 끊임없이 달려왔지만, 어느 순간 자신의 인생이 무언가 잘못되어가고 있다는 느낌이 강하게 들었다. 하루하루가 반복되는 기계적인 삶처럼 느껴졌고, 업무에 대한 흥미조차 점점 사라지고 있었다. 더 이상 무엇을 위해 이렇게까지 노력해야 하는지 알 수 없었다. 하지만 회사를 떠나는 것은 상상조차 할 수 없었다. '이렇게 안정적인 직장을 버리고 내가 과연 뭘 할 수 있을까?'라는 불안이 그녀를 붙잡고 있었다.

마음이 답답하고 스트레스가 극에 달한 상태에서, 고객은 마지막 희망을 품고 코칭을 찾았다. 머릿속이 복잡했고, 어디서부터 실마리를 찾아야 할지조차 감이 잡히지 않았다. 하지만 나와의 첫 코칭 대화에서 그녀는 조심스럽게 감정을 풀어놓기 시작했다.

처음 그녀를 만났을 때, 얼굴에는 깊은 피로감이 묻어 있었고, 눈빛에는 알 수 없는 불안이 서려 있었다. 하지만 그 속에는 무언가 변화에 대한 희망도 함께 자리 잡고 있었다.

나는 그녀가 긴장을 풀 수 있도록 따뜻한 미소를 지으며 편안한 톤으로 말했다.

코치: "오늘 이 자리에 오시면서 어떤 마음이 드셨나요?"

그녀는 잠시 망설이다가 조용히 숨을 내쉬었다. 한참을 고민한 듯한 표정 뒤에 감춰진 감정이 서서히 표면으로 떠오르기 시작했다.

고객: "솔직히…… 어디서부터 이야기를 해야 할지 모르겠어요. 머릿속이 너무 복잡하고, 감정도 뒤죽박죽이에요."

나는 고개를 끄덕이며 부드럽게 말했다.

코치: "그렇군요. 지금 느끼고 계신 감정부터 천천히 풀어볼까요?"

그녀는 깊은 한숨을 내쉬며 말했다.

고객: "그냥…… 너무 지쳤어요. 더 이상 버틸 힘이 없어요."

나는 그녀의 눈빛 속에서 깊은 피로와 혼란을 읽을 수 있었다. 그것은 마치 방향을 잃고 거센 파도 속에서 표류하는 사람의 모습과 같았다. 하지만 감정은 우리가 어디로 가야 하는지 알려주는 중요한 신호다. 그녀는 자신이 지쳐있다는 사실은 알고 있었지만, 그 감정이 어떤 의미를 가지는지는 아직 깨닫지 못한 듯했다.

(2) 코칭 개입 - 감정의 의미를 찾는 과정

나는 조용히, 하지만 깊이 울림을 줄 수 있는 질문을 던졌다.

코치: "그 감정이 당신에게 어떤 메시지를 전하고 있을까요?"

그녀는 잠시 침묵했다. 그리고 마침내 입을 열었다.

고객: "잠시 멈추라고요…… 너무 앞만 보고 달려왔다고요."

그 순간, 그녀는 처음으로 자신의 감정을 인정했다. 이는 변화의 시작이었다.

니는 NLP 기법을 활용해 감정의 본질을 탐색하도록 도왔다.

코치: "당신의 감정을 하나의 색깔로 표현한다면, 어떤 색일까요?"

고객은 잠시 고민하다가 답했다.

고객: "회색 같아요. 칙칙하고, 무거운 느낌이죠."

나는 색채 연상 기법을 활용하여 고객이 그 감정을 더 깊이 들여다볼 수 있도록 유도했다.

코치: "그 회색은 어떤 이미지로 다가오나요? 혹시 특정한 사물이나 공간이 떠오르나요?"

고객은 잠시 생각에 잠겼다가 조용히 말했다.

고객: "안개가 낀 도로 같아요. 앞이 잘 보이지 않고, 어디로 가야 할지 모르겠는 느낌이요."

이제 고객은 자신의 감정을 보다 구체적으로 시각화하기 시작했다. 나는 그녀가 그 이미지 속에서 어떤 감정을 더 깊이 경험하고 있는지 탐색하도록 도왔다.

코치: "그 안개 낀 도로 한가운데서, 당신은 무엇을 하고 있나요?"

고객은 눈을 감고 자신의 내면을 들여다보듯 천천히 말했다.

고객: "멈춰 서 있어요. 앞으로 가야 하는데, 길이 안 보이니까 겁이 나요. 하지만 가만히 서 있는 것도 답답해요."

그녀의 목소리에는 답답함과 두려움이 섞여 있었다. 나는 NLP의 신념 전환 기법을 적용하여 그녀가 새로운 관점을 찾도록 유도했다.

코치: "그렇다면, 만약 그 안개가 걷힌다면 당신 앞에는 어떤 길이 보일까요?"

고객의 표정이 미묘하게 바뀌었다. 한동안 침묵이 흘렀다. 그리고 마침내, 그녀는 조용히 입을 열었다.

고객: "햇빛이 비치는 넓은 길이요. 평온하고, 어디든 갈 수 있을 것 같은 느낌이에요."

나는 고개를 끄덕이며 질문을 던졌다.

코치: "그렇다면, 그 길을 보기 위해 지금 당신이 할 수 있는 작은 행동은 무엇일까요?"

고객은 깊이 생각하더니 결심한 듯 말했다.

고객: "잠시 멈추고, 제 마음의 소리를 들어야겠어요. 그리고 정말로 원하는 게 무엇인지 찾아봐야 할 것 같아요."

그제야 그녀는 감정을 억누르는 것이 아니라, 감정을 통해 자신을 이해하는 단계로 나아가고 있었다. 불확실성과 두려움 속에서도 자신이 나아가야 할 길을 찾을 수 있다는 신념이 조금씩 자리 잡기 시작했다.

우리는 흔히 힘든 감정을 피하고 싶어 한다. 하지만 긍정심리학에서는 힘든 감정이 성장의 필수적인 요소라고 말한다. 불안, 두려움, 슬픔 같은 감정들은 우리가 무엇을 원하는지, 어디로 가야 하는지를 알려주는 신호다. 코칭에서는 이 감정들을 억누르거나 없애는 것이 아니라, 그 감정이 전하는 메시지를 해석하고 활용하는 것에 초점을 맞춘다.

강력한 질문

코치: "만약 이 감정이 당신의 인생에서 꼭 필요한 것이라면, 어떤 의미가 있을까요?"

고객은 눈을 감고 깊이 생각하더니 조용히 말했다.

고객: "제 한계를 알려주는 신호 같아요. 더 이상 이 방식으로 살면 안 된다는 경고요……. 생각해보면, 이 감성이 저에게 뭔가를 말해주고 있는 것 같아요. 그냥 힘들고 불편한 감정이라고만 생각했는데, 어쩌면 저한테 변해야 한다고 신호를 보내고 있는 건지도 모르겠어요."

그녀의 목소리에는 약간의 깨달음이 담겨 있었다. 나는 그녀가 스스로 더 깊이 탐색할 수 있도록 기다렸다.

고객: "이 감정이 없었다면, 저는 아마 계속 같은 방식으로 살아갔겠죠. 그냥 버티면서요. 그런데 지금은…… 이 감정을 통해 저 자신에게 진짜 필요한 것이 뭔지 질문을 던지고 있는 것 같아요."

그녀는 처음에는 무력감과 스트레스를 단순한 부담으로만 여겼다.

하지만 코칭대화를 거듭할수록, 얽힌 실타래가 하나씩 풀려나갔고 그녀는 자신의 감정을 새로운 시각에서 바라보기 시작했다. 자신의 감정이 단순한 스트레스가 아니라, 자신에게 중요한 무언가를 알리고 있는 신호일지도 모른다는 깨달음이 찾아왔다.

그녀는 조심스럽게 내면을 들여다보았다.

'이 감정이 나에게 무엇을 말하고 있을까?'

그녀는 스스로에게 묻기 시작했다. 이전에는 피하고 싶었던 감정들이 이제는 마치 조용한 속삭임처럼, 그녀가 가야 할 방향을 가리키는 나침반처럼 다가왔다. 감정의 표면적인 불편함을 넘어서 그 이면에 담긴 메시지를 읽어내려는 시도가 시작되었고, 그 순간부터 그녀는 더 깊은 자기 이해의 길로 들어섰다.

(3) 깊이 있는 질문을 통한 전환점

코칭이 진행될수록 고객은 자신의 삶에서 정말 중요한 것이 무엇인지 깊이 고민하기 시작했다. 나는 그녀가 현재의 삶을 다시 바라볼 수 있도록 강력한 존재 질문을 던졌다.

코치: "만약 10년 후에도 지금과 같은 삶을 살고 있다면, 어떤 기분이 들까요?"

고객은 깊은 숨을 내쉬며 생각에 잠겼다. 그리고 이내 표정이 어두워졌다.

고객: "끔찍할 것 같아요. 제가 원하는 건 이런 삶이 아닌데…… 그런데도 바뀌지 않을까 봐 두려워요."

나는 그녀가 가진 두려움을 직면할 수 있도록 도왔다.

코치: "그 두려움이 당신에게 무엇을 말해주고 있나요?"

그녀는 한참을 생각하더니 조용히 입을 열었다.

고객: "변화해야 한다는 걸 알고 있어요. 그런데 실패할까 봐, 혹은 지금보다 더 나빠질까 봐 망설이고 있었어요."

나는 관점을 전환할 수 있도록 새로운 질문을 던졌다.

코치: "그렇다면, 만약 지금부터 변화할 수 있다면 어떤 삶을 살고 싶나요?"

고객의 시선이 흔들렸다. 그리고 그녀는 처음으로 자신의 내면에서 나오는 진짜 답을 찾으려는 듯 보였다.

고객: "사실 요즘 회사에서 일하는 게 점점 의미 없게 느껴져요…… 예전에는 목표가 분명했는데, 지금은 그저 반복되는 업무 속에서 길을 잃은 기분이에요. 그런데 얼마 전부터 필라테스 강사가 되고 싶다는 생각이 들었어요. 몸을 움직일 때만큼은 머릿속이 맑아지고, 살아있다는 느낌이 들거든요. 게다가 다른 사람들의 건강을 돕는 일이 정말 의미 있을 것 같아요. 저도 그 과정에서 더 행복해질 수 있을 것 같고요."

나는 그녀가 그 꿈을 더욱 생생하게 그릴 수 있도록 기적 질문을 던졌다.

코치: "하룻밤 사이에 기적이 일어나서, 당신이 원하는 삶을 살고 있다고 상상해볼까요? 아침에 눈을 뜨면 어떤 모습이 보이나요?"

고객은 처음에는 머뭇거렸지만, 곧 눈을 감고 상상하기 시작했다.

고객: "따뜻한 햇살이 창문으로 들어오고 있어요. 저는 피곤한 출근길이 아니라, 기분 좋게 운동복을 입고 필라테스 스튜디오로 향해요. 수업을 준비하고, 활기찬 에너지를 가진 사람들과 함께 몸을 움직이고

있어요. 제 수업을 듣는 사람들이 행복해하는 모습을 보니 너무 뿌듯해요."

그녀는 눈을 뜨고 말했다.

고객: "이런 삶이라면 정말 행복할 것 같아요."

나는 미소를 지으며 말했다.

코치: "그 삶을 현실로 만들기 위해, 지금 당장 할 수 있는 첫 번째 작은 행동은 무엇일까요?"

고객은 깊이 생각하더니 단호한 목소리로 말했다.

고객: "필라테스 수업을 등록할 거예요. 그리고 강사 과정을 알아볼게요. 더 이상 머릿속에서만 생각하는 게 아니라, 직접 행동으로 옮겨 볼래요."

그녀의 가슴속에서 묵직했던 두려움이 서서히 녹아내리고 있었다. 처음에는 막연한 불안이 그녀를 감싸고 있었지만, 이제는 기대감과 희망이 자리 잡기 시작했다. 필라테스 강사가 되는 미래를 구체적으로 상상하면서, 그녀의 표정이 점점 밝아졌다.

심장이 두근거렸다. 두려움이 완전히 사라진 것은 아니었지만, 그 감정이 이제는 더 이상 그녀를 움츠러들게 하지 않았다. 오히려 설렘이 섞인 긴장감으로 변해가고 있었다. 그녀는 자신의 새로운 가능성을 마주하는 것이 두렵기만 한 일이 아니라, 흥분되고 가슴 뛰는 여정이라는 걸 깨닫고 있었다.

그녀는 미소를 지으며 속삭이듯 말했다.

고객: "이렇게 설레는 기분, 정말 오랜만이에요."

변화의 첫걸음이 시작된 순간이었다.

실행 단계 - 두려움을 극복하고 새로운 길을 가다

고객: "하지만 제가 직장을 그만두고 필라테스 강사가 된다고 해서 성공할 수 있을까요? 안정적인 직장을 버리는 게 맞을까요?"

나는 중요한 질문을 던졌다.

코치: "만약 지금의 두려움이 당신을 멈추게 하는 것이 아니라, 새로운 길을 위한 출발점이라면 어떨까요?"

고객은 필라테스 강사가 되는 과정에서 두려움과 설렘이 교차하는 복잡한 감정을 경험하고 있었다. 새로운 도전을 향한 기대감이 커질수록, 익숙한 환경을 떠난다는 불안도 함께 몰려왔다. 하지만 그녀는 코칭을 통해 두려움을 성장의 신호로 받아들이기 시작했다. 이전에는 막연한 불안감이 발목을 잡았지만, 이제는 그것이 자신이 진정 원하는 삶을 향한 필연적인 과정임을 깨닫게 되었다.

고객은 조용히 생각에 잠겼다. 나는 이어서 존재 질문을 던졌다.

코치: "당신이 필라테스 강사로 성공한 모습을 떠올려보세요. 그때의 당신은 지금의 당신과 무엇이 달라져 있을까요?"

고객의 표정이 달라졌다. 그는 한참 생각하더니 말했다.

고객: "자신감이 생겼을 거예요. 제가 원하는 삶을 살고 있다는 확신도 있겠죠."

그의 눈빛이 변했다. 두려움 속에서도 희망이 피어나기 시작했다. 고객은 단계적으로 변화를 실행하기로 결심했다.

- 필라테스 수업을 듣기 시작했다.
- 필라테스 강사 자격증을 취득하는 구체적인 계획을 세웠다.

- 직장을 완전히 그만두는 것이 아니라, 점진적으로 변화할 방법을 찾았다.

코칭 이후, 그녀는 필라테스 수업을 듣기 시작했다. 처음에는 새로운 환경에서 낯선 동작을 배우는 것이 쉽지 않았지만, 몸을 움직일 때마다 점점 자신감이 붙었다. 작은 성취들이 쌓여가면서, 그녀는 자신이 정말 이 일을 사랑하고 있음을 깨달았다. 자격증 취득을 위한 계획도 보다 구체적으로 세워졌고, 직장을 완전히 그만두기보다는 점진적으로 변화를 시도하는 방향으로 실행해 나갔다. 그 과정에서 불안과 두려움이 다시 찾아왔지만, 그는 이제 그 감정들을 성장의 신호로 받아들이기 시작했다.

고객: "예전에는 두려우면 무조건 피했는데, 이제는 두려움을 느낀다는 것 자체가 제게 중요한 의미가 있다는 걸 알겠어요."

코치: "두려움을 성장의 신호로 바라보는 것은 엄청난 변화예요. 당신은 이미 변화하고 있습니다."

몇 번의 필라테스 수업을 마친 어느 날, 그녀는 거울 속에서 자신을 바라보았다. 그 안에는 이전과는 다른 빛이 서려 있었다. 오랜만에 느껴보는 성취감과 살아있다는 감각이 가슴을 뛰게 했다. 과거의 지친 얼굴과는 달리, 그녀의 눈빛에는 확신과 기대가 스며들고 있었다.

그녀는 천천히 숨을 들이마시며 마음 깊은 곳에서 확신이 차오르는 것을 느꼈다. '이게 바로 내가 꿈꿔왔던 삶이야.' 몸은 여전히 지쳐있었지만, 마음속 깊은 곳에서는 전에 없던 가벼움과 자유로움이 피어올랐다. 익숙했던 불안과 두려움은 어느새 희미해지고, 그 자리를 설렘과 기대가 채우기 시작했다. 가슴속 깊은 곳에서 새로운 가능성이 움트는 느낌이었다. 마치 따뜻한 아침 햇살이 차갑던 밤을 밀어내듯, 그녀는 자신이 새로운 길을 향해 나아가고 있음을 온몸으로 느낄 수 있었다.

변화는 이제 막 시작되었고, 그녀는 그 길을 걸어갈 준비가 되어 있었다. 앞으로의 여정이 쉽지만은 않을 것을 알지만, 더 이상 주저하지 않았다. 그녀는 자신을 믿기로 했다. 이제 그녀는 과거가 아닌, 원하는 미래를 향해 나아가고 있었다.

코칭 이후의 변화 - 자신의 삶을 되찾다

1년 후, 고객은 필라테스 강사로서 새로운 삶을 살고 있었다. 매일 아침 밝아오는 햇살 속에서 그녀는 에너지를 느끼며 하루를 시작했다. 더 이상 과거처럼 무기력하게 반복되는 일상을 견디지 않았다. 그녀의 눈빛은 빛났고, 몸은 건강과 활기로 가득 차 있었다.

고객: "이제야 진짜 제 삶을 살고 있다는 느낌이에요. 예전에는 제가 무엇을 원하는지도 모르고, 그냥 주어진 길을 따라갔어요. 하지만 코칭을 통해 진짜 나다운 삶이 무엇인지 찾을 수 있었어요. 코칭이 없었다면, 저는 아마 여전히 안정적인 직장 속에서 불행한 하루하루를 보내고 있었을 거예요."

그녀는 여전히 새로운 도전에 대한 불안감을 느끼지만, 그 감정을 두려움이 아닌 에너지로 바꾸는 법을 배웠다. 그는 더 이상 예전의 자신이 아니다. 감정이 방해물이 아니라, 나침반이라는 것을 깨달았기 때문이다. 그리고 이제 더 이상 감정을 억누르지 않는다. 오히려 감정이 그를 성장으로 이끌고 있다는 사실을 깊이 이해했다. 코칭을 받지 않았다면, 그녀는 여전히 같은 자리에서 번아웃을 견디며 버티고 있었을 것이다.

그녀는 단순히 직업을 바꾼 것이 아니었다. 그녀는 자신의 내면을 깊이 들여다보고, 무엇이 자신을 행복하게 만드는지 깨달았으며, 그 깨달음을 행동으로 옮길 용기를 얻었다. 더 이상 두려움에 얽매이지 않고, 자신의 선택을 주체적으로 만들어가는 사람이 되었다. 그녀는 성장했고, 변화했고, 이제는 다른 이들에게도 변화를 전하는 사람이 되어 있었다.

감정코칭은 삶의 필수 역량

감정을 어떻게 관리하느냐에 따라 삶의 방향이 달라질 수 있다. 우리는 종종 불안, 두려움, 분노 같은 감정을 부정적으로 바라보며 피하려 하지만, 감정은 우리의 내면에서 보내는 중요한 신호다. 특히 코칭에서는 감정을 억누르는 것이 아니라, 그 감정을 탐색하고 성장의 도구로 활용하는 것에 초점을 맞춘다.

두려움이나 불안 같은 감정을 마주할 때, 이를 단순히 부정적인 감정으로 인식하는 것이 아니라, 자신의 내면에서 어떤 중요한 메시지를 전달하고 있는지를 이해하는 것이 중요하다. 두려움은 위험을 경고하는 신호일 수도 있지만, 때때로 그것은 우리가 도전해야 할 새로운 가능성을 의미하기도 한다. 또한 새로운 일을 시작하기 전 느끼는 불안은 자신이 성장하고 있다는 증거일 수도 있다. 이런 감정을 적절히 해석하고 받아들일 때, 우리는 보다 주체적으로 삶을 선택하고 변화할 수 있는 힘을 가지게 된다.

감정 관리는 단순한 감정 조절을 넘어, 인생을 주도적으로 이끄는 핵심 역량이다. 심리학적으로 볼 때, 감정은 단순한 반응이 아니라 우리가 삶을 어떻게 살아갈지를 결정짓는 중요한 요인이다. 긍정심리학(Positive Psychology)에서는 감정을 억누르는 것이 아니라, 그 감정이 전하는 메시지를 이해하고 활용하는 것이 성장의 핵심이라고 본다.

감정을 효과적으로 관리할 때, 우리는 보다 명확한 의사결정을 내리고, 스트레스를 효과적으로 조절하며, 장기적으로 더 건강한 삶을 설계할 수 있다. 반면, 감정을 무시하거나 억압하면, 이는 장기적으로 정서적 소진(Burnout)과 내적 갈등을 초래할 수 있다. 연구에 따르면, 감정을 잘 다룰 줄 아는 사람들은 그렇지 않은 사람들보다 더 높은 회복탄력성(Resilience)을 갖추고 있으며, 삶의 만족도 또한 높다.

특히, 코칭에서는 감정을 단순히 다뤄야 할 문제가 아니라, 변화와 성장을 위한 강력한 도구로 활용한다. 결국, 감정은 우리가 나아가야 할 방향을 알려주는 나침반과 같다. 코칭을 통해 고객은 불안과 두려움을 단순한 장애물이 아닌, 성장의 기회로 바라보는 법을 배우게 된다. 감정을 외면하거나 억누르는 것이 아니라, 그 안에 숨겨진 메시지를 해석하고, 이를 변화와 발전의 원동력으로 삼는 것이다.

이러한 과정은 자기 인식을 깊이 확장시키고, 감정을 보다 효과적으로 다루는 능력을 키우며, 궁극적으로 지속 가능한 성장과 자기 혁신을 이루는 강력한 힘이 된다. 감정을 이해하고 다루는 능력은 우리가 원하는 삶을 설계하고 실현하는 데 필수적인 요소이며, 이를 통해 지속적인 변화와 성장을 만들어낼 수 있다. 감정을 온전히 이해하고 받아들이는 순간, 우리는 비로소 자신의 삶을 온전히 주도할 수 있게 된다.

당신을 위한 질문

전문코칭은 단순한 목표 달성을 넘어, 삶의 방향성과 존재의 의미를 탐색하는 과정이다. 코칭은 삶을 바꾸는 힘을 가지고 있다. 그 변화는 단순한 조언이 아니라, 고객이 스스로 답을 찾고 행동하도록 돕는 과정에서 일어난다. 코칭이 가져오는 변화를 당신도 경험할 수 있다.

- 요즘 당신이 가장 강하게 느끼는 감정은 무엇인가요?
- 그 감정이 당신에게 보내는 메시지는 무엇일까요?
- 부정적인 감정 안에도 선한 의도가 있다면, 그것은 무엇일까요?
- 만약 무기력을 변화가 필요하다는 신호로 받아들인다면, 당신은 어떤 시도를 할 수 있을까요?
- 만약 두려움을 더 나은 결정을 위한 신중함으로 받아들인다면, 당신은 어떤 선택을 할 수 있을까요?

혼자 변화하기 어려울 때, 코치는 내면 깊숙이 숨겨진 가능성을 발견하도록 도와주는 든든한 동반자가 된다. 때로는 우리가 스스로 알아차리지 못한 잠재력과 기회를 비춰주며, 더 나아갈 수 있도록 용기를 불어넣는다. 코칭을 통해 우리는 감정을 해석하고, 두려움을 성장의 기회로 전환하며, 자신이 원하는 삶을 보다 명확하게 설계할 수 있다.

변화는 혼자서만 이루어내야 하는 것이 아니다. 때로는 누군가의 지지와 통찰이 필요하고, 코치는 그 과정에서 길을 밝혀주는 역할을 한다. 우리가 불확실성과 두려움 속에 있을 때, 코칭은 방향을 잃지 않도록 이끌어주고, 스스로의 힘으로 변화할 수 있도록 돕는다. 혼자 가기에는 막막한 길도, 함께라면 한 걸음씩 나아갈 수 있다. 코칭을 통해 당신도 삶의 새로운 가능성을 발견하고, 진정으로 원하는 변화를 만들어 나가길 바란다.

코치와 함께 만들어가는 새로운 변화

감정코칭은 단순히 감정을 조절하는 기술을 배우는 것이 아니다. 자신을 이해하고, 타인과 건강한 관계를 맺으며, 삶을 더 긍정적이고 의미 있게 살아가는 힘을 기르는 과정이다. 삶의 방향을 명확히 하며, 진정으로 원하는 변화를 이끌어내는 과정이다. 감정은 우리가 가야 할 길을 알려주는 중요한 신호이며, 이를 올바르게 해석하고 활용할 때 우리는 더욱 깅하고 의미 있는 삶을 살아갈 수 있다.

"감정을 다스리는 자가 인생을 다스린다. 감정관리가 곧 인생관리이다."

코칭을 통해 변화는 더 이상 두려운 장애물이 아니라, 자신을 더욱 성장시키고 확장하는 과정이 된다. 코칭은 단순한 행동 수정이 아니라, 내면의 신념과 가치관을 재구성하여 고객이 자신이 가진 가능성을 최대한 발휘할 수 있도록 돕는다. 고객은 코칭을 통해 자신의 내면에 자리 잡고 있던 불확실성과 두려움을 극복하고, 진정으로 원하는 삶을 정의하는 힘을 얻게 된다.

혼자 변화의 길을 걸어가는 것은 쉽지 않다. 방향을 잃고 주저할 때, 두려움에 휩싸여 발걸음을 멈출 때, 그 곁에서 함께 걸어주는 사람이 있다면 어떨까? 코치는 단순한 조언자가 아니라, 당신이 내면 깊숙이 숨겨둔 가능성을 발견하도록 돕는 든든한 동반자이다. 코칭을 통해 자신이 원하는 삶을 보다 명확하게 설계할 수 있다. 불안과 혼란이 스며든 순간에도, 코칭은 빛이 되어 앞을 밝혀준다. 혼자 감당하기 힘든 변화의 과정에서도, 코치는 당신의 가능성을 비춰주는 거울이 되어준다.

변화는 혼자 감당해야 하는 싸움이 아니다. 때로는 누군가의 지지와 따뜻한 통찰이 필요하다. 당신이 가야 할 길을 스스로 찾을 수 있도록 조용히 길을 밝혀주는 존재, 그것이 바로 코칭이다. 지금 당신이 원하는 변화가 있다면, 더 이상 혼자 고민하지 말고, 그 변화를 함께할 수 있는 동반자를 만나보라.

당신이 원하는 변화는 더 이상 먼 미래의 이야기가 아니다. 바로 지금, 코칭을 통해 당신 안에 숨겨진 힘을 발견하고, 불확실한 미래를 기대와 희망으로 바꿀 수 있다. 함께 걸어갈 누군가가 있다면, 그 길은 더욱 의미 있고 강렬한 여정이 된다.

당신도 코칭을 통해 삶의 새로운 가능성을 발견하고, 진정으로 원하는 변화를 만들어 나갈 수 있기를 바란다. 당신의 가능성은 무한하며, 진정으로 원하는 변화를 만들어 나갈 수 있는 힘이 이미 당신 안에 있다. 이제, 그 변화를 시작할 때다.

6_강점코칭: 고객의 발견, 성장 모멘텀을 스스로 발견하다

이혜인 코치

강점을 알면, 인생이 바뀐다

여러분은 혹시 이런 경험을 해본 적이 있는가? 열심히 노력해도 남들보다 부족하다는 느낌, 아무리 해도 발전이 없다는 좌절감. 하지만 혹시 방향이 잘못된 건 아닐까? 혹시 당신이 '부족한 점을 보완하려는 것'이 아니라, '잘하는 것을 더 발전시키는 것'이 답이라면?

Gallup 연구에 따르면, 자신의 강점을 활용하는 사람은 업무 몰입도가 6배 더 높고, 삶의 만족도가 3배 이상 증가한다.(Rath & Conchie, 2008) 즉, 강점을 발견하고 개발하는 것은 단순한 자기계발이 아니라, 삶을 완전히 바꾸는 결정적 계기가 된다.

하지만 강점이란 단순히 '내가 잘하는 것'을 찾는 과정이 아니다. 강점이란, 나의 에너지가 집중되는 곳, 자연스럽게 즐거움을 느끼는 활동을 통해 발휘되는 능력이다. 즉, 강점을 찾는 것은 내 안의 잠재력을 탐색하는 여정이며, 이를 현실에 적용하는 과정이 중요하다.

본 글에서는 강점이 왜 중요한지, 그리고 어떻게 하면 여러분이 자신의 강점을 발견하고, 이를 극대화하여 성공적인 삶을 살 수 있는지 살펴보려고 한다.

강점의 힘: 당신이 모르는 숨겨진 무기

여러분은 세상을 바꾼 사람들의 공통점이 무엇인지 아는가? 그들은 자신이 부족한 부분을 보완하는 데 시간을 쓰지 않았다. 대신, 자신의 강점을 알아내고, 그것을 극한까지 활용했다.

강점을 활용하면 몰입(flow) 상태에 도달하기 쉬우며, 이는 높은 성취감을 유발한다(Csikszentmihalyi, 1990). 몰입이란 자신이 하는 활동에 완전히 빠져들어 시간 감각을 잃고, 최고의 집중력을 발휘하는 상태다. 예를 들어, Gallup 연구에서는 강점 중심의 업무를 수행하는 직원이 12.5% 더 생산적이라는 결과를 발표했다.(Harter, Schmidt, & Keyes, 2002)

몰입 상태에 있을 때 사람들은 피로감을 덜 느끼고, 더 높은 성과를 달성하는 경향이 있다. 강점을 활용하는 사람들은 자신의 업무나 학업에서 자연스럽게 동기를 느끼고 지속적인 성장을 경험하게 된다.

또한, 몰입은 단순한 성취감을 넘어 자기 효능감을 높이는 역할을 한다. 자기 효능감(Self-efficacy)이란, 자신이 어떤 과제를 수행할 수 있다는 믿음을 의미하는데, 이는 강점을 기반으로 한 성공 경험을 통해 강화된다.(Bandura, 1997) 즉, 강점을 활용할수록 자신감을 얻고, 도전적인 목표에도 과감하게 도전하는 자세를 가질 수 있다.

강점을 모르면, 헛발질만 계속된다

전통적인 교육과 조직 관리 방식은 약점을 개선하는 데 집중한다. 하지만 그 결과는?

자신의 본래 재능과 맞지 않는 방향으로 가는 사람들, 그리고 결국 성취감을 느끼지 못하는 사람들이다. 연구에 따르면, 강점 활용 없이 단순히 약점을 보완하는 데 집중한 사람들은 스트레스 수준이 높고, 만족도가 낮다.(Robertson & Cooper, 2011) 결국, 우리는 약점을 보완하기보다 강점을 극대화해야 한다.

강점을 모르는 상태에서 노력하는 것은 마치 길을 잃고 헤매는 것과 같다. 자신의 강점을 제대로 파악하지 못한 채 노력만 하는 것은 '불필요한 에너지 소비'로 이어진다. 오히려 자신의 강점을 활용할 때 더 적은 노력으로 더 큰 성과를 낼 수 있다는 점이 중요하다.

강점 발견: 내 안의 가능성을 찾아라

강점은 타고나는 것이지만, 발견하지 못하면 아무 소용이 없다. 그럼 어떻게 강점을 찾을 수 있을까? 세 가지 방법을 소개한다.

자기 탐색: 스스로에게 던지는 질문

강점 탐색 질문:

- 가장 몰입했던 경험은 언제였는가?
- 특별한 노력 없이도 잘할 수 있는 것은?
- 어떤 순간에 가장 성취감을 느끼는가?
- 남들이 나에게 자주 칭찬하는 것은 무엇인가?

- 실패 속에서도 반복적으로 시도했던 것은 무엇인가?

이 질문을 스스로 던지고, 답변을 적어보라. 패턴을 찾다 보면 당신의 강점이 자연스럽게 드러날 것이다.

주변의 피드백: 타인이 보는 내 모습

자신이 모르는 강점은 타인이 더 잘 볼 수 있다. 친구, 동료, 가족에게 물어보자.

강점 피드백 질문:
- 내가 잘하는 점이 있다면 무엇인가?
- 어떤 역할을 맡을 때 가장 자연스러워 보이는가?
- 나와 함께 일할 때 어떤 점이 인상적이었는가?

특히, 360도 피드백 기법을 활용하면 객관적인 강점 분석이 가능하다(Kaiser & Overfield, 2010).

강점코칭: 성장과 변화의 핵심 도구

강점코칭이란?

강점코칭(Strengths-Based Coaching)은 개인이 자신의 강점을 발견하고 이를 활용하여 성장하도록 돕는 과정이다. 강점코칭은 기존의 약점 보완 접근 방식과 달리, 개인이 자연스럽게 에너지를 쏟을 수 있는 분야에서 성과를 극대화할 수 있도록 지원한다.

강점코칭은 단순한 피드백 제공이 아니라, 자신의 강점을 인지하고, 강점에 기반한 목표를 설정하며, 이를 현실에서 어떻게 활용할지 구체적인 전략을 세우는 과정이다.

강점코칭의 주요 단계

1. 강점 발견 (Strength Discovery) → 개인의 강점을 인식하고 명확히 정의한다.

2. 강점 이해 (Strength Awareness) → 강점이 업무 및 삶에 미치는 영향을 분석한다.

3. 강점 활용 전략 수립 (Strength Application Strategy) → 강점을 실질적으로 적용할 수 있는 방법을 구체화한다.

4. 강점 실천 및 피드백 (Strength Execution & Feedback) → 실천 후 결과를 점검하고 지속적으로 피드백을 반영한다.

이러한 단계적 접근 방식은 강점이 단순한 특성이 아니라, 계속해서 발전할 수 있는 역량이라는 점을 강조한다.

강점코칭사례

일 년에 한두번 씩 특성화고 학생들의 취업컨설팅을 하게 된다. 일반고등학교와 달리, 특성화고 학생들은 졸업 후 바로 취업 가능하도록 교육과정이 자격증 취득, 실무관련 지식 및 스킬 습득에 중점을 두고 있다. 그래서 입학할 때 어느 정도 진로를 고민하고 들어오게 되는데, 사실 대게는 고민보다는 성적과 현재 상황에 맞춰 들어오는 경우가 많다. 교육과정 중에 탐색하면 좋은데, 문제는 3학년이 되어서도 여전히 어쩌지 못하는 학생이 많다는 것이다.

내가 그들과 만나게 되는 목적은 '취업역량강화'라는 주제로 이력서 및 자기소개서 첨삭과 면접 스킬과 관련된 팁을 전달하는 것이다. 현장에서는 대체로 밀착 코칭 겸 컨설팅이 진행된다.

"자, 자기소개서 쓴 거 같이 볼까?"

"선생님, 전 쓸 말이 없어요…… 제가 뭘 잘하는지도 모르겠고요, 뭐 하고 싶은지도 모르겠어요. 진짜 써 보려고 노력했거든요! 아무것도 생각이 안 나요."

이력서를 쓰윽 훑어봤다.

자격증도 있고, 교내에서 수상경력도 몇 개 눈에 보였다.

"음, OO아, 맨 처음 이 학과에 오게 된 이유가 뭐야?"

"처음에는 성적 맞춰서 왔어요. 근데 제가 어렸을 때부터 혼자 요리해 먹어서, 먹는 것도 좋아하니깐 요리 관련해서 일해보면 어떨까 해서 지원해서 왔어요. 취업도 잘 된다고도 하고요……."

"와보니깐 어땠어?"

"재밌었던 거 같기도 하고…… 근데 재능은 없는 거 같기도 하고……."

"여기 자격증도 있고, 상 받은 것도 있는데?"

"에이, 이건 거의 다 받는 상이에요."

그렇게 말하는 OO의 말에는 자신감이 없어보였다. 자신이 뭘 잘하는지도 모르겠고, 이렇게 졸업하면 뭘 어떻게 살아야 할지도 모르겠다고 한다. 그래도 요리업계로는 취업하려고 한다는 방향은 세운 듯했다.

"OO야, 요리 실습이나 요리하면서 좋았던 기억이나 경험 이야기 해줄래?"

"음…… 교내 대회가 있었는데, 그때 애들하고 아이디어 회의하고 나눠서 하면서 재밌었어요. 특히 베이킹 할 때 제가 반죽을 잘 한다고 이야기해줘서 좋았어요. 상도 받았고요."

"오, 반죽을 잘하는구나! 어떻게 했길래~ 애들이 어떻게 말해줬어?"

"꼼꼼하게 잘한다고, 근데 이건 누구나 하는 거예요 쌤~."

"꼼꼼하게 잘한다! 그치 반죽은 누구나 하지만, 꼼꼼하게 잘하는 건 네 장점인 거 같은데 어때?"

"…… 그런가요?"

"또 다른 이야기도 해줘."

"근데, 저 쿠키 잘 구워요. 예쁘게는 아니지만, 그래도 맛있게 그러고 적당하게 잘 구워요"

"와, 베이커리 쪽을 잘하는구나!"

"생각해보니 그런 것 같네요, 제가 달달한 디저트를 좋아해서요"

"쌤이 볼 땐, OO이의 세심하고 꼼꼼한 면이 쿠키 같은 제과제빵 할 때 좋은 강점이 되는 거 같은데, 너의 생각은 어때?"

"그런가요..? 그럴 수도 있을 것 같아요. 제가 제일 좋아하는 수업도 제과제빵 수업이거든요

"오, 좋네~ 그럼 OO이가 요리하면, 이떤 점이 좋아?

"저는요, 제가 맛있게 먹고 싶어서 요리했는데요, 다른 사람들이 맛있다 해주면 좋더라구요. 사람들이 제가 만든 음식 먹고 행복하게 웃으면 좋을 것 같아요."

"와, 멋진데? 그게 OO이가 되고 싶은 요리사구나!

"쌤, 쌤이랑 이야기하다 보니 좀 정리가 되는 것 같아요!"

"나는 OO가 지금까지 해온 것도 잘해왔고, 지금도 잘 하고 있다고 생각해. 지금 네가 나한테 온 것도 잘해보려고 한 거잖아. 잘하려고 하는 마음, 그래서 도전하는 행동 또한 너의 장점이라고 느껴지는

데…….”
"그래요? 근데 그건 맞아요. 이왕 한 거 잘 해보고 싶은 건 맞아요."
"그래, 넌 충분히 능력이 있어!"
"네! 제가 이거 좀 정리해서 다시 올게요. 쓴 거 봐주세요. 감사해요, 쌤!"

다음날 OO이는 자기소개서를 작성해서 가지고 왔다. 글 맵시는 서툴렀지만, 우리가 나누었던 이야기나 자기의 경험들을 담아내려고 노력한 흔적이 대견했다.
그리고 얼굴에서 '해냈다.'라는 표정을 짓고 있었다.
몇 달 뒤 OO호텔에 실습생으로 선발됐고, 잘되면 취직할 수 있다는 소식이 들려왔다.
우리가 일상으로 넘겼던 사건들이 사실은 나를 성장시키는 과정이었음을 코칭대화를 통해 나도 다시 한번 느낀다.

강점 활용을 위한 실천 전략
강점을 발견하는 것은 시작일 뿐이다. 진정한 변화는 이를 실천할 때 이루어진다. 강점을 실생활과 조직 내에서 적극적으로 활용하는 전략을 세우고, 지속적으로 학습하며 강점을 발전시키는 것이 중요하다.

개인이 강점을 실생활에서 활용하는 방법
강점을 실생활에서 활용하는 것은 개인의 성취감과 만족도를 높이는 데 필수적이다. 연구에 따르면, 자신의 강점을 의식적으로 활용하는 사람들은 직업 만족도가 높으며, 스트레스가 감소하고, 삶의 질이 향상된다.(Park et al., 2004)

일상 속 강점 활용 전략

- 강점을 일과에 적용하기: 업무나 학업에서 자신의 강점이 발휘될 수 있도록 역할을 조정하거나 새로운 도전을 시도한다.
- 강점 일기 작성: 매일 강점을 어떻게 활용했는지 기록하고, 다음날 더 잘 활용할 방법을 고민한다.
- 강점 네트워크 구축: 자신의 강점을 알아보고 인정해 줄 수 있는 사람들과 교류하며, 피드백을 받는다.
- 강점을 활용한 목표 설정: SMART 목표 설정 기법을 활용하여 강점을 기반으로 한 현실적인 계획을 수립한다.

조직에서 강점 기반 문화를 만드는 법

강점 기반 조직 문화는 직원의 몰입도를 높이고, 생산성을 향상시키는 데 기여한다.(Clifton & Harter, 2003) 연구에 따르면, 강점 기반 피드백을 받은 직원들은 35% 더 높은 업무 몰입도를 보이며, 이직률이 14% 낮아지는 효과를 보였다.(Harter et al., 2010)

조직 내 강점 활용 전략

- 강점 진단 도구 활용: CliftonStrengths, VIA 강점 테스트 등을 통해 직원의 강점을 파악하고, 이를 업무에 적용할 수 있도록 지원한다.
- 강점 기반 리더십: 리더가 직원들의 강점을 이해하고, 이를 최대한 발휘할 수 있도록 역할을 조정하는 것이 중요하다.

• 강점 기반 팀 구성: 프로젝트 팀을 구성할 때 각자의 강점이 조화를 이루도록 배치하여 시너지를 극대화한다.

• 강점 피드백 문화 조성: 직원들이 서로의 강점을 인정하고 피드백을 제공하는 문화를 조성하여, 강점이 자연스럽게 조직 내에서 활용될 수 있도록 한다.

강점 성장을 위한 지속적인 학습 방법

강점은 고정된 것이 아니라, 지속적인 학습과 실천을 통해 더욱 강화될 수 있다. 연구에 따르면, 자신의 강점을 지속적으로 개발한 사람들은 자기 효능감이 높아지고, 장기적으로 더 큰 성과를 내는 경향이 있다.(Bandura, 1997)

강점 성장 전략

• 전문가 멘토링 활용: 강점을 더욱 개발하기 위해 해당 분야의 전문가나 코치를 만나 피드백을 받는다.

• 강점 기반 학습 과정 참여: 자신의 강점과 관련된 전문적인 교육을 받고, 새로운 기술을 습득한다.

• 강점을 활용한 도전 과제 설정: 강점을 활용하여 새로운 프로젝트나 학습 과제를 수행하며, 경험을 확장한다.

• 정기적인 강점 점검: 강점 진단을 주기적으로 다시 실행하여 자신의 강점이 어떻게 발전했는지 확인하고, 보완할 부분을 찾는다.

강점이 삶을 변화시키는 힘

강점코칭을 통한 변화는 단순한 성과 향상을 넘어, 개인과 조직의 삶의 질을 높이는 데 기여한다. 자신의 강점을 발견하고 이를 활용하는 사람들은 자신감이 높아지고, 삶의 주도권을 쥘 수 있게 된다.

강점을 기반으로 한 자기개발은 단순한 '스킬 향상'이 아니라, 자신의 가치를 재발견하고, 이를 통해 삶의 의미를 찾아가는 과정이다. 연구에 따르면, 강점 활용을 지속한 사람들은 삶에 대한 만족도가 3배 이상 증가하며(Peterson & Seligman, 2004), 더 높은 수준의 웰빙을 경험한다.

"스스로 성장 모멘텀을 발견하는 것"이 중요한 이유

- 강점 기반 접근은 자기 효능감을 높여 지속적인 성장을 가능하게 한다.
- 자신의 강점을 활용할 때, 에너지를 덜 소비하고도 높은 성과를 낼 수 있다.
- 강점 중심의 삶을 살 때, 자연스럽게 몰입과 성취를 경험할 수 있다.

결국, 강점 활용은 일시적인 변화가 아니라, 지속적인 성장과 성공을 위한 핵심적인 전략이다. 강점코칭을 통해 자신의 강점을 발견하고 이를 적극적으로 활용한다면, 누구나 자신의 삶을 의미 있고 충만하게 만들어갈 수 있다.

참고문헌

- Bandura, A. (1997). Self-efficacy: The exercise of control. Freeman.
- Clifton, D. O., & Harter, J. K. (2003). Investing in strengths. Positive Organizational Scholarship, 111-121.
- Harter, J. K., Schmidt, F. L., & Keyes, C. L. (2010). Well-being in the workplace. American Psychologist, 57(2), 87-93.
- Park, N., Peterson, C., & Seligman, M. E. (2004). Strengths and happiness. Journal of Happiness Studies, 5(3), 269-280.
- Peterson, C., & Seligman, M. E. P. (2004). Character strengths and virtues: A handbook and classification. Oxford University Press.

독자를 위한 코칭질문과 실행 팁

1. 내가 가장 발휘하고 싶은 강점은 무엇이며, 이를 통해 이루고 싶은 목표는 무엇인가요?

2. 나의 강점을 마음껏 펼치고 있을 때, 주변 사람들이 나에게 어떤 피드백이나 칭찬을 건네줄까요?

3. 내가 가장 몰입했던 순간이나 업무(과제)는 언제였고, 그때 발휘된 강점은 무엇이 있나요?

4. 내가 현재 겪고 있는 어려움이나 도전은, 어떤 강점을 발휘하면 해결이 더 수월해질까요?

5. 만약 기적처럼 내 강점이 갑자기 2배로 강화되었다면, 어떤 일들에 도전해보고 싶나요?

6. 내 강점을 알아보고 인정해주는 사람들과 협업한다면, 어떤 시너지와 기회를 만들 수 있을까요?

7. 현재 하고 있는 일(업무, 학업, 취미 등)에 강점을 더 많이 적용하기 위해 바꿀 수 있는 작은 변화는 무엇인가요?

8. 내가 발견한 강점을 하루 일상에 더 자주 사용하려면, 구체적으로 어떤 습관을 만들면 좋을까요?

9. 지금 시작할 수 있는 작은 행동 한가지는 무엇인가요?

10. 도중에 어려움이 생겨도 긍정적인 태도를 유지하기 위해 내가 스스로에게 해줄 수 있는 '응원의 말'은 무엇인가요?

7_커리어 코칭으로 이직 성공한 40대

임근희 코치

지영은 오랜 경력과 다양한 직무 경험을 갖추고 있었지만, 이직을 시도하면서 좌절감을 느끼기 시작했다. 40대 중반, 디지털 환경에서 능숙하게 일할 수 있는 역량을 갖추고 있음에도 불구하고, 채용 시장은 그녀를 쉽게 받아들이지 않았다.

'내가 정말 부족한 걸까? 아니면 단순히 나이 때문일까? 아무리 경력을 쌓아도, 나이 앞에서는 아무 소용이 없는 걸까?'

이 질문이 머릿속을 떠나지 않았다. 몇 번의 서류 탈락 후, 그녀는 자신이 냉혹한 현실 속에서 싸우고 있음을 실감했다. 스스로를 유능하다고 믿었지만, 기업의 시선은 달랐다. 한때는 그녀도 자신감이 넘쳤다. SNS 콘텐츠 기획, 웹마스터, 나라장터 입찰 업무, 회계 및 행정까지, 다양한 직무를 경험하며 탄탄한 경력을 쌓아왔다. 하지만 나이가 많다는 이유로 평가조차 받지 못하는 현실 앞에서, 자존감은 점점 무너져 갔다.

'나는 어디로 가야 하는 걸까? 내 커리어는 여기서 끝나는 걸까?'

길을 잃은 기분이었다. 하지만 포기할 수는 없었다. 방법을 찾고 싶었다. 그러던 중, 그녀는 여성새로일하기센터에서 경력 단절 여성 및 중장년층을 위한 맞춤형 커리어코칭 프로그램을 운영하고 있다는 소식을 들었다. 지영은 센터를 방문하여 상담을 받았고, 그곳에서 전문 코치를 소개받았다. 처음에는 반신반의했지만, 마지막 기회라는 심정으로, 그녀는 코칭을 받기로 결심했다.

코치와의 첫 만남에서 그녀는 조심스럽게 자리에 앉았다. 깊은 한숨을 내쉬는 그녀의 모습에서 이직에 대한 불안이 묻어났다.

"이 나이에 새로운 시작이 가능할까요?"

코치: "지영 님, 이직이 어렵다고 느끼는 가장 큰 이유가 무엇인가요?"

이지영: "나이 때문이죠. 서류 통과조차 쉽지 않아요. 저 같은 사람을 원하지 않는 것 같아요."

코치: "기업이 정말 나이 때문에 탈락시킨다고 확신하시나요? 아니면 다른 이유가 있을까요?"

이지영: "…… 글쎄요. 그럴 수도 있겠네요. 하지만 저는 점점 자신이 없어져요."

코치: "그렇다면, 우리가 자신감을 되찾고, 당신의 강점을 명확하게 드러낼 방법을 함께 찾아보면 어떨까요?"

그녀는 처음엔 망설였지만, "네 그러고 싶어요." 이 순간이 그녀의 변화의 시작이었다.

1. 커리어 코칭으로 자기 이해: 가치를 발견하고 강점을 구조화하다.

그녀가 삶에서 중요하게 여기는 가치는 성취감, 성공, 사랑이었다. 직장에서 그녀는 성취감을 느낄 때 가장 큰 만족을 얻었다. 자율적으로 일할 수 있는 환경을 선호했다. 또한, 가정에서는 평화와 사랑이 중요한 가치로 자리 잡고 있었다.

또한 그녀는 VIA 강점 분석을 통해 자신의 강점을 확인했다.

(VIA 강점 검사는 긍정심리학자 크리스토퍼 피터슨(Christopher Peterson)과 마틴 셀리그만(Martin Seligman)이 개발한 검사로, 인간이 보편적으로 지니고 있는 24가지 강점을 기반으로 개인의 특성을 분석하는 도구이다.)

1. 통찰(지혜) – 문제 해결과 전략적 사고에 강점이 있으며, 넓은 시야를 바탕으로 결정을 내릴 수 있음.

2. 인내(끈기, 근면) – 목표를 설정하면 끝까지 포기하지 않고 완수하려는 강한 의지를 가짐.

3. 영성(삶의 목적의식, 신앙심) – 자신의 삶과 커리어에 대한 명확한 방향성을 가지고 있으며, 깊은 내면의 동기가 있음.

4. 학구열 – 새로운 것을 배우고 성장하는 과정에서 큰 즐거움을 느끼며, 끊임없는 자기계발을 선호함.

5. 희망(낙관성, 미래지향적) – 도전적인 상황에서도 긍정적인 태도를 유지하며, 미래에 대한 기대감이 높음.

이러한 강점을 기반으로 이지영는 자신의 직무 강점을 더욱 구체화할 수 있었다.

이제, 그녀는 자신의 강점과 가치가 명확히 정리되었고, 이를 기반으로 커리어 전략을 구체화할 준비가 되었다.

코치: "이지영 님, 당신이 직무에서 진짜 잘하는 것은 무엇인가요?"

이지영: "저는…… 다양한 일을 해왔어요. 하지만, 그게 특별한 강

점이 될 수 있을까요?"

코치: "한 번 생각해봅시다. 과거의 경험 중, 당신이 가장 자부심을 느꼈던 순간은 언제인가요?"

그녀는 천천히 기억을 더듬었다. SNS 채널 운영을 통해 팔로워를 1,000명 이상 늘렸던 경험, 유튜브 콘텐츠를 제작해 5,000회 이상의 조회 수를 기록했던 순간, 나라장터 입찰 업무를 성공적으로 수행했던 기억이 떠올랐다.

'이건 분명 의미 있는 성과야.'

코칭을 통해 그녀는 자신의 경험을 단순한 나열이 아니라 정량적인 성과로 변환하는 방법을 익혔다.

핵심 직무 강점 분석

- 디지털 마케팅 & 콘텐츠 기획: SNS, 유튜브, 웹사이트 운영 5년의 경험
- 회계 및 행정: 전산세무 2급, 문서 관리 및 행정 업무 능력
- 고객 경험 & 서비스 기획: 7년간 서비스업 경험, 고객 응대 및 개선 프로젝트 수행
- 공공기관 및 입찰 업무: 나라장터 MAS 입찰 경험, 정부 지원 사업 운영 이해도

이제, 그녀는 자신이 '무엇을 잘 할 수 있는 사람'인지 명확하게 이해하게 되었다.

2. 이직, 전략적으로 준비하다

자신의 강점을 재정비한 후, 이지영은 시장 조사를 시작했다. 하지만 단순히 채용 공고를 살펴보는 것이 아니라, 이력서와 자기소개서를 전략적으로 분석하고 개선하는 과정이 필요했다. 그녀는 코칭을 통해 자신의 이력서를 점검하고, 효과적인 자기소개서를 수정하고 작성했다.

코치: "현재 채용 시장에서 가장 유망한 직무는 무엇인가요?"

이지영: "디지털 마케팅과 고객 경험 기획이 성장하고 있지만, 제 연령대에서는 정부 조달 분야가 더 안정적일 것 같아요."

코치: "그렇다면, 직무별 맞춤 전략을 수립해보죠. 이력서와 자기소개서도 각각의 직무에 맞게 수정해야 합니다."

1) 경력형 이력서 수정 과정

이지영은 기존의 연대기순 이력서에서 벗어나, 경력형 이력서를 작성하기로 했다. 이는 그녀의 강점을 부각하고, 기업이 원하는 역량을 효과적으로 전달할 수 있는 방식이었다.

이전 이력서 문제점:
- 연대기순으로 정리되어 있어, 최근의 강점과 성과가 눈에 띄지 않음.
- 직무와 관련된 핵심 성과보다는 단순한 업무 나열.
- 숫자로 표현된 성과 부족.

개선된 이력서 전략:
- 각 직무에 맞춰 핵심 강점을 최상단에 배치.

- 성과 중심의 서술 방식 적용 (예: "SNS 팔로워 1,000명 증가, 유튜브 영상 조회 수 5,000회 이상 기록").
- 최근 5년간의 주요 프로젝트와 그 성과 강조.

2) 자기소개서 수정 과정

기존의 자기소개서는 다소 포괄적이었고, 이지영의 차별성을 드러내지 못했다. 코칭을 통해 그녀는 자신의 핵심 가치와 직무 강점을 연결하는 방식으로 자기소개서를 수정했다.

이전 자기소개서 문제점:
- 지원 동기가 추상적이며 구체적인 경험과 연결되지 않음.
- 기업이 원하는 역량과 본인의 강점이 직접적으로 매칭되지 않음.
- 직무와 관련된 구체적인 사례 부족.

개선된 자기소개서 전략:

① 도입부: 이직을 결심한 이유를 명확히 설명하며, 자신의 핵심 가치와 연계.

② 강점 강조: 디지털 마케팅, 고객 경험 기획, 정부 조달 등 직무에 맞는 구체적인 강점과 사례를 제시.

③ 지원 동기: 해당 기업이 왜 본인을 필요로 하는지, 본인이 기업에 어떻게 기여할 수 있는지 서술.

④ 마무리: 미래 커리어 비전과 해당 직무에서의 성장 목표 제시.

3) 이력서와 자기소개서 수정 후 성과

커리어 코칭을 통해 전략적 수정 이후, 이지영의 서류 합격률은 30% 이상 증가했다. 단순히 경력을 나열하는 것이 아니라, 강점을 구조화하고 구체적인 성과를 강조하는 방식이 효과를 발휘한 것이다.

코치: "이제 이력서와 자기소개서가 직무별로 최적화되었습니다. 이제 면접을 대비할 차례입니다."

이지영은 이제 막연한 불안이 아니라, 체계적인 전략을 바탕으로 이직을 준비하는 단계에 접어들었다.

자신의 강점을 재정비한 후, 이지영은 시장 조사를 시작했다.

코치: "현재 채용 시장에서 가장 유망한 직무는 무엇인가요?"

이지영: "디지털 마케팅과 고객 경험 기획이 성장하고 있지만, 제 연령대에서는 정부 조달 분야가 더 안정적일 것 같아요."

코치: "그렇다면, 직무별 맞춤 전략을 수립해보죠."

그녀는 세 가지 직무에 맞춰 맞춤형 이력서를 준비했다. 디지털 마케팅 직무를 위해, 그녀는 SNS 채널 성장 성과를 강조하며, 콘텐츠 기획 및 광고 운영 경험을 구체적으로 기술했다. 고객 경험 기획 직무에는, 서비스업에서의 고객 응대 및 개선 사례를 추가해, 실질적인 문제 해결 역량을 부각했다. 정부 조달 및 입찰 관련 직무에는 나라장터 MAS 입찰 경험과 계약 성과를 수치화하여 포함했다. 이러한 전략적 수정으로 그녀의 경쟁력은 더욱 강화되었다. 그리고 경력 공백을 보완할 수 있도록, 학습과 프로젝트 경험을 강조하는 방식으로 자기소개서를 수정했다.

예시:
- "SNS 운영 및 마케팅 성과를 기반으로, 데이터 분석을 활용한 브랜드 성장 전략을 기획할 수 있습니다."
- "나라장터 입찰 경험과 정부 조달 사업 이해도를 바탕으로, 공공기관과의 협업을 주도할 수 있습니다."

이러한 전략을 통해, 그녀의 서류 합격률은 이전보다 30% 이상 높아졌다.

3. 면접: 질문을 기회로 활용하다

면접은 가장 큰 난관이었다. 나이에 대한 질문이 나올 것이 분명했다. 하지만 이번엔 준비가 되어 있었다.

면접 예상 질문 및 답변 전략

Q "50대가 넘어서도 변화하는 조직 환경에서 버틸 자신이 있습니까?"

A "연륜은 저의 가장 큰 강점입니다. 변화에 적응하는 것은 경험과 학습에 달려 있으며, 저는 끊임없이 배우고 실전에 적용하는 것을 즐깁니다. 최근에도 최신 디지털 마케팅 트렌드를 익히며 성과를 창출했습니다."

Q "이 업계는 빠르게 변화하는데, 젊은 지원자들과 비교했을 때 무엇이 더 경쟁력이 있다고 생각하십니까?"

A "단순한 트렌드 습득이 아니라, 경험에서 나오는 문제 해결력과 의사 결정 능력이 있습니다. 저는 단기 성과뿐만 아니라, 장기적인 전략 수립과 실행에도 강점을 가지고 있습니다."

Q "우리 회사에서 어떤 기여를 할 수 있다고 확신하십니까?"

A "입찰 업무와 공공기관 협업 경험을 활용해, 신규 사업 기회를 창출할 수 있습니다. 또한, 고객 경험 기획을 통해 브랜드 신뢰도를 높이는 데 기여할 것입니다."

Q "디지털 환경에 대한 적응력이 뛰어나다고 하셨는데, 최근 배운 새로운 기술이나 도구가 있습니까?"

A "최근 OpenAI를 활용한 데이터 분석을 학습하였고, 이를 바탕으로 콘텐츠 최적화 전략을 세우는 프로젝트를 진행했습니다."

Q "우리 회사에서 3년 후 어떤 모습이 되고 싶습니까?"

A "조직 내에서 새로운 기회를 발굴하고, 전략적 성장에 기여하는 핵심 인력이 되고 싶습니다. 또한, 후배들에게 경험과 지식을 공유하며 조직 내 지속적인 발전을 돕고 싶습니다."

이제, 그녀는 두려움을 자신감으로 바꿀 준비가 되어 있었다.

면접은 가장 큰 난관이었다. 나이에 대한 질문이 나올 것이 분명했다. 하지만 이번엔 준비가 되어 있었다.

면접 예상 질문 및 답변 전략

Q "연령이 부담스럽지 않나요?"

A "경험을 쌓아온 만큼, 빠르게 문제를 해결할 수 있는 능력을 갖추고 있습니다."

Q "디지털 환경에 얼마나 적응할 수 있나요?"

A "SNS 채널을 운영하며 트렌드를 분석하고, 유튜브 콘텐츠를 기획한 경험이 있습니다."

Q "우리 회사에서 어떤 기여를 할 수 있나요?"

A "입찰 업무와 공공기관 협업 경험을 활용해, 신규 사업 기회를 창출할 수 있습니다."

이제, 그녀는 두려움을 자신감으로 바꿀 준비가 되어 있었다.

4. 변화의 순간: 이직 성공

이지영은 코칭을 받기 전, 나이 때문에 이직의 어려움을 겪으며 깊은 고민에 빠져 있었다. 하지만 코칭을 통해 자신을 깊이 바라볼 수 있는 기회를 얻었고, 자신의 핵심 가치와 강점을 재발견했다. 그녀는 더 이상 '이직이 두렵다.'라는 생각에 머무르지 않았다. 대신, 자신의 커리어를 전략적으로 설계하고, 새로운 도전에 나설 준비를 마쳤다.

커리어 코칭을 받기 시작한 지 4개월 후, 지영은 한 공공기관업무를 대행하는 디지털 마케팅 및 고객 경험 기획 담당으로 최종 합격했다. 합격 이메일을 확인하는 순간, 그녀는 숨을 크게 들이마셨다. 손끝이 떨렸고, 가슴이 벅차올랐다.

"드디어 해냈어……."

그녀는 조용히 중얼거리며, 몇 달간의 노력이 결실을 맺었음을 실감했다. 가족들에게 소식을 전하며 목소리가 떨렸고, 오랜만에 느껴보는 자부심이 가슴 깊이 밀려왔다.

이전의 이지영은 이직에 대한 막연한 두려움 속에서 주저했지만, 이제는 다르다. 그녀는 단순한 이직 성공을 넘어, 자신의 커리어를 스스로 설계하는 방법을 터득했다. 코칭을 통해 목표를 설정하고, 자신의 가치를 더욱 효과적으로 어필할 수 있는 방법과 능력을 갖춘 것이다.

이직을 두려워하는 당신도 이지영처럼 변화를 만들 수 있다. 중요한 것은 두려움을 극복하고, 자신의 핵심 가치와 강점을 발견하여 전략적으로 준비하는 것이다.

독자를 위한 코칭질문과 실행 팁

이직을 고민하는 당신을 위한 셀프 코칭 질문

이직을 고민하고 있다면, 먼저 스스로에게 솔직한 질문을 던져보자. 무엇이 나를 멈추게 하는가? 나는 어떤 방향으로 나아가고 싶은가?

1. 내가 원하는 이상적인 직업 환경은 무엇인가?
(예: 자율적인 근무 환경, 높은 연봉, 성장 기회 등)

2. 내가 가진 가장 강력한 직무 역량은 무엇이며, 이를 어떻게 증명할 수 있을까?

3. 현재의 직무에서 부족함을 느끼는 부분은 무엇이고, 이를 해결하기 위해 무엇을 할 수 있을까?

4. 이직을 결심했다면, 구체적으로 어떤 역량을 강화하고, 어떤 네트워크를 구축해야 할까?

5. 나의 경력과 성과를 효과적으로 전달하기 위해, 이력서와 자기소개서를 어떻게 개선할 수 있을까?

8_코칭질문으로 시작되는 삶의 변화

최강석 코치

내가 무능하다고 여긴 그 사람, 왜 팀장이 되었을까?

'무능한 김 팀장이 통합 팀장이 되다니…….'

박서준(가명) 팀장은 책상에 놓인 조직 개편 공문을 손에 쥔 채 한숨을 내쉰다. 분명 자신이 통합 팀을 이끌 리더로 발탁될 것이라 믿어 의심치 않았지만, 결정은 전혀 다르게 내려졌다. 평소 자신이 '무능하다'고 생각했던 김 팀장을 통합 팀의 수장으로 앉혔다는 사실에 당혹감이 온몸을 휘감는다. 매일 밤 그가 들여다보는 것은 이제 회사 업무가 아닌, 퇴사 후의 진로 계획서다. '지금 당장 옮겨야 하나?', '차라리 사업을 시작해볼까?' 온갖 질문이 머릿속을 헤집지만, 어느 것도 명쾌한 답을 주지 않았다.

우리는 종종 박서준 팀장과 같은 딜레마에 빠진다. 누구나 자신이 걷는 길에 대한 의문과 불만을 느낄 수 있다. 그런데 질문을 잘 던지는 순간, 전혀 예상하지 못한 해법이 떠오르거나 새로운 관점이 열리는 경험을 하기도 한다.

퇴사냐 잔류냐⋯⋯ 결정적 한 방이 되는 질문의 힘

박서준 팀장은 통합 팀이 꾸려진 뒤, 마주쳐야 하는 새 팀장의 얼굴조차 보기 싫다고 느꼈다. '아니, 그 사람이 뭘 안다고 팀장이 된 거야?'라는 생각이 머리를 지배했다. 결국 조직 개편은 자신에게 퇴사를 종용하는 것이라 여겼고, 이직이나 창업을 고민하기 시작한다. 분노와 자괴감이 공존하는 상황이었다.

박 팀장: 퇴사를 생각 중인데 언제쯤 할지, 다른 회사로 옮기는 게 좋을지, 사업을 하는 게 좋을지 고민입니다.

코치: 무엇이 퇴사를 생각하게 만들었나요?

박 팀장: 최근에 조직 개편이 있었어요. 그 과정에서 우리 팀과 다른 팀이 하나로 통합되었습니다. 저는 당연히 제가 통합 팀의 팀장이 될 거라고 생각했죠. 그런데, 아 글쎄 무능한 그쪽 팀장이 되었지 뭡니까. 제가 밀린 것도 기분 나쁘지만, 그런 무능한 팀장 밑에서 일 못 하겠어요. 그리고 이렇게 조직 개편이 된 것은 저에게 나가라는 말이나 다름없지 않아요? 그래서, 퇴사를 생각하고 있습니다.

코치: 흠, 많이 실망스럽고 화가 나셨겠군요.

박 팀장: 맞아요.

(중략)

코치: 좀 전에 '무능한 팀장'이라고 말씀하셨는데, 사장님은 그 팀장을 어떤 사람이라고 생각하고 있을까요?

박 팀장: 음, 글쎄요⋯⋯ 나름 유능하다고 생각하시겠네요. 그러니깐, 팀장으로 정하셨겠죠.

⋯⋯."(중략)

코치: 지금까지 대화를 통해 새롭게 발견한 것이 있다면 무엇인가요?

박 팀장: 저는 그 팀장이 무능하다고 생각했는데, 사장님은 그 사람의 다른 능력을 봤을 수도 있겠다는 생각이 들었어요.

코치: 그 생각을 바탕으로 다음 한 주간 실행해 보고 싶은 것이 있다면 무엇일까요?

박팀장: 그 팀장의 장점은 무엇인지, 나에 비해 어떤 능력을 가지고 있는 지를 찾아봐야겠어요. (이하 생략)

다른 관점으로 새로운 인식을 돕는 '관점전환 질문'

박서준 팀장은 한 번도 생각해보지 않았던 시선에 멈칫했다. 자기 입장에서는 명백히 '무능'해 보이는 상대였지만, 분명 사장님이 이런 결정을 내린 데에는 다른 판단 근거가 있지 않았을까. 그가 미처 보지 못한 능력이나 대인관계 기술을 그 팀장이 가졌을 수도 있다는 점이 떠오른다. 이때부터 박서준 팀장은 회사가 자신을 몰아내려 한다는 음모론적인 생각을 조금씩 내려놓고, 그 팀장과의 협업 가능성을 모색하기 시작했다. 박 팀장은 그 후 상황을 잘 받아들이고 상황에 유연하게 대처하는 능력과 다른 사람의 관점에서 바라보는 능력이 개발되었다.

이 코칭세션에서 가장 효과를 발휘한 질문은 무엇일까? 그것은 '관점전환 질문'이었다. 사장의 관점으로 보게 돕는 '관점전환 질문'을 통해 '사장님은 그 사람의 다른 능력을 봤을 수도 있겠다.'라는 새로운 인식을 갖게 됨으로써 문제의 돌파구가 생긴 것이다. 한 발짝 물러나 상황을 다른 관점으로 바라보면, 그동안 자신이 보지 못했던 부분을 보게 되고, 상황은 그대로더라도 감정의 온도가 달라지면서 생각할 수 있는 해결책의 폭도 넓어지게 되는 것이다.

관점전환 질문은 내 관점에 갇힌 상태에서 잠시 벗어나 제3자나 다른 이해관계자의 시선으로 사고하도록 돕는다. 그 과정에서 굳어 있던 부정적 감정이 유연해지고, 시야가 확장된다. 박서준 팀장의 사례가 보여주듯, 거부감에서 시작된 상황도 새로운 각도로 바라보면 해결의 여지가 생긴다. 코칭은 바로 이런 과정, 즉 '스스로 답을 발견하도록 돕는 도구'라는 점을 여실히 보여준다.

내가 교사가 되는 것이 맞을까?

김은채(가명) 씨는 교대 졸업을 코앞에 두고 고민에 빠졌다.

김은채: 졸업이 다가올 수록 '내가 교사가 되는 게 맞는 걸까.' 하는 생각이 들어요.

코치: 교대 졸업을 앞두고 진로에 대해 의구심이 드신다구요?

김은채: 네.

코치: 좀 황당하게 들리실 수 있는데, 자신에게 300억의 돈이 있고 선택한 것은 무슨 일이든 할 수 있다면, 어떤 것을 하고 싶으세요?

김은채: 세계여행요.

코치: 좀 더 구체적으로 어떤 세계여행을 하고 싶으세요?

김은채: 세계 각국을 여행하며 휴식도 하고 그 나라의 문화도 체험하고 많은 사람들을 만나보고 싶어요.

코치: 여러 나라의 문화 체험과 그 사람들을 만나는 세계여행이군요?

김은채: 네.

코치: 그것을 마음껏 하고 있을 때 기분이 어떨까요?

김은채: 너무 즐거울 것 같아요.

코치: 즐거움이 얼굴에 묻어나네요. 그 세계여행이 자신에게 어떤 의미라고 할 수 있을까요?

김은채: 많은 문화적 경험을 하는 것……."

코치: '새로운 문화적 경험'이라고 할 수 있군요. 그런 세계여행을 실컷 다녀서 더 이상 가볼 곳도 없고, 가방 싸는 것도 지겨워졌다면, 그다음으로 무엇을 하면 좋을까요?

(중략)

코치: 그 모든 것이 이루어졌다면, 다음에는 또 무엇을 하면 좋을까요?

김은채: 음……. 학교를 만들어서 아이들을 가르치고 싶어요.

(중략)

코치: 오늘 코칭대화를 통해 새롭게 발견한 것이나 정리된 생각이 있다면 어떤 것이라고 할 수 있을까요?

김은채: 이루고 싶은 것들을 상상하면서 기분이 너무 좋아졌고, '내가 정말 아이들을 가르치고 싶어하는구나.' 하는 생각이 들었어요. 졸업하고 교사가 되는 것에 대한 확신이 생겼어요.

진정으로 원하는 것을 찾도록 돕는 기적질문

코칭 대화 전에 자신의 진로에 대한 의구심이 가득했던 김은채 씨는 코칭대화를 통해 스스로 확신을 갖게 되었다. 이 코칭대화에서 결정적으로 효과를 발휘한 것이 '기적질문'이다. 기적질문에는 크게 2가지가 있다. 해결중심단기치료(Solution-focused Brief Therapy, 이하

SFBT)의 선구자 '스티브 드 쉐이저(Steve de Shazer)'가 주로 사용한 기적질문과 현대 코칭의 아버지로 불리우는 '토마스 레너드(Thomas J. Leonard)'가 사용한 기적질문이 그것이다.

드 쉐이저의 기적질문은 해결된 모습을 상상하게 하고 이를 통해 '고객이 원하는 구체적인 해결의 결과(이하 해결목표)'를 구체화하는 것이 그 목적이라고 할 수 있다. 또한, 문제상황에 주의의식이 붙잡혀있는 고객으로 하여금 문제보다는 해결에 주의를 돌릴 수 있도록 한다.

레너드의 기적질문의 목적은 고객이 시간, 돈 및 주어진 상황들 때문에 억누르고 봉인해두었던 자신의 꿈, 열망 등을 찾을 수 있도록 돕는 것이다. 은채 씨에게 적용한 기적질문이 바로 레너드의 기적질문이었다.

레너드의 기적질문은 '기적이 일어나서 무엇이든 이룰 수 있다면...'과 같은 황당한 질문에 이어 '그것이 자신에게 중요한 이유...'를 묻는 깊이 있는 질문, '또 이루고 싶은 것...'과 같이 꿈 너머의 꿈을 끄집어내는 방식으로 진행한다. 이를 통해 자신이 인생에서 중요하게 여기는 것은 무엇인지, 궁극적으로 자신이 이루고 싶은 열망은 무엇인지를 찾도록 돕는다.

사람들은 자신이 생각하는 것보다 더 큰 잠재력을 가지고 있지만, 돈, 시간, 나이 등의 제약조건들에 생각이 매여서 그 너머를 생각하는 데에 어려움을 겪는다. 레너드의 기적질문은 이런 장애요인 때문에 억눌러 두었던 자신의 꿈과 열망을 드러나게 한다. 은채 씨 역시 이러한 기적질문을 통해 자신이 아이들을 가르치고 싶은 열망이 있음을 발견했고, 자신의 방향성에 대해 확신을 갖게 되었다. 이런 과정이 없었다면, 교직에 대한 확신을 갖기가 어려웠을 것이다.

역사적 인물들의 결정적 순간과 질문

우리가 질문의 위력을 더 깊이 이해하기 위해, 역사적인 사례를 잠시 살펴보자. 경영학의 아버지로 불리는 피터 드러커, 혁신의 아이콘 스티브 잡스, 그리고 '미스터 GE' 잭 웰치 등은 결정적 위기에 스스로와 타인에게 질문을 던졌고, 이를 통해 돌파구를 찾았다는 공통점을 지닌다.

피터 드러커: 답이 아닌 질문을 주는 사람

드러커가 경영학 분야의 독보적 구루가 될 수 있었던 핵심은, 언제나 '왜?', '어떻게?'라는 질문을 놓지 않았기 때문이라고 한다. 조직과 사람들에게 구체적 해법을 주기보다 스스로 답을 찾도록 끊임없이 질문했다. 이 습관이야말로 그를 대가의 반열에 올려놓은 지렛대가 되었다.

잭 웰치: 구조조정의 갈림길에서

GE의 전성기를 이끌었다 해도 과언이 아닌 잭 웰치는, 회사에 산적해 있던 사업 부문을 효율화해야 하는 엄청난 과제를 안고 있었다. 피터 드러커는 그에게 '만약 지금 이 사업을 시작하지 않았다면, 오늘 뛰어들 것인가?'라는 질문을 던졌고, 이는 웰치가 불필요한 사업을 과감히 정리하고 핵심 역량을 강화하는 결정적 계기가 되었다.

스티브 잡스: 매일 아침 던진 질문

17세 때 한 구절을 읽고 깨달음을 얻었다는 스티브 잡스의 유명한 고백은 널리 알려져 있다. '오늘이 내 인생 마지막 날이라면, 지금 내가 하려는 일을 하겠는가?' 이 물음은 그의 짧지 않은 혁신의 역사를 관통했다. 사람들은 잡스의 창의성과 추진력을 말하지만, 그 에너지의 근저에는 자신에게 던진 한 줄의 질문이 있었다.

질문을 통한 실천: 어떻게 시작할까?

지금 이 글을 읽는 사람들 중에도 박 팀장처럼 회사에서 겪는 갈림길에 선 사람이 있을지 모른다. 아니면 은채 씨처럼 진로나 꿈을 명확히 정하지 못해 막막함을 느끼는 경우도 있을 것이다. 그렇다면 앞서 살펴본 '관점전환 질문'과 '기적질문' 같은 대표적 방식을 직접 시도해보자.

1) 관점전환 질문
- '이 일을 나 아닌 제3자가 본다면 뭐라고 말할까?'
- '만약 내 상사(또는 고객)의 입장이라면, 이 문제를 어떻게 바라볼까?'
- '자신이 존경하는 위인이나 멘토가 이 문제를 해결한다면 어떻게 접근할까?'
- '10년 뒤 지금보다 훨씬 지혜롭게 성장한 자신이 이 일에 대해 무어라 조언할까?"

이런 질문은 내가 꽉 쥐고 있던 한 가지 시각에서 잠시 벗어날 길을 열어준다. 그 시도가 반복될수록 내 생각이 더 유연해지고, '어쩌면 이 일에 다른 의미가 있을 수도 있겠다.' 하는 통찰을 얻을 수 있다.

2) 기적질문

- '만약 어떤 제약도 없다면, 나는 무엇을 하고 싶은가?'
- '그것을 이룬다면 어떤 기분일까? 그리고, 그것을 이루는 것이 자신에게 어떤 의미라고 할 수 있을까?'
- '돈과 시간이 무한정 주어진다면, 어떤 일을 가장 먼저 해보고 싶은가?'

막연히 불가능하다고 단정했던 상상은 오히려 우리의 진짜 욕구와 가치관을 드러낸다. 뒤이어 '그렇다면 왜 나는 그것을 원할까?', '그것이 내 삶의 어떤 측면을 충족시켜줄까?' 같은 후속 질문을 통해 더욱 구체적인 나만의 목표를 발견할 수 있다.

3) 의사결정 질문

- '지금 이 결정을 하지 않으면 어떤 일들이 일어날까?' (예: 망설임이 지속되어 현재 직장에서 승진 기회를 놓치거나, 인생에서 새로운 경험을 하지 못할 수도 있음)
- '결정함으로써 새로 열리는 가능성과, 포기해야 하는 것은 무엇인가?' (예: 해외 근무 제안을 수락한다면 가족과 떨어지게 될 수도 있지만, 경력 면에서는 커다란 성장 기회를 얻을 수 있음)
- '10년 뒤 내가 이 결정을 회상한다면, 어떤 기분일까?' (예: 시간이 흐른 뒤, 그 선택을 자랑스럽게 생각하거나 후회할 가능성을 떠올려보기)

중요한 결정을 앞두고 명료함이 부족하다면, 스티브 잡스나 잭 웰치 사례를 떠올리며 의도적으로 이런 질문을 던져볼 수 있다. 현 시점의 단기적 이득만을 좇는 대신, 더 넓은 시간과 관점을 고려하게 되면, 훗날 후회 없는 선택을 하기 쉬워진다.

4) 문제해결 질문 (Anthony Robbins의 질문)
- '이 문제의 좋은 점은 무엇인가?'
- '아직 완전하지 않은 부분은 어디인가?'
- '내가 할 수 있는 것은 무엇인가?'
- '이 일의 해결과 성공을 위해서 내려놓을 것은 무엇인가?'
- '이 과정을 통해서 즐길 수 있는 것은 무엇인가?'

이 질문들은 현재 상황을 부정적으로 보는 대신, 해결의 씨앗과 긍정적 가능성에 집중하도록 이끈다. 부정적 감정에 빠져 있을 때 오히려 '이 문제의 좋은 점'을 찾아봄으로써, 전혀 생각지 못했던 기회를 발견할 수 있다.

5) 업무관리를 위한 셀프코칭 질문
- '지난 한 주간 성취한 것은 무엇인가?'
- '이번 주 내가 집중해야 할 것은 무엇인가?'
- '더 빨리 끝냈어야 하지만 아직 마무리하지 못한 일은 무엇인가?'
- '이제 당연히 되어 있어야 할 일이지만 아직 하지 않은 것은 무엇인가?'
- '오늘 한 가지 일밖에 못 한다면 어떤 일을 하는 것이 가장 가치 있는가?'

이처럼 스스로에게 던지는 질문을 통해 자기 상태를 점검하고, 해야 할 것을 명확히 파악하며, 삶의 우선순위를 재정립할 수 있다.

6) 척도(Scale) 질문과 Up & Down 질문
- 척도(Scale) 질문: '지금 내 만족도(혹은 문제 해결 정도)를 10점 만점으로 표현한다면 몇 점인가?', '10점이 되려면 무엇이 바뀌어야 할까? 같은 식으로 수치화해 보며 현재 상태와 원하는 상태의 간극을 구체적으로 확인할 수 있다.
- Up & Down(Chunking) 질문: '이 상황이 중요한 이유는 무엇인가?(상위단계로 올라가기), '언제 어디서 그렇게 느꼈는가?(구체적으로 쪼개보기) 등을 통해 생각의 수준을 넓히거나 좁혀보며 통찰을 얻는다.

이러한 다양한 질문 기법을 조합하면, 문제 상황을 다면적으로 살피고 해결책을 좀 더 체계적으로 찾아갈 수 있다.

질문이 만드는 변곡점

박 팀장이 오랜 고민을 내려놓고 팀장과의 협업 가능성을 찾은 것은, 결국 '사장님의 관점.'을 헤아려보도록 돕는 '관점전환 질문'이 결정적이었다. 은채 씨가 방황하던 진로 문제에서 교사가 되어야 한다는 확신을 갖게 된 건, 내면의 열망을 끄집어내도록 도운 '기적질문' 때문이다.

이렇듯 질문은 우리 머릿속에 존재하던 잠재된 깨달음을 끄집어내는 스위치라고 할 수 있다. 답이 보이지 않는다고 느낄 때, 정작 문제는 '대답'이 아니라 '질문'을 달리 던져봐야 한다는 점에 있을지도 모른다. 그리고 본인이 스스로 원하는 답을 찾는다는 것은, 어떤 외부적 조언이나 지침보다 더 강력하게 삶의 방향을 견인한다.

이제 여러분의 차례다. 오늘 고민하는 문제에 대해 관점전환 질문을 대입할 수도 있고, 무슨 일이든 선택하면 이루어질 경우 이루고 싶은 것들을 상상해보는 기적질문을 적용할 수도 있다. 겁내지 말고 시도해보자. 한 번의 질문이 모든 것을 뒤바꿀 수 있다고 단정할 수는 없지만, 놀랍도록 쉽게 마음과 시야를 열어주는 계기가 되리라고 믿는다.

누군가는 말한다. '질문이란, 우리가 알지 못했던 힘을 발견하게 만드는 열쇠.'라고. 이를 일상에 적용하려면, 매일 아침 혹은 저녁에 짧은 시간을 내어 스스로에게 "오늘 단 하나만 달성할 수 있다면 어떤 일을 가장 먼저 하겠는가?"처럼 간단한 질문을 던져보는 것도 좋다. 이런 작은 실천이 차곡차곡 쌓일 때, 우리는 비로소 자신의 진짜 목표와 잠재된 자원을 더 선명하게 인식하게 되는 것이다. 우리의 삶에서 아직 드러나지 않은 해결책이 숨어 있을지 모른다. 스스로에게 던지는 질문의 힘이 그 해답을 향해 한 걸음 더 나아가도록 이끌어 줄 것이다.

9_닫힌 문 너머의 아이, 그 문을 두드리는 엄마

황연정 코치

닫힌 문, 닫힌 마음 – 아이와의 관계를 회복하는 첫걸음 떼기
"엄마랑은 말하기 싫어!"

쾅 소리와 함께 방문이 닫혔다. 영희(가명) 씨는 문 앞에 그대로 얼어붙은 듯 서 있었다. 가슴이 쿵쿵 뛰고, 손끝은 이상할 정도로 차가워졌다. 평소에도 사소한 일로 부딪히기 일쑤였지만, 이렇게 노골적으로 마음의 문을 닫아버린 것은 처음이었다.

'내가 정말 좋은 엄마일까? 왜 얘는 나를 이렇게 밀어내려 할까?'

스스로에게 던지는 물음표가 꼬리를 물었다. 심장이 빠르게 뛰어드는 소리를 들으며, 그녀는 그날 밤 한숨도 제대로 잠들지 못했다. 아들도 분명 상처받았을 텐데, 엄마인 자신은 어떻게 위로해야 할지 알 수 없었다. 이미 너무 멀어진 듯한 느낌이 들어 더욱 두려웠다. 자꾸만 '무슨 말을 어떻게 해야, 아이가 더 이상 상처받지 않을까?' 하는 생각이 머리를 떠나지 않았다.

며칠 뒤, 이 문제를 그냥 놔둘 수 없다고 판단한 그녀는 나에게 개인 코칭을 신청했다. 중학교 3학년인 아들은 사소한 충고에 예민하게 반응하고 이제는 등을 돌린 것 같은 느낌이 든다고 했다.

"제가 더 가까이 가려고 할수록 아이는 더 멀어지는 것 같아요."

털어놓는 그녀의 목소리엔 불안과 답답함이 섞여 있었다. 그런데, 아이가 왜 그렇게 예민한 반응을 보이는지, 어디서부터 엇갈린 것인지 분명하게 짚지 못하고 있었다. 결국 아들의 냉담한 말 한마디가 '더 늦기 전에 뭔가 해야겠다.'라는 절박함을 만들어낸 셈이다.

본격적인 코칭을 앞두고, 나는 우선 그녀가 이 상황을 어떤 관점에서 보고 있는지 궁금했다. "아이가 갑자기 문을 닫고 들어가 버린 이유는 뭐라고 생각하세요?"라는 질문에, 그녀는 잠시 망설이더니 "사춘기니까 어쩔 수 없어요. 원래 그 나이는 예민하잖아요."라고 대답했다. 물론 사춘기는 감정이 예민해지는 시기가 맞지만, 모든 것을 '사춘기 탓'으로만 돌리면 문제의 본질을 놓치기 쉽다.

"아이에게 어떤 말이나 태도를 보이셨나요?"

나는 조금 더 구체적으로 물었다. 그러자 그녀는 고개를 떨구며 조용히 털어놓았다.

"제가 '왜 그렇게밖에 못 해?'라든지, '네가 조금만 참았으면 좋았을 텐데' 같은 말을 자주 했어요."

그녀는 자기 입으로 말하면서 당황스러워 보였다. 아이에게 친구처럼 다가가고 싶었지만, 정작 보이는 말투나 태도는 그렇지 않았다는 것을 안 것이다. 아들의 마음을 헤아리기보다, 능력이나 행동을 평가하는 쪽에 익숙해진 자신을 돌아보게 된 순간이었다.

실제로 가정환경에서 겪는 작은 말 한마디, 태도 하나가 아이의 심리에 크게 작용할 수 있다. 특히 부모가 인정이나 공감보다 '판단'의 어조를 자주 사용하면, 아이 입장에서는 '내 마음을 들어주지 않는다.'라는 결론에 이르기 쉽다. 이런 점을 떠올리자, 그녀도 '아이를 진심으로 이해해주지 못했다.'라는 자각을 하기 시작했다.

관계의 진실 – 먼저 내 안의 나를 이해하기

줌 화면의 그녀는 깊은 한숨과 함께 "어디서부터 잘못된 건지, 도저히 모르겠어요."라고 털어놓았다. 아이와의 갈등이 고착화되어 가는 듯 느껴지자, 막막함이 커진 것이다.

나는 코칭을 통해 스스로 해답을 찾도록 도울 수 있지만, 당장 '하루아침에 변할 수 있다.'라고 약속할 수는 없었다. 그래서 먼저 그녀의 머릿속을 혼란스럽게 하는 감정들을 하나씩 풀어내기로 했다.

나는 "아이와 어떤 관계를 맺고 싶으신가요?"라는 질문으로 화두를 던졌다. 그녀는 한참을 생각하더니, "아이 입장에서는 든든한 친구이면서도, 존중받는 엄마이고 싶어요."라고 답했다.

"그렇다면 아이가 지금 가장 듣고 싶어 하는 말이 무엇일까요?"

내가 그렇게 묻자, 그녀는 망설이다가 "그냥 '괜찮아, 힘들면 힘들다고 말해도 돼. 엄마가 들어줄게.' 같은 말이 아닐까 싶어요."라고 답했다.

그러나 그 밑바탕에는 그녀 본인의 상처가 여전히 자리 잡고 있었다.

"근데 전 어릴 적부터 부모님과 대화를 많이 해본 적이 없어요. 그 시절을 떠올리면 저도 모르게 마음의 문을 닫게 되는 것 같아요."

바로 그 순간, 우리는 문제의 본질을 엿볼 수 있었다. 그녀가 부모에게 받지 못했다고 느낀 '이해와 공감'이, 역설적으로 아들에게도 제대로 전해지지 않고 있던 것이었다. 어릴 때 부모님과 충분히 대화하거나 감정을 나눠본 적이 거의 없었기에, 자연스럽게 감정 표현도, 공감의 언어도 습득하지 못했다. 이때부터 본격적으로 그녀가 가진 '내면의 상처', 즉 내면아이(Inner Child)를 만나보는 과정을 진행하기로 했다. '내면아이 기법'은 과거에 억눌렸던 감정을 현재 시점에서 다시 바라보고 수용함으로써 변화의 단서를 찾는다는 점이 특징이다.(Bradshaw, 1990; Capacchione, 1991)

내면아이를 만나기 전, 우리는 먼저 그녀가 지닌 '부모에 대한 기억과 감정'을 탐색하는 작업부터 시작했다. 그 안에는 수많은 상처와 억울함, 그리고 말 못 한 서러움이 가득했지만, 그녀조차도 완전히 잊고 지내왔던 감정들이었다.

이 과정을 통해, 그녀는 처음으로 '부모님께 말해봐야 소용없다.'라는 체념을 어린 시절부터 품고 있었다는 사실을 떠올렸다.

"무언가 요구하거나 하소연하면 오히려 구박받을까 봐 겁났어요. 그래서 그냥 참았습니다."

하지만 그렇게 축적된 두려움과 외로움은 분노나 냉소 형태로 나타나, 결국 어른이 된 그녀의 삶에 스며들고 있었다. 아들과 갈등이 터져 나오자, 이 감정이 되살아난 것이다. 단순히 '내 아이가 사춘기라서 힘들다.'로 끝날 문제가 아니었다. 그녀 스스로 자신의 내면을 살피고, 과거의 감정을 안전하게 표현할 수 있는 환경이 필요했다. 그것이 곧 아들과의 관계 회복에도 결정적인 열쇠가 될 터였다.

듣고 싶은 말 – "괜찮아, 너의 잘못이 아니야."

얼마 지나지 않아, 우리는 본격적으로 그녀의 내면아이를 만나는 코칭작업을 시작했다. 처음엔 어린 시절 내가 느꼈던 감정들을 떠올리는 것으로 가볍게 시작했다. 점차 어린 시절의 기억이 또렷하게 떠오르기 시작했다. 그 중 가장 선명하게 다가온 장면은 부모님의 심한 다툼을 지켜보던 어린 소녀의 모습이었다.

"엄마 아빠가 싸워요. 어떡해요…… 너무 무서워요."

울먹이는 소녀의 모습에, 그녀는 한순간 숨이 턱 막혔다고 했다. '아, 나도 저렇게 불안해하며 지냈었지.' 그녀는 작고 여린 소녀의 모습을 마주하며, 자신이 얼마나 오랫동안 이 감정을 외면해왔는지 깨달았다.

"어린 나는 항상 무서워만 했어요. 어떻게 해야 할지 몰랐고, 그 누구도 내 이야기를 들어주지 않았죠."

눈물이 흐르기 시작했다. 나는 그녀에게, 그 작은 아이에게 말을 걸어보라고 제안했다.

"괜찮아, 너의 잘못이 아니야. 얼마나 무섭고 힘들었니. 이제 다 괜찮아."

그녀가 이 말을 따라 하자, 서럽게 울음이 터져 나왔다. 바들바들 떨리던 목소리는 점차 따뜻해지더니, 어느 순간 부드러운 안도가 피어났다. 그 작은 아이는 처음으로 누군가에게 이해받고, 돌봄을 받았다는 느낌을 경험한 듯했다.

이 과정은 그녀에게도 강렬한 체험이었다.

"내가 그동안 이렇게까지 내 감정을 억눌렀다는 걸 몰랐어요. 어릴 적 상처가 이렇게 생생한 줄도 몰랐고요."

그녀는 눈물을 닦으며 담담히 말했다. 아이와의 갈등을 해결하기 위해 찾아온 코칭이었지만, 이제 그녀는 자신의 내면아이를 보듬는 과정을 통해 새로운 문을 열어가고 있었다. 이 단계에서 우리는 '내가 부모님께 받지 못한 공감'을 인정하는 것이 얼마나 중요한지 논의했다. 그녀 스스로 그 감정을 받아들이고 위로해줄 때, 비로소 그녀의 현재 모습도 조금씩 바뀌어 갈 수 있었다.

이런 식으로 마음속에서 떠오르는 '어린 나'를 직접 마주하는 경험은, 처음엔 낯설고 두려울 수 있다. 그러나 막상 용기를 내서 그 감정을 표현해보면, 예상치 못했던 해방감이나 안도를 얻을 수 있다. 그녀 역시 "괜찮아, 이건 너의 잘못이 아니야. 얼마나 무섭고 힘들었니"라고 말해주자, 서러움이 한꺼번에 쏟아져 나왔다고 했다.

이처럼 어린 시절에 느꼈던 무력감과 두려움을 지금의 '어른인 나'가 달래주고 안아주는 과정은, 과거에 멈춰 있던 감정을 해소시키는 효과가 있다. 심리학자 존 브래드쇼(John Bradshaw)는 『Home Coming』에서, 이런 내면아이 치유가 가족 관계뿐 아니라 전반적인 대인관계에도 깊은 변화를 가져온다고 강조한다.(Bradshaw, 1990) 그만큼 '내 안의 어린 나'를 제대로 돌보는 일은, 현재의 삶에서 겪는 갈등을 이해하고 풀어가는 데 큰 힘이 된다.

받고 싶은 공감 – "아빠는 내 편이 아니었어요."

코칭이 몇 차례 더 진행되면서, 그녀 안에서 새로운 모습의 내면아이가 떠올랐다. 이전의 겁먹은 아이와 달리, 이번에는 잔뜩 토라져 있는 모습이었다.

"아빠는 내 편이 아니었어요. 늘 제 말을 무시했고, 제가 뭘 잘해도 칭찬해주지 않고, 자꾸만 꾸중만 했어."

그동안 제대로 표현되지 않았던 분노와 서운함이, 이 아이를 통해 생생하게 뿜어져 나왔다.

사실, 그녀는 어린 시절 아버지에게 기대하는 바가 있었다. '아빠만큼은 나를 이해하고 믿어주겠지.'라는 희망이었다. 하지만 돌아온 것은 나를 믿어주지 않고, 나의 잘잘못을 따지며, 내 편이 아니었던 냉혹한 현실이었다.

이 기억에 대해 이야기하던 그녀는 한참을 울다가 고개를 들었다.

"저도 모르게 아들에게 똑같은 방식으로 대하고 있었어요. 그의 감정이나 노력을 인정해주기보다, 객관적으로 판단하고 일방적으로 가르치려 했죠. 그러니 아이 입장에서도 '엄마는 내 편이 아니구나.'라고 느꼈을 것 같아요."

그것이 이번 갈등의 핵심이었다. 그녀는 뒤늦게나마 "나는 왜 아이의 편이 되어주지 못했을까?"를 자책했지만, 동시에 이 사실을 깨닫게 된 자신에게 고맙다고 했다. 적어도 이제부터는 달라질 수 있다고 믿게 되었기 때문이다.

내면아이 작업을 통해, 그녀는 자신이 어떤 상처를 받아왔고 어떻게 그 상처를 자녀와의 관계에서 재현하고 있었는지를 차근차근 바라보게 되었다. 단순히 '내가 좋은 엄마가 아니라서' 생긴 문제가 아니었다. 부모에게 받지 못한 공감의 공백이, 그녀를 통해 같은 방식으로 아들에게 전달되고 있었던 것이다.

"나는 왜 아이의 편이 되어주지 못했을까."

이 질문을 스스로에게 던지는 순간, 그녀는 비로소 '과거의 나를 돌보지 못했기 때문'이라는 답을 찾게 됐다. 이 대목에서 루시아 카파치오네(Lucia Capacchione)는, 내면아이에게 쌓인 감정(분노나 실망, 슬픔 등)을 안전하게 표현하도록 해주는 것만으로도 현재의 불필요한 방어기제가 해체된다고 말한다.(Capacchione, 1991) 그녀가 코칭을 통해 발견한 것도 바로 이런 원리였다.

이 과정을 통과하면서, 그녀의 눈동자는 점차 결의를 띄었다. "언제든지, 아이가 힘들다고 말할 수 있는 '안전지대' 같은 엄마가 되겠다."라는 다짐이었다. 그 다짐은 이후 전개될 변화의 원동력이 되었다.

일상 속 작은 변화 – "지금이라도 늦지 않았어."

점차 코칭이 진행될수록, 그녀의 일상에 조금씩 변화가 일기 시작했다. 예전이라면 아들이 인상 쓰고 방으로 들어가 버리는 장면을 보면, "왜 또 그래?"라며 곧바로 소리를 높였을 것이다. 하지만 이제는 먼저 아이의 상태를 살펴보려 했다. 아들이 방에 들어간 뒤 잠잠해지자, 조용히 방문을 두드리고 낮은 목소리로 말했다.

"무슨 일 있어? 엄마가 도와줄 수 있는 부분이면 언제든 말해."

그러자 아들은 처음에는 의아해하며 경계하는 표정을 지었지만, 예전처럼 강하게 반발하거나 문을 거칠게 닫지는 않았다. 아주 사소한 변화였지만, 그녀는 그 안에서 희망을 보았다.

"아이에게 충고나 지적을 하기보다, 그의 감정을 '그럴 수도 있겠다.' 하고 받아주려고 노력했어요. 처음에는 좀 어색했죠. 내가 언제 이런 말을 해봤나 싶기도 했고요."

그녀는 쑥스럽게 웃었다. 그러나 그 작은 행동들이 쌓이며, 이전과 확연히 달라진 공기가 집 안에 퍼지기 시작했다. 부딪힘은 여전히 있었지만, 아들이 더 이상 "엄마와는 말하기 싫어!"라고 극단적으로 선을 긋는 일은 점차 줄어들었다. 이렇듯 아주 사소해 보이지만, 부모가 보여주는 태도의 작은 변화가 아이의 안정감과 신뢰감을 높여준다.(Hendrix, 1996)

이 변화는 그녀가 스스로 내면아이를 돌보고 있다는 사실과도 관련이 있었다.

"아이가 '엄마, 오늘 학교에서 이런 일이 있었어.'라고 말할 때, 예전에는 '그래서 네가 어떻게 했는데?'라며 문제 해결을 강요했지만, 요즘은 그냥 '아, 그런 일이 있었구나. 많이 속상했겠다.' 정도로 끝내요."

그녀는 '그냥 들어주는 것'의 위력을 체험하고 있었다. 세상을 향해 "누군가 나 좀 들어줘!"라고 외치던 어린 자신이, 이제는 아이의 마음을 조금 더 이해할 수 있게 된 것이다.

그녀의 표정은 처음 만났을 때와 확연히 달랐다. 잔뜩 굳어 있던 어깨는 한층 가벼워졌고, "그래도 아직 완벽한 엄마는 아닌 것 같아요."라며 웃어 보이는 모습에는 여유가 깃들어 있었다. 물론 갈등이 완전히 사라진 것은 아니었다. 아들은 여전히 예민한 시기를 지나는 중이었고, 그녀 역시 공감의 능력을 조금씩 키워가고 있었다. 그렇지만 결정적으로 바뀐 사실이 있었다. 이제 그녀가 아이를 대할 때, '내가 그의 편이 되어줄 수 있다.'는 믿음이 생겼다는 것이다.

최근에 있었던 일화가 이를 잘 보여줬다. 학교 이야기를 잘 하지 않던 아들이 시험공부를 어떻게 하고 있고, 공부하는 데 힘든 부분이 있다고 이야기를 꺼냈을 때, 예전 같으면 바로 '네가 잘못했겠지. 좀 잘하지 그랬어?'라며 듣지 않고 판단을 했을 터였다. 하지만 이번에는 달랐다. "많이 속상했겠다. 뭐가 제일 힘들었어?" 이렇게 묻자, 아들은 "노력했는데 결과가 안 좋을까 봐 걱정이 돼."라고 답했다. 비록 긴 대화는 아니었지만, 아들은 엄마가 더 이상 '자신을 판단하지 않는다.'라는 사실을 조금씩 체감하고 있었고, 엄마가 자기편이라는 것을 알고 있었다.

"알아요. 아직 갈 길이 멀지만, 지금이라도 이런 변화를 시작한 것이 어디예요. 늦지 않았다는 걸 깨달았어요."

그녀가 코칭을 마치고 남긴 말이었다. 아이에게 "엄마가 네 편이야."라고 말해줄 수 있게 된 것, 그게 가장 큰 성장이자 변화라고 했다. 그것은 단지 아이에게만 국한된 이야기가 아니었다. 그녀는 코칭을 통해 '내 안에 숨어 있던 어린 나도, 이제 내가 돌볼 수 있어.'라고 확신하게 되었다. 그토록 혼자 버티고 외면했던 내면아이를 품에 안으면서, 자신을 탓하거나 미워하기보다 사랑하고 보듬는 길을 배우게 된 것이다.

전문가들은 내면아이 코칭이 '단기간의 기적'을 보장하지는 않지만, 적절한 이해와 지속적 실천이 뒷받침되면 가족 관계에 큰 전환점을 가져올 수 있다고 말한다.(Bradshaw, 1990)

더 따뜻한 엄마, 그리고 더 단단한 나

마지막 코칭세션을 마치며 그녀는 환한 표정으로 작별 인사를 건넸다.

"코치님, 감사해요. 갈 길이 멀긴 하지만, 이제 아이의 마음에 조금은 가까워진 느낌이에요. 그리고 제가 저 자신을 돌보는 방법도 배웠어요."

그녀의 눈빛에는 가벼운 희망과 함께 굳은 다짐이 어우러져 있었다. 아이에게 엄마도 완벽하지 않지만, 중요한 건 "엄마가 네 편이야."라는 한마디로 아이를 안아줄 수 있다는 자신감이었다. 동시에 어릴 적 자신이 상처받았던 순간들을 외면하지 않고, 현재의 자신이 그 내면아이를 따뜻하게 보듬어줄 수 있다는 사실을 깨달은 것이다.

심리학에서 말하는 '내면아이'는 단순한 개념에 그치지 않는다. 우리 마음속 가장 여리고, 그만큼 돌봐줘야 할 부분이며, 이 아이가 치유될 때 비로소 주변과의 관계도 본질적으로 달라질 수 있다.(Bradshaw, 1990; Capacchione, 1991) 그런 점에서, 그녀가 보여준 변화는 단순히 자녀와의 갈등을 봉합하는 데 그치지 않았다. 오히려 자신을 보듬고, 더 사랑할 수 있게 되었기에, 그 에너지가 자연스럽게 아이에게도 전해진 것이다.

그녀가 문을 닫고 나가자, 나는 조용히 생각했다.

'우리는 모두 누군가의 아이였고, 그 아이가 진짜 원하는 것은 누군가의 공감과 따뜻한 안아줌임을. 그리고 그것을 여전히 기다리고 있음을.'

비록 지금까지 소통이 서툴렀더라도, 한 번 내면아이를 마주하는 용기를 내면 관계와 삶이 달라질 수 있다. 그녀가 그토록 바랐던 '아이와의 진정한 소통, 그리고 나 자신과의 화해'는 이제 서서히 현실이 되어가고 있었다. 그리고 그것은 '지금이라도 늦지 않았다.'라는 진리를 몸소 증명해주는 멋진 순간이기도 했다. 엄마와 아이의 삶에 더 따뜻한 빛이 되어 비치길 바랄 뿐이다.

참고문헌

• Bradshaw, J. (1990). Home Coming: Reclaiming and Championing Your Inner Child. New York: Bantam Books.

• Capacchione, L. (1991). Recovery of Your Inner Child. New York: Simon & Schuster.

• Hendrix, H. (1996). Getting the Love You Want: A Guide for Couples. New York: St. Martin's Griffin.

독자를 위한 코칭질문과 실행 팁

셀프코칭 질문 5가지

1. **나는 지금 이 관계에서 정확히 어떤 감정을 느끼고 있을까?**
   혹시 과거에도 비슷한 감정을 느낀 적이 있었다면 떠올려봅니다. 그때의 상황과 현재를 비교해보면, 내면아이와 연결된 힌트를 찾을 수 있습니다.

2. **내가 진정으로 바라는 '이상적인 관계'는 어떤 모습일까?**
   상대방(아이나 파트너)에게 원하는 태도나 모습이 있겠지만, 그보다 먼저 '내가 바라는 내 모습'을 구체화해 봅니다.

3. **상대(아이 혹은 가족)가 내 말을 들었을 때 어떤 마음일까?**
   한 번이라도 '내가 저 입장이면 어떨까?'라고 상상해보면, 자연스럽게 공감 능력이 높아집니다.

4. **어린 시절의 나에게 한마디 해준다면, 뭐라고 말해주고 싶을까?**
   내면아이와의 대화를 통해, 과거의 상처나 억눌린 감정을 돌아보고 스스로 위로할 수 있는 시간이 생깁니다.

5. **작은 변화를 시작하기 위해, 오늘 당장 할 수 있는 행동은 무엇일까?**
   거창한 계획보다 당장 실천 가능한 한 가지를 구체적으로 선택해보세요.
   예: "오늘은 아이가 내 앞에서 이야기할 때, 끼어들지 않고 끝까지 들어주겠다."은 어떤 태도를 보였었나?

작은 행동 실천 10가지

1. "네 마음이 궁금해."라고 하루 한 번 먼저 말하기
이 한마디가 아이(또는 관계 상대)에게 '내가 너의 이야기를 듣고 싶다.'는 메시지를 전해줍니다.

2. 해결책부터 말하지 않고 3초간 '멈춤' 후 들어주기
상대가 무언가를 말할 때, 바로 충고하거나 지적하지 말고 3초간 침묵 후에 반응해보세요. 스스로 말할 기회를 충분히 가질 수 있도록 배려하는 습관입니다.

3. '그럴 수도 있겠네.'로 감정 인정해주기
"속상했겠다.", "그럴 수 있겠어." 같은 문장을 자연스럽게 사용하면, 상대가 더 편안하게 감정을 표현할 수 있습니다.

4. 내면아이에게 따뜻한 한마디 건네기
짧게라도 메모나 일기로 '어릴 적 나'에게 편지를 써봅시다. "너의 잘못이 아니야.", "괜찮아, 네 마음 이해해줄게." 같은 문장만으로도 위안이 됩니다.

5. 아이(상대)에게 질문하기: "너는 어떻게 하고 싶어?"
문제 상황이 생겼을 때 바로 답을 주기보다, 상대 스스로 생각을 정리하도록 유도해봅시다. 서로의 주도성을 높이는 데 도움이 됩니다.

6. 하루 한 번, '오늘 어땠어?'라고 물으며 감정 체크하기
간단한 대화 같지만, 꾸준히 하면 '나의 일상과 마음이 안전하게 공유될 수 있는 곳'이라는 인식이 자리 잡습니다.

7. 충고 전 "나는 네 얘길 더 듣고 싶어."라고 말해보기
뭔가 조언해야 할 상황에서도 먼저 "네 이야기를 좀 더 해줄래?"라고 여유를 줍니다. 상대가 이야기 도중 스스로 해답을 찾을 수도 있습니다.

8. 부정적 감정이 올라올 때, 즉시 폭발 대신 10초 정도 타임아웃
불편하거나 화가 치솟을 때는 잠시 마음을 가라앉히고, 그 뒤에 대화를 이어가도록 해보세요. 서로의 상처를 줄이는 데 큰 도움을 줍니다.

9. "엄마(나)는 네 편이야."라는 문장을 하루 한 번 말하기
상대가 내 편이라고 느끼는 순간, 마음의 문이 서서히 열립니다. 실제로도 스스로에게 "나는 내 편이야."라고 말해보면 자기 위로에도 효과적입니다.

10. 좋았던 순간 기록: 하루에 1줄
그날 상대와 주고받은 대화 중 가장 좋았던 말을 짧게라도 기록해보세요. 감정의 상승작용을 느끼고, 다음 날 또 실천하는 원동력이 됩니다.